JN095898

正誤表

P10L12：大きなテーマ⇒特定のテーマ
P20L14：甚目寺町⇒甚目寺町（現・あま町）
P22L14：通じてよこた⇒通じてよこした
P24L14：二四七五⇒四二七五
P33L9：発信元⇒発信源
P34L3：膾は酢に浸した魚介⇒鱠は酢に浸した魚介
P36L9：グッグッ⇒グツクツ
P37L11：片刃の切丁⇒片刃の庖丁
P38L8：風習が珍しく⇒風習を珍しく
P39L2：沈降⇒沈降・隆起
P40L14：魚肉・鳥獣肉⇒鳥獣肉・魚肉
P42 表1注1：数字の後の｀⇒数字の後の’
P44L16：日本同様に古くから⇒こうして日本同様に、朝鮮半島でも古くから
P47L13：国土が膨大な中国⇒国土が広大な中国
P52L6：つまり大規模土木工事が比較的容易となり戦後に至って、⇒つまり戦後に至って大規模土木工事が比較的容易となり、
P55L8：多島【ルビ：たからす】⇒【ルビ：たがらす】
P55L9：[白水一九九四]⇒[白水：一九九四]
P58L4：広島県大柿町⇒広島県大柿町（現・江田島市）
P58L13〜14：千葉県⇒茨城県
P58L14：波崎町⇒波崎町（現・神栖町）
P62L6：鯉鮒鰔鰻鯰⇒鯉鮒鰔【ルビ：（鰔ｳｸﾞｲ）ｶ】鰻鯰
P62L7：間のルビ・マト⇒マヽ
P63L5〜8：改訂稿・とともに、村の農家が共同で漁を行うこと。③農閑期の余剰労働力を背景に、大規模な漁撈となること。④一回性の漁であるが、一度に多量の漁獲がもたらされること。⑤稲作の各種作業による時期的規制が少ないこと。などが特徴で、この時期大量に獲れた場合には、乾燥などの方法で保存食とすることもあるが、ハレの食とするために獲るケースも少なくない、という。
P68L7：明治初年から⇒明治初年頃には
P69L8：売ったが安いため、⇒売ったが、安いため
P78L4：食事をしことを意味する⇒食事をしたことを意味する
P79L14：元日最後の⇒元旦最後の
P82L7：後水尾院【ルビ：ごみずおいん】⇒【ルビ：ごみずのおいん】
P93L9：深い絆⇒深い餅
P98L11〜12：寛弘二年（一〇〇五）三月⇒寛弘二（一〇〇五）年三月
P98L16：承元二年（一二〇八）⇒承元二（一二〇八）年
P99L2：貞治二年（一三六三）⇒貞治二（一三六三）年
P101L1：を基礎とするもので⇒を身につけた僧で
P101L2：発達した⇒発達していたことが窺われる
P101L17：菓子組み込まれて⇒菓子が組み込まれて
P106L5：第四章⇒第4章
P108L2：いわゆる斎庭⇒先にもふれた斎庭
P109L2：川の源でもあり漁撈⇒川での漁撈
P110L17：三五番右⇒三五番左

P111L14：民俗用語⇒民俗学的用語
P130L6：粟穂稗穂【ルビ：あわほひえぼ】⇒【ルビ：あわぼひえぼ】
P137L11：もともとは神を祀る宮座神事であるが⇒もともと宮座は神を対象としたものではあるが
P140L2：布水取り⇒お水取り
P141L6：ものにしかすぎないが⇒ものでしかないが
P147L10：殺生禁断令のとみなすべき⇒殺生禁断令とみなすべき
P147L12：国家鎮護の基本の基本に⇒国家鎮護の基本に
P149L8：こうした「草木⇒この「草木
P150L6：神仏が殺生の罪を⇒神が殺生の罪を
P158L13：疑【ルビ：き】⇒【ルビ：ぎ】
P161L6：いかなるふるまひるすべし⇒いかなるふるまひもすべし
P185L6：五七七七七⇒五七五七七
P205L17：狂歌句碑⇒狂歌の碑
P211L11：知識入手形態⇒知識伝達形態
P212L14：大和国山辺郡⇒室町期の大和国山辺郡
P217L5：頼春水【ルビ：らいしゅうすい】⇒【ルビ：らいしゅんすい】
P223L3：葷章酒山門⇒葷酒山門
P223L11：領国柳橋⇒両国柳橋
P230 表 1 の「10 月　勧進相撲」項目内：相撲工業⇒相撲興行
P231L9：浅草の奥田⇒浅草の墨田堤
P232L2：日本橋人形町付近で⇒日本橋人形町付近にあたり
P232L3：屋台が集まり、江戸随一⇒屋台が集まる江戸随一
P232L17：預か⇒与
P233L16：浅草寺荒沢不動も、⇒浅草寺荒沢不動では、
P236L5：麹町八丁日⇒麹町八丁目
P244L2：ことから、寺領一〇石⇒ことから、近世には寺領一〇石
P245L11：商売店が認知されて⇒商売店が認可されて
P246L9〜12：津田敬順の⇒この「堀の内」は津田敬順の／二七話には、⇒二七話に、／とあるように、⇒とあることからも、／妙法寺のこととすべきだろう⇒妙法寺とすべきだろう
P246L14〜15：宗派上の問題から天台宗となり東叡山の管轄であったが⇒天台宗となり東叡山の管轄とされたが／雑司ヶ谷に確立され、⇒雑司ヶ谷に建立されて、
P261L6：突然の侵略者である。“文明人”⇒突然の侵略者である“文明人”
P268L4：斉明天皇二年（六五六）⇒斉明天皇二（六五六）年
P270L11：味海鰌に異なる事なし⇒味海鰌（クジラ）に異なる事なし
P271L8：長年⇒明治初期に長年
P273L8：煮物などに用いる⇒煮物に用いる
P281L9：血によって、⇒血により、
P281L10：安東他：二〇一一⇒安里他：二〇一一
P286L3：きわめて高い⇒きわめて多い
P286L4（2 か所）：大阪⇒大坂
P287L9：昌泰王⇒尚泰王
P289L1：またトンカツ⇒なおトンカツ
P289L7：影響を抜きに物語る⇒影響を抜きに語る
P292L9〜10：ほとんどがモンスーンアジア⇒モンスーンアジア
P292L16：肉食を受容し⇒肉食を許容し
P296L8：双方を求めた⇒双方に求めた
P299L12：『魏志倭人伝』⇒『魏志』倭人伝
P301L14：また実際には⇒だが実際には
P308L7：『魏志倭人伝』⇒『魏志』倭人伝
P308L15：箸で陰部を突かれた⇒箸で自ら陰部を突いた
P312L1：お茶に⇒お茶
P314L17：『茶経』⇒陸羽著『茶経』
P316L8：製造に乗り出た⇒製造に乗り出した
P321L2：浸透しつつあり、殿中の茶⇒浸透し、殿中の茶
P321L16：金銀亀是⇒金銀亀足など
P323L8：売茶王⇒売茶翁
P323L13：茶自体の飲用が⇒近世には茶自体の飲用が
P324L5：『茶経』一の源⇒『茶経』一之源
P324L8：日本でももっとも⇒日本でもっとも
P326L5：椎茸け⇒椎茸
P335L3：今日の日本では⇒今日の日本は
P339L5：市川市⇒松戸市
P341L16：山梨県河口湖町⇒山梨県富士河口湖町
P343L2：二・八年に一年の割合⇒二・八年に一度の割合
P345L11：例えば一九九四年⇒例えば一九九三年
P346L7：食料事情が⇒食料事情は
P346L8：なかった建治⇒なかった。建治
P347L6〜7：「自当年⇒「当年
P350L3：一・八三倍もあり⇒一・二五倍で
P360L6：二度ほど起きている。明治二三（一八九〇）⇒三度ほど起きている。明治二二（一八八九）
P361L12：農民たちを⇒人々を
P385L4：雑談や研究会での議論を⇒研究会での議論や雑談を
P391 上 L6〜7：古今料理世解題⇒古今料理書解題／一九五八⇒一九七九
P391 下 L19：一九八八 a（a の横を縦に）
P395 下 L4：御茶の水書房。⇒御茶の水書房
P396 下 L3：第五号所収⇒第五号
P396 下 18〜19：『弥生文化研究』所収⇒『弥生文化研究』
P400 下 6：明治図書出版⇒新訂増補故実叢書、明治図書出版、一九五二
P400 下 13 の次に以下を挿入：『後水尾院当時年中行事』近藤瓶城編『改七冊』臨川書店覆刻、一九八三
P401 下 L14：校注、」新日本⇒校注、新日本
P402 下 L1：江戸時代料理本集成角書・綱刻⇒翻刻
P404 下 L21：一九六五⇒臨川書店、一九六五
P405 上 L23：一九七三？⇒一九七五
P406 上 L15〜16：トル
P406 下 L19：トル

＊深くお詫び申し上げるとともに、謹んで訂正いたし

食の歴史学

和食文化の展開と特質

原田信男

青土社

食の歴史学　目次

Ⅳ　和食文化の周辺

食の歴史学　和食文化の展開と特質

はじめに

　長いこと、食は歴史学の研究対象とはなってこなかった。食を含む日常茶飯事は、基本的に記録として残りにくく、実証的に過去の事実として確定しにくいということが大きな原因であった。さらに食欲という人間の直接的な欲望に関わるためか、性欲と同様に学問的な対象とはなりにくかった。同じく過去の事実を究明する考古学や民俗学では、遺物や記憶・民具などを根拠とするところから、食の問題が取り扱いやすい。このため佐原真に『食の考古学』（東京大学出版会、一九九六）があり、つとに民俗学からも柳田國男『食物と心臓』（創元社、一九四〇）、瀬川清子『食生活の歴史』（講談社、一九五六）などが刊行されている。もとより考古学も民俗学も、詳細な時間軸の追求よりも、時代のなかでの概略的な把握を重視する学問であり、日常茶飯事のような事項に対しては、学問としての強みを発揮することができる。

　これに対して、歴史学つまり文献史学は、書き残された文字史料を根拠とするが、先にも述べたように、日常茶飯事については記録されることが少ない。むしろ書き残された場合には、特別な意義が付されていることになる。日常とは異なるからこそ記録されるのである。もちろん特殊な事例であっても、それが当時の食生活を探る大きな手がかりとはなり得る。ただ実証性の脆弱さから、学問的な立場からの研究対象とはなりにくかったのである。また文献史学では、実証不可能な味覚というテーマが研究対象とはなりにくく、これを扱うことが多かった風俗史という分野には、趣味的な好奇心が強いとみなされ、どちらかといえば遠ざけられる傾向にあった。

しかし政治史にしても、経済史や文化史・思想史にしても、その基礎は生活史にあるといっても過言ではない。それらは、人がどう生きるか、あるいはどう生きたか、という問題の反映でもある。まさに日常茶飯事の総体が歴史なのであるが、事実として確定するのが難しい生活史は、あまり重視されず、なかでも食生活・食文化の歴史に関する歴史学の取り組みは概して弱かったのは事実である。その研究史については、本書の付章を参照されたい。こうした食生活・食文化のいくつかの重要と思われる問題を取り上げ、歴史学的な考察を試みたのが本書である。ただ、先にも述べたように、文献史料だけでは、その実態に迫ることが難しく、考古学や民俗学の成果や、国文学の対象となる物語なども利用せざるを得ない。

ただ本書は、料理史あるいは肉食や共食などといった大きなテーマを設定したものではなく、これまで取り上げられることが少なく、かつ歴史的に見て重要と思われるいくつかの事項について解明を試みたものである。そこで本書の構成と、章ごとのポイントに関して、最初に概観しておきたいと思う。ちなみに各論は、共同研究の報告や特集原稿などの需めに応じてきたものではあるが、いずれも日本の歴史における食の特質について、懸命に考察を加えてきた成果である。なお、これらの初出については一覧を巻末に揚げた。

Ⅰ　和食文化の歴史的特質

第1章　『万葉集』の食と和食の原型

いわゆる今日に繋がる和食は、一五～一六世紀の室町時代に成立したものであるが、それがいきなり出現したものではなかった。まさしく生活レベルの文字史料としての『万葉集』から、その原型について検討する。

第2章　生食の伝統――膾から刺身へ

和食の大きな特色の一つとして、刺身に代表されるように、生で食べるということが挙げられる。しかし、その理由や歴史を扱った論考は皆無に近く、刺身の実態についても検討されてこなかった。日本における生食の伝統について、弥生時代から考察する。

第3章　日本における稲作と魚――海・里・山

米と魚という組み合わせは、モンスーンアジアの稲作地帯に広くみられるが、日本では肉を禁忌の対象としたため、より魚に特化するという現象がみられた。その実態について、山村・里村・漁村それぞれの場合の検討を通して、この問題を考える。

第4章　宮中のおせちと菱葩(ひしはなびら)――統治の象徴

日本の食文化の頂点ともいうべき宮中の正月料理は、伝統的な日本の文化や社会の在り方を象徴している。なかでも菱葩は、正月の歯固め儀式から生まれた菓子で、そこに反映される日本の農耕の問題とともに、おせちと直会との関係についても論じる。

第5章　菓子と日本の米文化

日本の米文化といえば、主食としての米ばかりが問題とされてきた。また嗜好品としても、古く菓子とは果物だという誤解があり、菓子と米の問題は取り上げられてこなかった。しかし菓子における米の位置はきわめて高いので、その歴史的な考察を試みる。

II　食と信仰

第6章　祭祀と饗宴の庭

もともと神が降臨する場所は山であったが、これは縄文的な祭祀の名残りで、水田稲作が始まる弥生には、それが平地へと移り、その祭祀を頂点で担う天皇の下では、斎庭(ゆにわ)が重視されるようになった。こうした視点から庭における祭祀と饗宴について考える。

第7章　村々の神饌

国家レベルの収穫祭としては、天皇が行う新嘗祭があるが、実際の生産の場である村々でも収穫祭や予祝祭が行われていた。その単位を宮座と称し、中世に起源を有するが、ここでも神饌が捧げられる。この宮座の性格を神仏習合の問題も含めて考察する。

第8章　肉食をめぐる思想——道元と親鸞

日本における肉食禁忌は、本来的に国家による米志向の結果と考えられるが、その思想的な裏付けを担ったのが殺生禁断を標榜する仏教であったことに疑いはない。この問題に、対照的な対応を採った親鸞と道元の思想について検討する。

第9章　陰陽道・修験道と食

陰陽道と修験道も食と深い関係がある。ともに中国の陰陽五行説に由来し、これに道教が深く関わり、仏教と神道が複雑に関与して、独自の思想を形成した。これらは明治国家によって否定されたが、日本の食にも影響を与えているので、その関係を考える。

Ⅲ　江戸における食文化の展開

第10章　料理と百人一首

料理の楽しみは、味そのもののみに止まらず、味わう人の知識や教養とも深く関係する。とくに百人一首は古典知識としてのなじみが深く、なかでも百という数字には不思議な魅力があり、これに拘る傾向が見られる。こうした教養と料理の関係について論及する。

第11章　文人社会と料理文化

料理が教養と関わる点は、百人一首との関係から明らかであろうが、これに文人集団が関与することで、よりいっそう洗練された料理文化が形成された。とくに近世後期には、武士から町人まで寄り集まって研究会的な会合を開き、飲食を知的に楽しんだ。

第12章　江戸の小さな旅と食——雑司ヶ谷鬼子母神を中心に

江戸には、浅草や深川をはじめ、亀戸や王子、さらには雑司ヶ谷・堀之内・目黒といった小さな盛り場があった。いずれも江戸城から、ほぼ一〇キロメートル以内の地にあり、寺社を核に、祈願・食・性という三要素が満たされていた。これを雑司ヶ谷の例でみる。

Ⅳ　和食文化の周辺

第13章　アイヌ民族の肉食文化――「肉」の確保と保存・調理を中心に

東北アジアは、一九世紀における帝国列強最後の植民地争奪戦の対象とされた地域で、日本と関わりの深いアイヌ民族は、この地の文化的影響を大きく受けていた。酷寒の北方海域で展開されたアイヌ民族の肉食文化を、植物性食料の問題を含めて検討する。

第14章　琉球弧の食文化

琉球は、亜熱帯的な島嶼世界のなかで、海洋を巧みに利用して長いこと採集経済を維持してきたが、やがて日本から農耕が伝わって経済発展を遂げ、独自の食文化を発達させてきた。政治的な関係から中国の影響を強く受けた食文化についても考察する。

第15章　米文化における朝鮮半島と日本

日本の水田稲作は、いうまでもなく二〇〇〇年以上も前に、朝鮮半島経由で伝来しともに米と魚とブタを組み合わせた米文化を共有してきた。しかし統一的な国家が成立すると大きな岐路が訪れ、独自の道を歩みはじめる。国家と食文化との関連について論じる。

第16章　アジアのお茶・日本のお茶

お茶は、アジアの照葉樹林文化圏から生まれた嗜好品で、やがて世界へと広まっていった。それゆえ日本のお茶についてはアジアという視点が必要となる。また日本の庶民レベルの飲茶に大きな役割を果たした山茶の問題も重要で、双方の視点から考える。

第17章　飢餓・飢饉という現実――中世・近世から近代へ

食文化というと、楽しさや美味しさなどの問題が見え隠れするが、飢餓や飢饉といったマイナス面にも注目する必要がある。日本における飢饉の現実がどのようなものであり、かつその要因が必ずしも自然災害に因るものではなかったことなどに論及する。

付　章　和食文化研究のこれまでと今後

先にも述べたように、かつて食文化史の研究は、立ち遅れていたといっても過言ではない。そこで小稿では、個別論文の紹介を省き、日本における食文化史研究の流れを概観すると同時に、その問題点を整理するとともに、今後の課題についても考える。

以上が本書の概要であるが、これまであまり論じてこられなかった問題について、私なりの知見を加え得たものと自負している。ただ食文化史には、まだまだ重要な観点が残されていると思われるので、本書を踏み台に、さらなる食の歴史学の発展を期待したい。

原田信男

Ⅰ　和食文化の歴史的特質

第1章　『万葉集』の食と和食の原型

一、はじめに

日本における和歌の伝統は、『古今和歌集』かな序に「かくてぞ花をめで、鳥をうらやみ、霞をあはれび、露をかなしぶ心、言葉多く様々になりにける」とある部分に象徴されるように、いわゆる花鳥風月を中心として理知的に自然美や恋愛感情を追求したもので、こうした価値観の下では、食という本能や快楽そのものに関わるテーマは極力排除されてきた。

しかし、いうまでもなく、それ以前の『万葉集』は、天皇・貴族から庶民に至るまでの和歌を集めたもので、『古今和歌集』や『新古今和歌集』のように、独自の美学体系を追求したわけではないから、現実の生活に根ざした和歌が少なくない。それゆえ決して多いとは言えないが、『万葉集』にはいくつか食に関する歌が収められている。とくに巻一六は、冒頭に「由縁(えにし)有る（歌）并びに雑歌(くさぐさのうた)」とあり、『万葉集』のなかでも特異な構成をなして、伝説歌や戯笑歌の類が並ぶ。ここには酒・酢・醬・蒜・鯛・水葱（なぎ）・氷魚（ひうお）・鯨・鰻・稚海藻（わかめ）・鹿・蟹などの食品が登場するほか饗宴の歌も含まれるが、本章では、この時代における特徴的な飲食物に注目し、巻五にみえる瓜と、この巻一六に登場する酒と調味料および鹿・蟹について順にみながら、和食の原型についても考えてみたいと思う。

二、瓜

巻五－八〇二

瓜食めば　子等おもほゆ　栗食めば　ましてしのはゆ　いづくより　来たりしものぞ　まなかひに　もとな懸りて　安眠し寝さぬ

あまりにも有名な山上憶良の瓜の歌ではあるが、栗も登場するところから、必ずしも瓜のみを賞美したものではない。ただ子供のことを思い起こすのに、瓜は重要な役割を果たしており、その記憶をより鮮明にさせてくれる栗よりも、かなりインパクトが強かったと解してよいだろう。

瓜は、極めて興味深い食品で、実にさまざまな種類があり、ヒョウタンやキュウリ・カボチャもこの仲間で、もちろんスイカやメロンも含まれる。古来、青瓜や白瓜は漬物としても広く食されており、日本唯一の漬物神社として知られる愛知県海部郡甚目寺町の萱津神社から熱田神宮への捧げ物は瓜漬である［小川他：二〇一五］。こうしたことなどからも、瓜が漬物史に重要な位置を占めていたことが窺われる。ただ我々に、一番身近なのは甘いマクワウリだろう。

この憶良の瓜は、おそらくはマクワウリと考えられるが、マクワウリはメロンの一種で、中近東から北アフリカあたりを原産とする。マクワウリの名は、美濃国本巣郡真桑の地で栽培されたものが広く知られたことによるが、熟瓜（ほぞち）・甘瓜・味瓜などとも呼ばれ、漢名を甜瓜（てんか）という甘味のある瓜である。かつてウズベキスタンを旅行したとき、マクワウリに形が似たハルブーザと呼ばれる甘味の強い瓜の味に感動したことがあるが、これを中国では哈密瓜（はみ）といい、ウイグル自治区哈密地区の特産とされる。いずれにしても、マクワウリの元祖は、原産地から中国経由で日本に到来したものであり、すでに弥生中後期の大阪池上曽根遺跡からは、その種子が出土している。

東南アジアの焼畑地帯では、焼畑小屋の近くに瓜が植えられているが、これは喉が渇いたときの水代わりにするという（ラオス調査事例）。瓜は水でもあった。日本でも、水分が多く果肉が中空なところから、瓜は水神の依代（よりしろ）とされ、夏祭りの神供とされた。天人女房型の昔話には、天に昇った男が瓜を食べたり、瓜を横に切ってはいけないという妻の忠告を破ったために、瓜から大水が出て、二人は七夕のときにしか会えなくなったとするものもある。ちなみに天人女房型の昔話・瓜子姫は、瓜から生まれた機織りが巧みな女の子で、七夕起源譚に通ずるところがあり［川田：二〇二〇］、瓜が特別な意味合いを負わされた果実であったことが窺われる。

おそらく日本でも、古くからさまざまなウリ科植物が栽培されていたと思われるが、ただ万葉の時代には、マクワウリは簡単に手に入るものではなかったようだ。『日本書紀』推古天皇一五（六一七）年六月の出雲国神部郡で胴の太い瓜が成ったという報告はマクワウリを連想させるほか、『続日本紀』和銅六（七一三）年正月四日条にも伯耆国から嘉瓜を献じた記録があり、産地が限られた貴重な献上品であったと思われる。とくに『延喜式』内膳司の記事から、天皇家直属の御園で瓜の栽培が行われていたことがわかる。さらに八世紀後半に原型本が成立したとされる『日本霊異記』上二一話には、馬で大量の瓜を売り歩く「瓜販（うりひさぎ）」がいたという話があるから、憶良は、特別に瓜をもらったか、あるいは「瓜販」から買って子供に与えたのであろう。それだけに瓜を口にした子供の笑顔が、強烈な印象として残っていたと考えるべきで、それが引き金となって、しばしば栗を喜んで食べていたことも思い出されたのだと理解してよいだろう。

三、口噛み酒と黒酒・白酒

巻一六―三八一〇
味飯（うまいひ）を水に醸（か）み成しわが待ちし代（かひ）はかつてなし直（ただ）にしあらねば

この歌については、ある女性が、一生懸命に米飯を噛んで口噛み酒を造って待っていたのに、想いをかけていた男性は別の妻を娶って、自らは直接現れずに贈り物だけを他人を通じてよこしたので、このような恨みの歌を返したという事情の解説がある。特定の人のために、米飯を噛んで酒に醸すということがあったようで、巻四―五五五にも「君がため醸みし待酒安の野にひとりや飲まむ友無しにして」がある。作者は、かなりの酒好きだった大伴旅人で、親しい友人と飲もうと口噛み酒を造ったが、彼は昇進して都へ帰ってしまったので、やむなく独酌したという歌である。

酒の製法については、醸し酒というように、醸すという行程が重要で、「カモス」は「カム」つまり噛むが語源だとする説もあり、噛んで発酵を促すことが必要であった。この口噛み酒については、『大隅国風土記』逸文に、「一家に水と米とを設けて、村に告げ回らせば、男女一所に集りて、米を酒糟に吐き入れて、散々に帰りぬ。酒の香の出くる時、又集りて、噛み吐き入れし人等、これを飲む」とあり、これを「口噛みの酒」と呼ぶとしている。ある家の者が米と水を用意して村人を呼び集め、米飯を噛んで酒糟に吐き入れて、発酵を待ち酒ができると、その村人を呼び集めて皆で酒を飲んだというものである。

ワインのような糖類の多い果実から造る酒は、空気中にある酵母でも充分に発酵を起こすが、デンプン系の穀類を用いた酒には、発酵スターターとなる麹などの菌を加えてやる必要が生じる。口噛み酒は、唾液中に含まれる菌をスターターとするもので、かなり原始的な酒造法に属する。口噛み酒は、台湾の先住民のうちサイシャット族・ツォウ族・タイヤル族・ブヌン族・パイワン族・プユマ族などの間に見られるほか、北海道・サハリンのアイヌ民族や中国などにもあり、南米にもメキシコからアンデス・アマゾン地方に広まるトウモロコシで造るチチャも、その一種である。なお沖縄の祭祀に用いられるウンサクという神酒は、東南アジアからの泡盛受容以降においても、口噛みで造られたという。

すでに縄文時代においても、各地で出土する有孔鍔付土器は、はじめ太鼓とする説もあったが、密封に適した容器で、近年では酒造具と考える考古学者も少なくない［渡辺：一九八四］。三内丸山遺跡では、ニワトコが大量に出土しているが、これを用いて果実酒が造られていたとする説もある［辻：二〇〇五］。

その後、稲作が始まった弥生時代には、米を用いた口噛み酒の製法も入ってきたことに疑いはない。『魏志』倭人伝には「歌舞飲食」の語が登場するが、これは酒宴と解するのが妥当だろう。そして時代は不明ながら、やがて麹を使った酒造法も中国大陸から伝わってきた。八世紀初頭に成立した『播磨国風土記』宍禾（しさわ）郡条には、「大神の御粮（みかれい）、沾（ぬ）れて黴（かび）生えき、即ち酒を醸さしめて、庭酒に献りて、宴しき」とあり、万葉の時代にも、間違いなく麹を用いた酒造りが行われていたことが知られる。

巻一九－二四七五

天地と久しきまでに万代に仕へまつらむ黒酒白酒を

この歌は新嘗祭の豊明節会で詔に応える六首の一つで、作者は文屋智努真人。黒酒・白酒は、現在でも新嘗祭や大嘗祭に捧げられる神酒であるが、『延喜式』造酒司には、「新嘗会白黒二酒料」として、その製法が記されている。造酒にあたっては、草葺きの麹室が設けられ、米一石のうち二斗二升六合で糵を造り、残りの米を蒸し米として、これらに水五斗を合わせて甕にねかせれば、一斗七升八合五勺の酒を得るので、これを二甕用意するとしている。

そして、何も加えないほうを白酒と呼ぶが、もういっぽうの甕には、久佐木という山うつぎの根を焼いた灰三升を加えて黒く着色し、これを黒酒と称した。黒酒は灰持酒の一種となるが、ともに麹を用いた醸造酒で独特の風味を有し、口噛み酒よりもはるかに上級な酒であった。口噛み酒も民間では祭りの神酒として献ぜられたが、黒酒・白酒は格が異なった。たとえば皇位継承儀式でもある大嘗祭では、斎場院のなかに白木で建てた白酒殿と黒木を用いた黒酒殿とが設けられたほどで、国家最大の儀式である新嘗祭・大嘗祭に臨んで、この二つの酒は重要な神への捧げ物とされたのである。

ところで『延喜式』に見える糵は、米などを蒸して、これにコウジカビ菌を繁殖させたもので、酒のみならず味噌や醤油など発酵調味料の重要なスターターとなる。その後、日本人は、この選抜育種をくり返し、日本にしかない菌を創り上げた。これがニホンコウジカビ菌（アスペルギルス・オリザ）で、微妙な旨味を醸し出してくれて、現在では国菌に指定されている。こうしたニホンコウジカビ菌が完成の域に達したのは、発酵技術が著しく進歩し、醤油や清酒が発明された室町時代のことだろう。

四、調味料

巻一六－三八二九
　醤酢に蒜搗き合(か)てて鯛願ふ吾にな見せそ水葱(なぎ)の羹物

これには「酢、醤、蒜、鯛、水葱を詠める歌」の詞書きがある。歌の大意は、醤と酢に搗いた蒜を合わせて、鯛を食べようと思っている私に、水葱の羹など見せてくれるな、というもので、当時の代表的な美食と日常食が何であったのかを、私たちに示してくれている。鯛は、おそらく生物か干物で、生物といっても塩や酢でしめて保存を効かしたものであった。古代の料理法には、出汁という発想が存在しなかったから、これで煮たりすることはできず、生か干した鯛を小さく切って、醤や酢・塩・酒などの調味料に浸して食べたと考えられる。

しかも蒜という薬味も用いている点も興味深い。古代の料理とは、料理人が味付けするのではなく、食べる時に自ら好みの味で食したのである。従って、古代の料理人の腕の見せ所は、調味よりも切り方にあった。当時の最高の料理は、神饌料理として神に捧げられるものであったから、この場合、切り口をいかに美しく見せ、どのように盛り上げるかに力点が置かれた。日本料理で料理人のことを庖丁人とも呼ぶのは、料理における庖丁つまり切り方がもっとも重要だったからである。

鯛の味付けに用いる調味料のうち、塩は縄文時代後期から製塩土器によって造られていたし、酢と酒は製法が同じで、前項でみたように麹を用いた酒も、万葉の時代には盛んに造られていた。問題は醬であるが、これは味噌の原型と考えられる。大豆に含まれるタンパク質を発酵させたいわゆる穀醬の一種である。穀醬は、魚醬から発展したもので、双方ともに米文化圏の重要な調味料として、広く東南アジア・東アジアで重用されている。米つまり稲は、高温多湿な気候を好み、その生育に大量の水を必要とする。そして水のあるところは、魚介類の棲みかとなる。

この魚介類を塩に漬け重石で圧力を加えると、アミノ酸発酵を起こして、長期間の保存が可能となると同時に旨味が抽出される。これが魚醬で、塩の代わりに米飯を用いて乳酸発酵させたナレズシの兄弟分でもある。低湿地の多いカンボジアのトンレサップ湖あたりが起源とも考えられており、日本にも香川のイカナゴ醬油のほか秋田のショッツルや能登半島のイシル、伊豆諸島のクサヤなどとして現存しているほか、塩辛がこの仲間にあたる。

こうした魚醬は、稲作文化圏のモンスーンアジアに伝わり、やがて魚の代わりに大豆を用いた穀醬へと発展したと考えられている［石毛他：一九九〇］。おそらく大豆の原産地とも考えられる揚子江地域を渡ったことから［吉田：一九九三］、ここで魚介類の代わりに大豆を用いた穀醬が考案されたものと思われる。こうして魚醬と穀醬が、中国大陸と朝鮮半島および日本列島に広まっていったと考えてよいだろう。

ただ中国と朝鮮では、魚醬と穀醬が併用されているが、日本では一部地域を残して、魚醬よりも穀醬が卓越するところとなった。とくに日本の古代国家は、穀醬の生産に力を注いだ。律令体制下では、朝廷の饗膳の調進を掌る大膳職のうちに醬院が設けられており、その役職者である主醬（ひしおのつかさ）が醬・豉・未醬を管轄していた。これらはいずれも穀醬であることからも、それが裏付けられる。なお『延喜式』には、魚醬のほか鳥肉や獣肉を用いた宍醬（ししびしお）も登場するが、国家の正式な調味料の管轄部署であった醬院が関与するところではなかった。こうして穀醬は、日本における食生活の基本調味料となったのであり、この歌に登場する醬は、穀醬であったと判断することができる。

そして穀醬としての醬は貴重品でもあった。やや時代は下がるが永久四（一一一六）年、摂政関白を務めた藤原忠通は正月大饗という大宴会を催したが、その時の献立図が『類聚雑要抄』に収められている（本書四一頁図1参照）。これには皇族の正客から少納言・弁官クラスの役人までが馳走に預かっているが、それぞれの身分によって献立内容が四つのランクに分けられている。トップには醬と酒に塩と酢の調味料が添えられているが、次のランクには醬があるが酒が抜けており、下の二つのランクは塩と酢のみとなっている。それゆえ、この歌の作者が願った鯛に蒜を搗き合わせた醬酢とは、水葱の羹物とは比べものにならないほどの御馳走だったのである。

ちなみに、ここでみた水葱のほか菜物の羹については、巻一〇−一八七九に「春日野に煙立つ見ゆ少女らし春野のうはぎ（嫁菜）採みて煮らしも」などとあるほか、『古事記』下の仁徳天皇条にも「大御羹を煮むと為て、其地の菘菜を採む」とあり、野に摘む青菜類を煮て羹とし、しばしば食していたことが分かるが、これは塩のみの単純な味付けであったものと思われる。

五、鹿と蟹

巻一六―三八八五（抄）

さを鹿の……大君に、吾は仕へむ……わが皮は、み箱の皮に、わが肉は、み膾はやし、わが肝も、み膾はやし、わがみげは、み鹽（塩）のはやし

巻一六―三八八六（抄）

葦蟹を、大君召すと、何せむに、吾を召すらめや……初垂鹽を、辛く垂れ来て、陶人の、作れる瓶を、今日往きて、明日取り持ち来、わが目らに、鹽漆り給ひ、もち賞すも、もち賞すも、

この二首には、「乞食者の詠」とあり、前者には「鹿のために痛みを述べて作れるなり」、後者には「蟹のために痛みを述べて作れるなり」という詞書きがあり、「はやす」は賞讃の意とする

ことができる。乞食者とは、言祝ぎの歌などを披露して報酬を乞い歩いた人々をさす。彼らに人の利用に供され食される鹿や蟹の立場から詠ってもらうことで、一種の鎮魂や供養を求めたものと思われる。

鹿は、皮を利用するほか、肉と内臓は鱠つまり刺身状に割いて酢に漬けて食し、みげ（心臓）は塩辛にするとしている。塩辛という表現から、これは先にみた宍醤だとみなすことができ、また蟹の場合も同様に、身を食べるだけでなく、塩漬けにして蟹醤つまり魚醤とし、その初垂塩を瓶に溜めようとしている点が注目される。この二首からは、かつて日本でも魚醤や宍醤が、調味料として広く用いられていたことが窺われるが、これらは古代律令国家の下で穀醤が魚醤や宍醤よりも卓越する以前の名残りと考えるべきだろう。

ところで鹿は、日本人にとって重要な食肉であった。ニクは肉の音読みで、訓読みはシシであるが、猪とともに鹿はカノシシとして広く食されてきた。『日本書紀』天武天皇四（六七五）年四月の肉食禁止令は、その期間を四月から九月までの稲作期間とし、その動物にしても牛・馬・鶏・犬・猿の五つに限っただけで、猪と鹿は禁止の対象とはなっていない。これは稲作推進のための殺生禁断令とみなすべきであるが、いかに猪鹿が人々にとって重要な動物タンパク源であったかが窺われる［原田：二〇一二］。

ちなみに『今昔物語集』巻三〇第一二話には、京都から迎えた新しい妻が、鹿の鳴き声を聞いて、「煎物にても甘し、焼物にても美き奴ぞかし」と言ったため、丹波の田舎人は失望して元の妻と暮した、という話があり、鹿が非常に美味な食べ物として認識されていたことがわかる。

また動物表象の観点からすれば、縄文時代を象徴する動物が多産である猪であったのに対して、弥生時代になると、その角が稲作のシンボルとみなされ、鹿が代表的な動物となり、稲作のための動物供犠にも用いられた。『播磨国風土記』讃容郡条には、生きた鹿の腹を割き、その血に稲を種くと一夜にして稲が成長したとある。また農耕祭祀に用いられた祭器である銅鐸についても、国宝に指定された伝香川県内出土の袈裟襷文銅鐸には鹿を射る図が描かれており、これと良く似た図柄を持つ銅鐸群が存在する。奈良春日大社の神に象徴されるように、まさに鹿は霊力を有する動物として崇められてきた。そして、その肉のみならず、内臓までも鱠や宍醬として味わい尽くされていたのである。

六、おわりに

八世紀後半に成立した『万葉集』の時代とは、古代律令国家の体制的整備に伴って、米と魚を中心とするいわゆる日本的な食生活の基本が形成された時期でもあった。もちろん今日の和食に通じる食文化の完成は、一四世紀の室町時代を待たねばならないが、米と魚や発酵調味料など基本的な食生活パターンの萌芽が見られたのが『万葉集』の時代であった。それゆえ『万葉集』に詠われた食の世界には、そうした状況が窺われるとともに、新たな方向性の選択によって失われつつあった食文化の名残が留められており、日本における食文化の原型を知ることができよう。

第２章　生食の伝統——膾から刺身へ

一、はじめに

日本人の間には、食べ物を生で食することを好む文化があるが、これは世界的にみても珍しい。たとえば鶏卵は、中国南部からラオスあたりに生息する赤色野鶏を飼い慣らしたニワトリの卵であり、そこから西へ東へと世界的に広がりを見せたが、これを生で食する国民は日本人だけである。映画『ロッキー・ザ・ファイナル』では、シルベスタ・スタローン演じるロッキーが生卵を飲むシーンがあり、韓国でも石焼きビビンバやユッケなどの上に卵の黄身を載せるほか、最近では生卵かけのご飯も食されるようになってはいる。しかし、それらは両国においてもやはり例外にすぎず、おおもとの発信元は日本と考えて間違いはない。

また鮨も、今日では世界的な料理となり各国でお目にかかることができるが、生魚の切り身を米飯に合せた握り鮨という料理は珍しい。もともと鮨の原型となる熟れズシは東アジアの米文化圏に広く存在するが、発酵させた酢を飯に加えた上で生魚を添えてスシとした点に日本の独創性がある。ただ、その前提となる生の刺身も、生卵と同じく比較的新しいもので、かつては膾(なます)が主流であった。膾は酢に浸した魚貝をさすが、肉を用いた膾ともども、中国および朝鮮半島にも、同じような文化が古くから存在していた。

あくまでも卵をご飯にかけたり、刺身や握り鮨を楽しむ文化は、それほど古い時代のことではなく、近世から近代にかけて生まれたものであった。しかし、これらが出現してくる背景には、私たち日本人がさまざまな食材を生に近い形で食してきたという食文化の伝統がある。

その結果として、私たちの回りには多くの生食が溢れており、古い時代から生食の文化があったことに疑いはなく、これは世界の食文化と比較したとき、かなり異様なものに映る。そこで本章では、料理としての生食の意義を明らかにするために、その対極に位置する加熱調理の問題との関係から考察し、さらに日本における膾から刺身へという生食の歴史をたどることで、私たちがどのように生食の文化を創り上げてきたのかを考えてみたい。

二、火と調理

火は人間にとって極めて重要な存在であった。最近の人類学では、何よりも火の利用が不可欠とされ、まさに火こそがサルから人間への進化をもたらした最大の要因だったと考えられている。

サルから人間への進化は、二足歩行による手の自由な利用つまり道具の使用と、言語というコミュニケーション手段の獲得にあった。しかしその背景には、脳による抽象的認識能力という高度な知力の駆使があった。すなわち人間は、サルに比べてはるかに大きくかつ複雑な脳を持ったことで、さらなる進化を得たのである。

それでは人間は、どうしてこのような高度な頭脳を有することができたのだろうか。もちろん頭脳も、身体の一器官であり、人間と同じようにサルにもあるが、それが進化するには大量のタンパク質と身体内部の発達がなければならない。

サルと人間の体型を比較すると、サルは人間よりもはるかに腹部が大きい。その腹部には長い腸が詰まっている。サルが人間よりもはるかに長い消化器官を必要とするのは、生食しかできないからである。一方、人間は進化の過程で火を通した食べ物を摂取したことから、腸を短くすることが可能となり、その分の組織細胞とエネルギーが脳の成長にトレードオフされた、と考えられている［ランガム：二〇一〇・山極：二〇一二］。

つまり人間は、火の利用によって頭脳を発達させたのである。まさに生食の対極にある加熱調理こそが、人間の進歩をもたらした。おそらく猿人段階では、肉食獣が食べ残した死肉を漁るなどして生活していたが、これも火を用いることで、より安全に食することが可能となった。単なる雑食性のサルとは異なり、人間が肉食を始めてタンパク質を積極的に摂取したことも、脳の発達に大きな影響を与えた。

火の利用により、食の範囲は著しく拡大し、生食できないようなものを、安全に食料として用いられるようになったことから、寿命の延長と人口の増大が起こった。もともと人間は、動物的身体能力は決して高くはないが、手と道具、そしてその駆使を命じる脳を最大限に用いて人口増加を背景に強大な組織体を創り上げ、集団として活動することで地球の生命体の最頂点に上りつめたのである。

さらに人類が発生した熱帯では、微生物が多くかつ繁殖しやすく、食べ物が腐ったり、さまざまな病原菌に侵されたり、他の動物との生存競争に負けたりしないために火を利用し、その技術を持って温帯さらには寒帯へと進出していった。特に暖かい地域では、非常に多く調理に火を用いる。グツグツ煮込んだり、徹底的に焼いたり、油で揚げたりして、ようやく食べ物を口にする。そうしないと安全を確保できないからである。

火を加えることは、食品衛生上の問題だけに限らず、新たな味覚を創造することになる。加熱によって食品素材のテクスチャーを変え、歯触りや食感を楽しむことが可能となる。日本では生食調理においても、火が利用されている。

タイの刺身の皮目に熱湯をかけることで、霜降りとするタイの松皮造りの他、表面を炙ったうえで刺身とするカツオのたたきは、生魚の表皮を噛み切りやすくすると同時に、独特の焦げ風味を創り出す。さらにコイのあらいなどについても、湯洗いすることで生臭みを消し、甘みやうま味を引き出すという技術が蓄積されている［松本：二〇一二］。

人間は、料理することと共食することが、食行動における最大の動物的特徴とされている。食べ物に、手を加えて食べ易くし、新たな味覚を引き出すという調理技術のうち、火による加熱は最も初源的なものである。何よりも安全性を確保するところから始まったが、新鮮で安全な食べ物は、当然のごとく生食を行ってきた。生で食べられるかどうかは、その地域の気候、風土と最も深く関係する。

極北の狩猟民たちは、獲った獣を生で切り分けて食し、血まで飲むが、それは腐りにくい気候条件に加えて、植物性食品が乏しいために、ビタミン類を確保しなければならないからである。寒帯や温帯で生食の条件が整う地域には、必ずしも火を用いない料理が存在する。その代表格が日本の刺身ということになるが、次章で論ずるように、その系譜は中国、韓国の膾に求められる。ただ調理という観点からすれば、刺身は立派な料理と称することができる。

日本で発達した片刃の切丁は切断面の細胞を破壊せずに切り分けることから、魚肉に含まれる肉汁を逃さないし、それを一口で食することにより、素材のうま味が最大限に確保される。これは単に生魚をかじった場合と異なる味覚の創造であり、料理という技術のなせる技といえよう。その意味で、刺身は究極の生食料理と評することができ、これを生んだ日本には、確かに生食文化の伝統が認められる。そこで日本における生食の歴史について見てみよう。

三、日本の生食と膾・鱠

ただ日本における生食の歴史といっても、考古学からは加熱した料理についていくつか証明できても、生で食べたことを物語る遺物を探し出すことは難しい。そのため文献でわかる範囲でしか追求できない。ただし文献に「生」と記されていても、全く何の処理や添加物を加えていないわけではなく、生に近い状態を「生」と呼んでいる点に留意しなければならない。その点、『魏志』倭人伝の次の記事は、紛れもない生食である。

倭の地は温暖にして、冬も夏も生菜を食らう。皆徒(と)(裸足)なり。

中国人からすれば、倭人が野菜を生で食べるという風習が珍しく感じたからこそ、このような記事が留められたのであり、これには何ら処理は施されず洗ってそのまま口に運ばれたと解することができる。ここで重視すべきは、同書には省かれているが、洗うという行為である。洗わなければ土が付いていて食べることはできないが、洗っても濁った汚い水では、それをそのまま口にすることはできない。

生食を可能にした日本の風土には、温帯という気候の適切さもさることながら、何よりも良質な水が大量に得られるという点に特徴がある。アジアモンスーン地帯に位置し、海洋の水分をたっぷりと含んだ季節風が定期的に訪れるため、大量の雨がもたらされる。しかも日本列島は、沈降した山脈を主体とするため、国土の七〇%が山地で、そこに繁茂する樹木が大量の雨水を貯えている。雨水が地下水となり、それが湧出する過程で、十分なろ過が行われるために、清浄で豊富な水の利用が各地で可能となる。

　最近でこそ天然水が販売されるようになったが、基本的に日本では飲用水の確保に苦労することはなかった。このように大量の良質な水に恵まれる地域は、世界的にみても極めて稀な部類に属する。こうした豊富な水があったからこそ、野菜の生食が可能であった。このことは魚類などでも同じであり、素材が新鮮でさえあれば生食は可能であることから、コイのあらいのような料理が生まれたのである。

　しかし海魚や獣肉の生食には新鮮さが求められることから、保存や移動の問題を考えると、何も用いずに生のまま食することは難しかった。そのため殺菌力が強く肉を軟らかくする効用のある酢を用いた鱠あるいは膾という形で、生食が行われてきた。膾の初見は『日本書紀』景行天皇五二年一〇月条で、「白蛤を膾に為りて進る」とあり、天皇が上総国へ出向いた折に、料理人の祖とされる磐鹿六鴈が、ハマグリを細く切って酢に浸した料理を捧げたことから、膳大伴部に任じられた旨が見える。

　ここでは膾の文字が用いられており、魚介であるから鱠とすべきかもしれないが、古くは魚介よりも鳥獣が主体であった。もともと磐鹿六鴈という名前からも、かつては獣肉や鳥肉を調理することが料理人の伝統であったものと思われる。たとえば、同じく雄略天皇二年一〇月条には、「猟場(には)の楽(たのしび)は、膳夫(かしはで)をして鮮(なます)に割(つく)らしむ。自ら割らむに何與(いか)に」と見え、狩猟で得てきたシカなどを、行幸の途中で切り割き酢に浸して食べており、しかもそれが楽しみであるから、天皇自らが膾を作ろうとしたという。

景行天皇・雄略天皇の時代を年代的に特定することは難しく、『日本書紀』の成立は八世紀初頭のことであるが、そのはるか以前から鱠あるいは膾という形で生食が行われていたことに疑いはない。ちなみに膾に必要な酢は酒の発酵をさらに進めたもので、すでに天平一〇（七三八）年の駿河国正税帳（正倉院文書『寧楽遺文』上巻）に、酒・醤・末醤などとともに酢が見え、その利用は相当遡るものと考えて間違いない。

また前章で見たように、『万葉集』巻一六にも、「醤酢に蒜(ひる)搗(つ)き合(か)てて鯛願ふわれにな見せそ水葱(なぎ)の羹」とあるが、この鯛は、おそらく干物か塩をした程度の生物で、これを醤酢で食べたいとしている点に注目すべきだろう。酢は酒の起源とほぼ同じで、弥生時代にあったとしても不思議ではないだろう。いずれにしても強い殺菌力を持つ酢を用いた生食は、相当古くから膾・鱠という形で、魚肉・鳥獣肉の料理が行われていたのである。

ところで古代国家の最も重要な祭祀である新嘗祭・大嘗祭では、天皇によって神々へ捧げる神饌料理が供されるが、ここには非常に古い日本料理の形が伝えられている。これに関しては史料が少ないが、一二世紀初頭の『天仁大嘗会記』（『江記』）に「御飯筥・生魚筥・干魚筥・菓子筥」

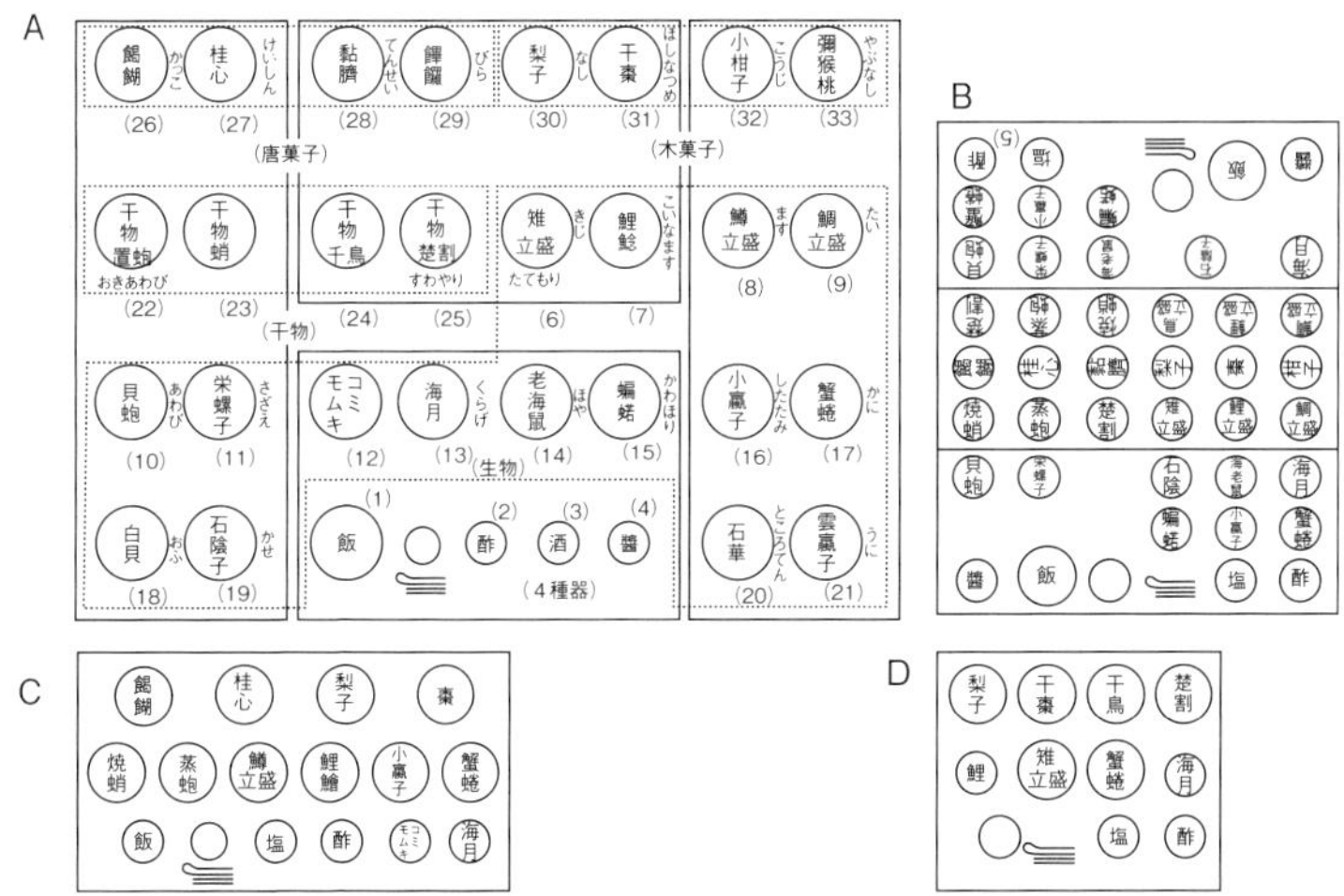

図１　『類聚雑要抄』［森末他：1965］より改変

とあり、この組合わせが基本で、これらの祭祀の当初からの伝統であったと考えられる。そして相当時代は下がるが、一四世紀後半の『宮主(みやじ)秘事口伝(ひじくでん)』には先の「生魚筥・干魚筥」に対応するものとして「鮮物(なまもの)四種・干物(からもの)四種」が登場する。

この「鮮物四種」の内容は、細かく切った「甘塩鯛」と「鮹蚫」の他、「雉魚腊(きたひ)」として鮭の腊か切った鮎の膾、もしくは切った「醤鮒」などが考えられる。このうち鮭の腊は、丸のまま発酵させた鮨に近い状態のものとすべきだろう。これらは「生物」あるいは「鮮物」とも呼ばれる生食料理で、刺身の原型にあたる膾的な魚貝料理が神饌料理の重要な要素であったことが知られる。しかも、これらは肉食を否定した古代国家以降のものであるから、それ以前には鳥獣の膾も広く用いられていたと見なすことが

表1　永久4（1116）年大饗献立

献立	A	B	C	D
身分	正客	陪席の公卿	少納言 弁官	主人
四種器	(1) 飯 (2) 酢 (3) 酒 (4) 醬	(1)(2)(4)(5) 塩	(1)(2)(5)	(2)(5)
生物	(6) 雉 (7) 鯉鱠 (8) 鱒 (9) 鯛 (10) 貝鮑 (11) 栄螺子 (12) コミモムキ (13) 海月 (14) 老海鼠 (15) 蝙蠕 (16) 小羸子 (17) 蟹蜷 (18) 白貝 (19) 石陰子 (20) 石華 (21) 雲羸子	(6)(7)(9)(10)(11)(13)(14)(15)(16)(17)(19)	(7)(8)(12)(13)(16)(17)	(6)(8)(13)(17)
干物	(22) 置鮑 (23) 干蛸 (24) 干鳥 (25) 楚割	(22') 蒸鮑 (23') 焼蛸 (25)	(22')(23')	(24)(25)
唐菓子	(26) 餲餬 (27) 桂心 (28) 黏臍 (29) 饆饠	(26*)(27*)(28*)	(26)(27)	
木菓子	(30) 梨子 (31) 干棗 (32) 小柑子 (33) 獼猴桃	(30*)(31*)(32*)	(30)(31)	(30)(31)
計	28	14 + 6 × 1/2	12	8

注1：数字の後の' は調理法のみ異なるもの（『類聚雑要抄』：群書類従26より作成）。
注2：＊は2人で1品。
注3：計の項は四種器を除く料理数

できる［原田：二〇一三］。

さらに、平安貴族の間で行われた大饗料理にも、こうした生物の伝統が受け継がれた。この大饗料理は、中国からの影響を強く受けた儀式料理で、台盤に数多くの生物・干物・唐菓子・木菓子などが並べられ、手元に四種器として用意された塩や酢・酒・醬などの小皿で、自らが好きな味に調整して食べる料理である。すでに前章で、『類聚雑要抄』に収められた永久四（一一一六）年における大饗献立から古代の調味料について検討したが（一八頁参照）、ここでは生食という観点から、もっとも料理数の多い図1左上Aの尊者の献立図についてみてみよう［森末他：一九六五］。

手前には一六種類の生物が並ぶが、このうち左の貝鮑・栄螺子・白貝（ホッキ貝）・

石陰子（ウニ類）の四種は貝物で、塩などで保たせたものと思われる。また右の小羸子（キサゴ）・蟹蜷（ヤドカリ）・雲羸子（ウニ）・石華（カメノテ）はおそらく塩辛としたもので、中央の窪杯物のモムキコミ（雉子の内臓）・海月（クラゲ）・老海鼠（ホヤ）・蝙蛞（ユムシ）も塩辛であったと考えられている［鈴木：一九九八］。

これらのほかに雉子・鱒・鯛の立盛と鯉膾が生物として並ぶが、大饗は何日も前から準備され、料理も作り置きが原則であることから、今日のような新鮮な魚介が並んだわけではない。つまり魚鳥肉についても、何らかの殺菌や保存のための処理が施されていたと考えるべきで、塩や酢で保存させた魚鳥の切り身肉が生物のメインで、これらが刺身の原型となったと考えてよいだろう。これに加えて貝類などを塩漬けにして発酵させたものが生物として認識されていたのである。あくまでも干物という乾燥処理法に対して生物という概念を用いたもので、実態は膾や鱠あるいは塩辛であったとすべきだろう。

四、膾から刺身へ

そこで改めて鱠や膾の系譜について遡れば、これらが国字ではなく漢字であるところから、その起源は中国に求められる。すでに中国では紀元前五～三世紀頃に整理されたとされる『礼記』曲礼上には、進膳の作法として「殽（飯）を左にし、胾（切り肉）を右にし……膾炙は外に處き、醯醤は内に處き」などとあり、塩をした生肉と思われる胾や酢漬けの肉である膾を食べる話がある。また『論語』郷党編第一〇にも、「膾は細きを厭ず」として膾は細いほど良いとするなど、かつては獣肉が膾として食されていたことがわかる。また魚を膾とするのは江南の風習とされており［篠田：一九七四］、日本で鱠が主流となるのは、中国南部に広がっていた米と魚の文化を受容したためと考えられる。

ただ中国では、明代・李時珍の『本草綱目』鱗部では、魚膾や生肉を食べると健康を害することが甚しいとされており、海辺などの地域を別とすれば、次第に膾を食べる風習は衰退していったという［周：一九八九］。また朝鮮の料理としては、今日では牛肉の刺身であるユッケが知られているが、これは漢語の「肉膾」の朝鮮語読みだとされている［周：一九八九］。むしろ膾や生肉食は、朝鮮半島に伝わり広がった。

朝鮮半島では、特に高麗末期のモンゴル襲来によって、肉食が復活したことから、膾の食べ方を教わったというが、一七世紀の農書『増補山林経済』には「凍雉法（膾）」が見えるほか、さまざまな料理書などに魚介の生膾が登場するとされている［李：一九九九］。また一九世紀の『鼎俎志(ていそし)』にも、そのままの生膾と熱を加えた熟膾とがあり、牛の胃や羊肉を熱湯に浸けて織切りとし膾(フェ)とする料理法などが紹介されている［伊：二〇〇五］。

日本同様に古くから膾、鱠という生食が行われていた可能性が高い。ただ中国では、一一世紀の宋代頃までは膾が食べられていたが、おそらくは大疫病が流行したことから膾が敬遠され始め、以後においては調理に必ず火が用いられるようになったという［李：一九九九］。

すなわち膾という料理法は、古代中国で考案され広く食されていたが、むしろ中国での衰退後にその強い影響下にあった朝鮮半島と日本で、盛んに行われるようになったという歴史がある。そして日本で刺身の語が登場するのは、今日の日本料理の基礎が完成したとされる室町時代のことで、『康富記』文安五（一四四八）年八月一五日条に「鯛指身之を居える」などと見える。この他同時代の料理書『庖丁聞書』には、鱠とは別に「鰹の刺躬（さしみ）」のほか「いけ盛といふは、鴻・鵠・雁などの躬を細くそぎ、細作りにして、いり酒にて出すなり」とある。

室町期には、さまざまな庖丁流派が成立しそれぞれに料理書が作成されるが、それらに「さしみ」の語が散見するようになる。例えば『四条流包丁書』には

一、サシ味之事。鯉はわさびず。鯛は生姜ず。鱸ならば蓼ず。ふか（鱶）はみからし（実辛子）のす。えい（鱏）もみからしのす。王余魚（かれい）はぬたず。

とあり、刺身を何につけて食べるかが詳しく記されている。さらに鱠のことを刺身と呼ぶようになったことが『大草殿より相伝聞書』から窺われる。すなわち「いかだなますとは、そうみやう也。そうべつはさしみにて、いかだくむうを」とあり、鮎や鯉などを筏状に組んだ鱠を刺身と呼んでいる。

そして、この時代には、カツオとコンブによる日本的なだしが成立をみたことに伴って、カツオだしにウメボシや酒を加えて作る「いり（煎）酒」が発明され、刺身に適した新たな調味料が開発されている。ただ鱠に比べれば、刺身の登場回数は少なく、この頃に刺身という料理法が徐々に広がりつつあったことが窺われる。

その後、江戸時代初頭に出版された『料理物語』になると、「鱠の部」の他に「指身の部」が設けられているが、ここにはコイやカツオなどの魚類の他、キジや鶏、鴨、さらには蒸しタケノコやアサツキ、菊の花、松露（しょうろ）などの刺身料理法が記されている。もちろん松露は湯がかれており、キジは丸焼きにしてむしるほか、魚類も熱湯をかけたり湯がいたりしている例が多く、生食そのものとは言い難いものが目立つ。

すなわち、この時期の刺身は、生もあったが鱠のように酢で締めるのではなく、焼いたり湯がいたりしたものを、切ったりほぐしたりして提供し、これに煎酒や蓼酢あるいは山椒味噌などを漬けて食べる料理を指したにすぎない。ただし先の生盛のように、あるいは刺身のなかにも明らかに下ろしたてのものもあったことから、今日の刺身の原型が室町時代から江戸時代初頭には成立していたと考えてよいだろう。

その後、江戸時代を通じてさまざまな料理書や料理本が刊行されるが、それらにはしばしば刺身が登場し、魚類の切り身が生で食されるようになり、鱠は刺身へと変身を遂げる。そして、やがては江戸前の握り寿司が考案されるに至るが、まさに日本料理の発展期である江戸時代後期に、鮮魚の切り身である刺身が一般化したとみなすことができる。

そもそも日本料理の特色の一つに切るという技術があり、庖丁が料理の代名詞のように用いられるが、その源流は、先に見た神饌料理や大饗料理にあった。まさに台盤に並べられる干物や生物を、片刃の庖丁を用いて、見事な切り口を見せるところに料理の技術があった。それが室町時代から江戸時代にかけての日本料理の形成、発展期に、刺身として結実したのである。

ちなみに膾(フェ)を食していた朝鮮半島では、日本の植民地時代に日本式の刺身が入り、膾をサシミと呼ぶようになって生魚を醤油とワサビで食べることが広まったという［朝倉：一九九四］。

五、おわりに

それではなぜ日本では、究極の生食料理である刺身が考案されたのだろうか。日本では清浄で豊富な水が生食を促したことを前述したが、それだけでは刺身が生まれた理由は説明できまい。基本的に生食は、新鮮であることが最も重要な前提条件であり、これをクリアしない限りその普及は難しい。中国や朝鮮半島、日本でも、肉類の鮮度を保つために、酢を用いた膾が一般的であったが、国土が膨大な中国では、元代あたりから衰退し始め明代にはあまり用いられることがなかった。

一方、海に囲まれて細長く移送の利点に恵まれた朝鮮半島と日本列島では、その後も盛んに膾が好まれていた。そして朝鮮とは異なり、日本では鳥獣の膾が後退して魚介の鱠が発展して、やがては刺身という料理が発明された。これは日本では、七世紀に古代律令国家のもとで、米食のために獣肉食の禁忌が高まったために、いきおい動物性タンパク質は魚類に求められるところとなった。もともと東アジア、東南アジアのモンスーン地帯に展開した稲作文化のもとでは、米と魚とブタを基本とする食文化が成立を見たが、日本ではブタが欠落した代わりに、魚食文化が著しい発展をみたのである。

特に古い時代にあっては、淡水魚であれば簡単に生け簀などで生かして保存できたが、海水魚の場合でも、活け締めという技術によって漁獲後も長時間にわたって鮮度を保つことができた。これは世界にも類例を見ない魚の処理法であり、まさに魚食に特化した日本ならではの技術といえよう。これは漁獲後に、活魚を麻痺させて仮死状態とすることで、魚が暴れて余分な酵素を分解させなくしたり、死後硬直を遅らせて腐敗を抑制したりすることができる。魚の種類によってさまざまな技法があり、魚を重要な副食としてきた長い歴史のなかで積み上げられた日本独自の技術体系と評することができる。

この技法がいつ頃にどのような形で考案されたかは不明であるが、室町時代に刺身という料理法が成立した頃には、すでに広く行われていたものと思われる。また室町時代は海上船運が著しい発展を見せた時代であり、北海道や三陸沖でしか獲れない昆布が京都にまで出回ったことから、日本料理の核心となる出汁が生まれたのである。おそらくは活け締めという技術と海洋と河川を巧みに利用した水運の発達によって、比較的新鮮な魚類が流通するようになったものと思われる。

さらに戦国時代という交通体系を分断された時期もあったが、全国制覇を成し遂げた豊臣政権後に成立をみた江戸の幕藩体制は、米年貢の運送という課題もあって、五街道の整備や全国航路の連結を積極的に行い全国的な商品流通を促した。このため魚介類も細かな流通網に乗って各地に運ばれるようになり、その生食にはずみをつけたことから、刺身の主流となったとみなすことができる。まさに江戸前の握り寿司に象徴されるような日本の生食文化は、江戸時代に著しい発達をみせたのである。ただ江戸前の握り寿司も、かつてはほとんどがマグロのヅケのような細工が施され、全くの生魚で握られていたわけではないことに留意しておく必要もあろう。

また、もう一つ日本の珍しい生食法である生卵かけご飯は、そうした生食の展開を背景に登場したものと考えられる。肉食禁忌の浸透に伴い、一部には卵自体の食用にもブレーキがかかったため、禁忌が著しかった江戸時代には生卵を食べたという事例は見当たらない。具体的な根拠は不明であるが、『明治世相編年辞典』によれば、一八六七年頃に、後に新聞記者として活躍した岸田吟香が、飯に生卵をかけて食したとしている〔朝倉他編：一九六五〕。おそらく吟香のような人物を除けば、生卵の食用が一般化するのは、肉食が解禁された明治以降のことと思われる。

なお今日のような生食が家庭レベルで盛んになるには、冷凍冷蔵技術と食品流通システムの発援に裏付けられなければならず、それは一九六〇年代後半のことであった。アメリカから入ってきたスーパーマーケットが、急速な展開を見せるのは一九六二〜一九六三年頃からのことであり、こうした流通革命に対応する形で、一九六五年には冷蔵庫の普及率が五〇%を超え、翌年から低温輸送によるコールドチェーン化が始まった。これによって、新鮮な野菜や肉・魚などが、やっと日常的に家庭で貯えられるようになったにすぎない。

第3章　日本における稲作と魚——海・里・山

一、はじめに

東南アジア・東アジアにおいては、温暖湿潤な気候に適した稲作が発展をとげ、これに必要な水に棲む魚が組み合わされて、米と魚を中心とした食文化が広汎にみられる。また、ここでは稲作のかたわらでも、簡単に飼育することが可能なブタが、これに加わっている。東アジアの東端に位置する日本も、そうした食文化の一部を形成するが、独自の地形や気候といった自然条件に加えて、その歴史が生み出した食生活上の特質がある。

まずモンスーンアジアといっても、東南アジアと東アジアでは、雨季と乾季や四季の状況などが異なり、稲作のあり方も同じではない。とくに日本では、前章でも述べたように、山地が多くて森林が広がり保水力が高いことから、豊かな水量に恵まれている。それゆえ温帯ジャポニカの栽培がさかんで、水田稲作が主力を占めるという特徴がある［佐藤：一九九六］。このため焼畑での熱帯ジャポニカ栽培を併用するタイやラオスなどとは、稲作の様相を異にしている。

もちろん日本でも、すべての水田に用排水路が完備していたわけではなく、摘田（つみた）や掘上田（ほりあげた）あるいは単なる天水田も少なくなかった。とくに前近代においては、排水条件の劣悪さから、湿田がかなりの比率を占めており、平地では水が多過ぎて、用水相論といっても引水よりも悪水抜きをめぐる争いがしばしば起きていた［原田：一九九九a］。

つまり大規模土木工事が比較的容易となり戦後に至って、圃場整備や水門の設置、あるいは水路のコンクリート化が進み、水問題は解決に向かったが、河川や水田に棲む小魚類たちは厳しい棲息状況に追い込まれた。さらには農薬の使用は、これに拍車をかけて、水田の淡水魚が減少に向かった。もともとさまざまな生物の棲息地となっていた水田は、畑地とは異なって、魚などの排出物や小生物の死骸が、豊富な養分となり、地力維持に大きな威力を発揮してきたのである。

まさしく魚は、水田そのものの維持にもかかわってきたが、より食生活との密接なかかわりでは、菜としての利用のみならず、魚醤などの調味料としても用いられてきた。すでに第1章で述べたような形で、日本にも魚醤と穀醤が併存するようになった。ただ日本では、国家の上層レベルにおける魚醤から穀醤への転換は、意外に早かったと思われる。しかし『延喜式』にも肉醤や鳥醤がみえることや、秋田のショッツル・能登のイシル・伊豆諸島のクサヤ・香川のイカナゴ醤油など、今日にも残る魚醤の存在から、民間レベルの問題として考えてみれば、やはり魚醤の利用を過小評価することはできまい。

日本では、複雑な海岸線を有する地形的な有利性から、海産性の魚貝類の利用もさかんであったが、山間部においても豊かな水資源との関係で、さまざまな淡水魚が食用に供されてきた。一六世紀末に来日したポルトガルの宣教師・ロドリゲスは、『日本教会史』に次のように記している。

王国全土に非常にすぐれた水と泉とがある。……水量の豊かな河川が多数にあって、その中のいくつかは小船で航行できる。また、多数の湖があり、その中のいくつかはきわめて大きい。日本には淡水魚も海水魚も、多くの種類のたいへん上等のものがいる。北の海には沢山の鮭がいて、一年の一定の時期に産卵するために川に上ってくるので、そこでは無数に捕獲され、それを塩漬にして天日に干す。

こうしたヨーロッパ人の観察記録からは、中世末から近世初頭の時期に、鮭のみならず、じつに豊かな魚類が食用とされていたことがうかがわれる。それゆえ本章では、肉食禁忌が最高潮に達した近世を中心に、中世および近代を視野に入れつつ、日本における稲作と魚とのかかわり合いを、より具体的に検討していく。その際に、海・里・山という地形条件が異なる地域で、どのように展開したのかに留意しながら、この問題を考えてみたいと思う。

われわれには漁村というと、漁業ばかりに専念しているようなイメージがあるが、漁民が魚ばかり食べていたわけではない。主食のように魚を食べることはありえても、基本的には交換経済の原理が海の生活に働いていた。またタンパク質だけの摂取では、生理学的にも、栄養学的にも成り立たず、やはり炭水化物を一定の比率で取り入れなければならない、という事情がある。その意味で、漁業という生業形態は、魚を媒介に、交換経済というものを前提にせざるをえない、という根本的な宿命を抱えているといえよう。

中世あるいは近世社会に入ると、河川交通のみならず海上交通も、全国規模で発展をみせたが、小規模な地域間の交易は、かなり古い時代から行われており、米と魚の交流は海岸部でも広くみられた。さらに漁村内部にも、漁業と農業との分業が成立していた点に注目しておく必要があろう。

これに関して谷川健一は、柳田國男の「海女部史のエチュウド」から「瀬戸内海の大長村は、……漫々たる門前の入江はありながら、今でも漁師から生魚を買って食べている。……内海には大小の島の数しげく、いわゆる長汀曲浦も果てしなく続いているが、心からの海の民というものは存外に少なかった」という一文を引き［柳田：一九二二］、家船についてもふれたうえで、海の民を次のように整理している［谷川：一九九三］。

①海辺にいても海に背を向けて土地をたがやす農民。②また一口に海の民と言っても、航海に従事し魚を捕らない海の民。③地先の海で漁業をいとなむ漁民。④家船のように海上で生活する漂海民。

これまで浜辺の村を、無限定に漁村と称してきたが、現実には、さまざまな生業が営まれてきた。その意味では、海辺の村々については、あたかも専業のような印象を与える漁村という言葉よりも、「海村」という語で定義すべきだろう［原田：二〇〇八］。

しかもリアス式海岸の多い日本では、海辺まで山が迫る例も少なくなく、たとえば若狭国遠敷郡多烏（たからす）などの中世海村では、山木を用いて製塩をしたり、半島の山間部で狩猟を行っていたことが指摘されている［白水一九九四］。海村内部でも、漁業のみならずさまざまな生産活動が行われていたが、海辺の村々では、漁業村落と農業村落とが、相互補助的に支え合っていた事例も広汎にみられる。

たとえば、中世の若狭国三方郡耳西（みみにし）郷では、宇波西神社を中心とした村落結合がみられた。ここでは漁村と農村とが一体となった祭礼が古くから行われているが、その供物や饗宴に、漁村と農村とが分担して、それぞれ米と魚を提供し合っている［春田：一九九四］。すなわち米に代表される農産物と魚という漁獲物との交換によって、地域的な生活が営まれていたことを象徴する事例といえよう。

表1　近江国浅井郡月出村所持谷田部村内耕地表（谷田部共有文書）

年次	西暦	筆数	面積	石高	上々田	上田	中田	下田	畠
慶長7	1602	30	25-4.1	34.4950	6-8.5(6)	12-4.7(12)	1-3.1(2)	0-1.10(1)	4-8.19(9)
万治2	1659	16	14-4.19	19.2020	-	9-4.13(9)	1-2.18(2)	3-1.9(3)	0-6.4(3)
延宝7	1679	13	12-1.19	16.3280	-	7-3.15(6)	10-35(1)	14-4.13(5)	0-0.16(1)
文政8	1825	14	11-6.05	17.3649	-	9-4.225(11)	1-04(2)	1-03(2)	–

面積＝反－畝歩、（　）内は筆数　石高＝石
出典：［原田：1983a］より

しかし近世社会への移行にともない、石高制という米を社会的基準とした経済システムが誕生し、日本全体で稲作へ集中傾斜するという現象がみられる。海ではなく、琵琶湖の事例ではあるが、中世後期に成立をみた月出村は、近世には村高五〇石余ほどの畠地しかない小村であったが、琵琶湖での淡水漁業のほか湖上運輸活動をさかんに行っていた。

ところが月出村は、表1から明らかなように、すでに慶長年間に、台地上の隣村・谷田部村に三四石余の耕地を有していたほか、一八世紀初頭には、同じく山田村・小山村にも出作しており、自村の石高を上回る耕地を他村に有していた。しかもその大部分は上田という地味のよい水田で、漁撈・運輸という生産手段を有した月出村においても、もっとも確実な経営として稲作が選択されていたことに注目すべきだろう［原田：一九八三ａ］。

いずれにしても近世初頭の水田志向には、かなり根強いものがあった。こうした事情は、湖岸のみならず海岸部の海村においても同様であり、このことが先の柳田の「心からの海の民というものは存外少なかった」という認識につながっていくものと思われる。その意味では、ここで家船の問題についても考えておきたい。

家船は瀬戸内海や九州に多く、肥前国西彼杵郡（にしそのぎ）の場合には、大村藩や平戸藩から特別な認可を受けて漁業活動を行っており、藩財政との関係で、中国への重要な輸出物であった干し鮑の生産にもかかわっていた。もともと彼らは、大規模な巻き網などを行わず、小規模な手繰り網や潜りによる突き魚漁法を得意とした。

家船は、沿岸漁業などに従事する漁民とは、明らかに系譜を異にする海民集団であるが、その数は天保期の大村藩で、船六三艘・人口三〇九人にすぎなかったという［宮本：一九六四］。また捕獲した魚は、女性たちの手によって、市場で売りさばかれており、漁業専業民の生活が、稲作農業集団などとの交換経済に依拠していたことを物語っていよう。

また近世には、巻き網漁業などの大がかりな沿岸漁業が発達し、地引き網漁業も行われるようになるが、こうした海村の興味深い民俗に、〝貰い鰯〟という慣行がある。漁村の民俗に詳しい河岡武春によれば、貰い鰯は菜貰いともいい、近世には、これに対する禁令がおびただしいほど出されていた。農民たちには、陸上で地引き網の作業を少しでも手伝えば、漁獲物の幾分かを貰う権利が認められるもので、その慣習は全国的にみられるが、度がすぎることも多く、漁業の妨げになることもしばしばであったという［河岡：一九八七］。

この慣行は、すでに戦国期の伊豆国獅子浜でも確認されるが［原田：二〇〇八］、近世に入って鰯漁が、干鰯つまり魚肥の生産をおもな目的とするようになったため、そうした慣行が著しく広まったものと思われる。いずれにしても農民の日常的な菜として、海からの魚が労働との交換によって提供されるというシステムが存在していたことは興味深い。そして鰯漁の中心を占めるようになる干鰯の生産は、農村との関係を考えるうえで重要だろう。

同じく河岡によれば、広島県大柿町の能美島では、明治後期にイリコの製造がさかんになるまでは、鰯を浜に干し腐らせて干鰯とし肥料に用いた。近在農民たちが買って生鰯を自ら干すこともあったが、多くは関西から船で買いにきたという［河岡：一九八七］。

まさに漁業の生産物を、そのまま食料とするのではなく、農産物のための金肥として利用するところに、日本の漁業の特質があった。鰯のみならず鰊も同様に用いられており、おもに乾田や畠地で木綿や藺草（いぐさ）などの換金性の高い作物生産に利用されたが、逆にそうした都市周辺部の農村では、換金作物による収入で米を買って食べることも少なくなかった。いずれにしても海村の内部や外部には、農業を専業とする家々がけっして少なくなかった。たとえば、古くから漁業がさかんな千葉県波崎町の明治末期の職業構成は表2のごとくで、意外に専業農家が多いことがわかる。こうした海村での魚食については、波崎での次のような民俗調査報告が参考となろう［利根川食生活史研究会：一九八五］。

表2　職業別の戸数・人口（明治末年）

	戸数	人口
農業専業	380	2356
農業兼業	20	296
商工業及雑業	130	763
漁業	450	3477
計	980	6892

＊商業には農漁業の副業多し
出典：東下村村是『波崎町史料Ⅰ』より

魚貝類は豊富に獲れるので毎日食べた。イワシ・アジ・サバ・サンマ・ブリ・スズキ・サケなど獲れる魚はもちろん、獲れないときには行商人からアジ・サバ・イルカ・カツオなどを買って食べた。なかでもイワシは、塩をふって焼いたり、砂糖と醤油で煮たり、開いて天ぷらにしたり、あるいはつみれ団子や刺身にするなど、いろいろな方法でもっともよく食べた。大きいイワシは卵の花漬けにする。またイワシの刺身は、「七度洗えばタイよりうまい」といわれた。なおサバやサンマは塩焼きにするほか、団子汁にして食べたという。

さらに波崎周辺の房総半島の砂丘地帯では、特有な水田として掘下田（ほりさげだ）がみられる。これは一メートル前後、地面を掘り下げて、掘った土を水田の周りに盛って木を植え防風林とするもので、浅い地下水を利用するが、その造成には非常な労力を必要とする。こうした重労働を厭わずに、近世中期以降には海岸部に水田を確保した。まさに海村付近においても、稲に対する執着が強く、米と魚という組み合わせを多くの人びとが望んだ成果でもあった。

三、里

里とは、漁撈のための海、狩猟のための山に対して、農業のための地をさす用語と解すことができ、国土の四〇％にあたる台地部と平地部に位置していたことになる。日本では、地形条件から畠作のみしか可能ではない村々も少なからず存在したが、全国的にみれば近世中期には、数値上は畠地よりも水田のほうが多かったというデータがある（表3参照）。里でも、さまざまな漁撈

表3　関東国別田畠比較表（単位：町）

地域	国名	水田	畠地	合計	田／畠	拾芥抄	中／近
畿内	山城	11405	6041	17446	1.88	8961	69.14
	大和	23521	10677	34208	2.20	17005	63.62
	河内	15885	6484	22370	2.44	10977	60.81
	和泉	8084	3524	11608	2.29	4126	44.91
	摂津	23193	9422	32615	2.64	11314	39.03
関東	甲斐	15473	29351	45094	0.53	10043	56.14
	伊豆	5040	3074	8114	1.63	2814	49.13
	相模	13385	29143	42528	0.45	11486	75.51
	武蔵	64590	137278	201869	0.47	51540	70.22
	安房	5190	4206	9397	1.23	4362	73.96
	上総	25393	22935	48328	1.10	22366	84.14
	下総	37445	42717	80163	0.87	32038	75.29
	常陸	49172	66455	115627	0.73	42038	75.52
	上野	23304	64200	87505	0.36	28534	107.74
	下野	35580	73003	108584	0.48	27460	67.92
東北	陸奥	183647	154102	337749	1.19	45077	※
	出羽	83652	36309	119961	2.30	38628	40.64
	全国	1643446	1317105	2960551	1.25	946016	50.66

注：「中／近」の項は、『拾芥抄』の田積を『町歩下組帳』の田積で除したもの。ただし『拾芥抄』は令制の単位であるので、これに0.88倍し、太閤検地以後の単位に統一した上で計算を行った。なお『町歩下組帳』の数字は単位以下は切り捨てており、合計値は計算値ではなく記載値による。また※の陸奥国の場合には、『拾芥抄』に奥四郡が含まれていないので、数値の算出を行わなかった。
出典：［原田：1999a］より

が行われたが、ここで扱うものは、農民が主体となるもので、専業の川漁に関しては、四節で論ずることとしたい。

いうまでもなく水田は、水のコントロールを前提とした稲の工場で、基本的には湖沼や河川により引水・排水を行っている。つまり近代的な河川堰が登場するまでは、水田をとりまき、かつ魚類が広域に行動しうる水系が存在し、農薬がさかんに用いられるまでは、そこにはさまざまな魚類が棲息していた。つまり水田の周囲には、必ず魚類が付随しており、アジアモンスーン地帯で広くみられるように、稲作と魚はセットであった。そして、その典型が里を形成していた。夏の台風は、水害をもたらしてデリケートな稲の生育に障害を与える危険性が高いが、一方で豊富な魚をもたらしてくれた。ちなみに筆者は、一九六〇年代に北関東で農業を営む母方の実家で、夏休みに河川漁撈にかかわる貴重な体験をした。

　それは、近くを流れる那珂川が、台風で増水したときに、村人が総出で水とともに溢れでた魚を捕りに行った記憶である。これに関しては、『今昔物語集』巻二〇第三四話に、京都の桂川付近で、増水時にできた水溜まりで、村人たちが「桶を提(ひさげ)て掻入」れつつ鯰などの「大(おほき)なる魚」を取って食べる様子が描かれており、筆者の体験が中世以来のものであったことがわかる。

　里の農民にとって、台風による増水は脅威の対象ではあったが、適度であれば稲作に必要な水と、河川の魚を、確実にもたらしてくれたのである。さらに東日本の水田には、湿田が多く二毛作は不可能であったが、そこには淡水漁業というメリットがあった。農薬の使用以前には、雑草の駆除という大仕事は必要であったが、代わりにコイ・フナ・ナマズ・ドジョウなどの淡水魚が繁殖した。

　埼玉県三郷市彦成地区では、一軒に一カ所ずつ田のなかの地先にホッコミがあった。これは水田の一カ所に掘った三〇センチ程度の穴で、ここに魚が溜まったところを、網ですくう漁法で、祭や年始客などの馳走に用いたという［原田一九九〇］。そのほかウケなどの仕掛けでも魚が獲れたし、何よりも大河川は淡水魚の宝庫であった。

さらに、この地域一帯の淡水魚について、『新編武蔵風土記稿』葛飾郡の項では、江戸川および中川の鯉を名品とし、中川の白魚を佳品としており、「鮒・鰻・鯰」については「江戸川中川及諸村の用水堀等にも多し」とある。また文政六（一八二三）年に成った津田敬順の『十方庵遊歴雑記』第四編巻之下三四話には、武州埼玉郡二郷半（にごうはん）領付近の記事として、次のようにみえる。

舟漕者の曰らく、此川漁猟夥しく、常に鯉鮒鯎鰻鯰を取よし物がたれり、実にも川上へ棹さし舟を漕登する毎に、藻を抓分に間（マヽ）壱弐寸の魚の幾百となく水上へ刎上る事若干なれど、甚迅速にして何魚とも其形見分離し、舟人のいえらく、是雑喉（ザツコ）なりと……

すなわち河川湖沼や低湿地は、淡水魚という豊富なタンパク源の宝庫でもあったことを忘れてはなるまい。

水田農業とともに行われる淡水漁業に関しては、民俗学者・安室知による体系的な調査研究がある。安室は、淡水漁業の形態を時期によって分類し、（A）水田用水期と（B）水田乾燥期とに区分し、それぞれの特徴を次のように整理している［二〇〇五］。まず（A）用水期では、①受動的で省力型の小型定置陥穽漁法が主となること。②個人的な魚が主となること。③漁の多くは稲作作業にともなう微細な水環境の変化に対応して行われる。④一回あたりの漁獲量は少ないが、繰り返し行われるためシーズン全体の漁獲量は相対的に多くなること。⑤稲作の各作業による時期的規制が大きいこと。などが特徴となり、この時期に獲れた魚は、ケの食に利用され、保存食化されることは稀であることなどが指摘されている。

これに対して（B）乾燥期では、①能動的で労力投入型の漁法が主となること。②個人的な漁とともに、村や農家集団において共同で漁が行われること。③農閑期の余剰労働力を背景に、大規模な漁撈が行われること。④一回性の漁となるが、一度に多量の漁獲がもたらされること。⑤稲作の各作業による時期的規制が少ないこと。などが特徴で、この時期に獲れた大量の魚は、ケの食に利用されるもので、乾燥などの方法により保存食とされることが多い、としている。

日本における最大の耕地面積を占める水田および灌漑施設等で、稲の生育期および休閑期に、ほほ恒常的な淡水漁業が行われることとの意義は大きく、日本人の食生活上に米と魚が占める位置がきわめて高かったことを示している。さらに日本のなかでも、水田率が比較的低く、ブタやヤギの肉食がさかんであった沖縄でも、水田漁撈が行われていた。

沖縄県旧慣間切内法は、それまでの慣習法を、明治一八（一八八五）年以降に成文化したものであるが、このうち「知念間切各村内法」第七条には、「田より魚を取る為めに網ら放ち作毛を損するものは拾銭以上壱円以下の科金申付、他村他間切のものは其村屋番所へ引渡同断科金徴収し候事」とある。とくに近世初頭における薩摩藩の琉球侵攻以降から、日本化の途をたどって水田稲作を受け容れた沖縄でも、淡水漁業が行われていたことは注目されてよいだろう。

里の場合には、畑作地帯と稲作地帯とがあるが、民俗的な魚食の事例としては、前者で埼玉県熊谷市俵瀬、後者では千葉県印西市大森について、それぞれみておこう［利根川食生活史研究会：一九八二・八四］。

俵瀬では、川魚は、アユ・コイ・フナ・アイゴ・ナマズなどを、砂糖醬油や味噌などで甘露煮にするほか、天ぷらなどにして食べた。とくに当地付近では、ナマズの天ぷらがよく作られた。ナマズを鉈で頭ごと叩いて細かくし、味噌で味付けをして小麦粉を混ぜ、肉団子のようにして油で揚げた。なお川魚は、村内で専門的に獲る人から購入したり、食べたくなったときに自分で獲ったりした。

また大森では、コイは開いて煮るか、こいこくにして食べた。フナはびん焼きや昆布巻きブナ、あるいはタタキにして食べた。びん焼きは背をひらき、山椒と唐辛子を混ぜた味噌をつめて焼く。昆布巻きブナは、フナを焼いて二、三日干し、昆布で巻いて砂糖醬油で煮たもので、主として正月用であった。タタキは、フナを細かく切って味噌を入れ、すり鉢でかき混ぜ、丸めて汁に入れて食べる。このほか醬油で煮たり、甘露煮や塩焼きにしたりして食べた。なおイワシ・サンマなどの海魚は銚子から売りに来た。川魚は霞ヶ浦から売りに来たが、自分でも獲ってよく食べた。

いずれにしても淡水魚は、水田漁撈や河川漁撈での入手が容易で、里におけるもっとも身近で重要な動物タンパク源であった。それゆえ、米と魚の組み合わせが、もっとも典型的にみられたのは、里であったことになる。

四、山

ひとくちに山村といっても、地形条件によって、さまざまに異なった食生活が営まれてきた。山村の場合には、高度のほかに傾斜角度などの関係で、水田を設定しやすい地域と、そうではない地域の差に開きがある。たとえば、紀伊山地・四国山地・南九州山地などは、かなり急峻で谷戸が少なく、こうしたところでは水田は作りにくく、焼畑による農業が営まれていたことが多い。ただ焼畑地帯ではあっても、四国の祖谷山系などでは、「御国中絵図」によれば、近世後期の戸数は四〇〇〇〜五〇〇〇にも及んでいる。近世中期における徳島城下の戸数は二〇〇〇にすぎず、焼畑や狩猟、あるいは和紙作りや林業を営みつつ山間で暮らす人びとの数は、想像以上に多かった。しかし水田の設定がむずかしい場合には、和紙などの現金収入によって米を買っていた可能性もあるが、これは主に年貢納入のためであるから、米食は基本的に稀であったとすべきだろう。

ところが関東周辺部などの例では、地形的条件によって、水田が平野部よりも山間部に多い、という事例が少なからず存在する。表3は、近世中期の「町歩下組帳」(『大日本租税志』)から関東を中心に国ごとの田畠比較を一覧したもので、水田÷畠地は全国平均では、一・二五となるが、関東の平野部では畠地が水田を上回るのに対して、伊豆・安房・上総などの山間部では、水田が畠地を上回っている。

これは山間部の谷戸は、小規模ではあっても谷田としての水田化が可能であるのに対して、低湿な平野部では排水条件の劣悪さから畠地が多い、という事情による。すなわち高く急峻な山地では水田が少ないが、そうではない山地部では、畠地よりも水田のほうが多い、という現実がある。しかし単純に高度が高いから水田が少ないと一般化することはできず、山地といっても内実はさまざまで、その地形条件に大きく規定されて、水田の確保状況は大きく異なることを、まず指摘しておきたい。

そこで本節では、とくに水田の少ない地域の事例について考えてみたい。信濃と越後の国境にある秋山郷は、近世中期に、もっとも山深い地域の一つとして知られており、天明・天保の飢饉などでは、餓死者が出ていくつかの村が潰れるほどであった。この秋山郷を文政一一（一八二八）年に訪れた鈴木牧之は、『秋山記行』で、集落の近辺には谷戸を利用した小さな水田はあるが、四、五〇年ほど前からのもので収量も少ないとして、巻二「秋山言葉の類」に「米は、一年中に大晦日の晩に限り、……（正月）三ヶ日は栃餅をたべる」と記している。ただし、栃餅にも米が用いられている点には留意すべきだろう。

耕地はほとんどが畠地で、雑穀などを主食としていたが、もちろん狩猟による肉食は行われていた。ハレのときにはきわめて稀であったが、米が用いられたほか、魚類も食されていた。秋山郷のマタギは、秋田マタギの技術継承を受けたものとされており、彼らは狩猟のみならず漁撈のためにも当地を訪れていた。これについて牧之は、同書巻二湯本のところで「此辺に我等（秋田マタギ：引用者注）寐泊（ねとまり）する小屋掛いたし、岩魚と云ふて、尺前後の魚を釣り、業とし、一度に数百を担て、草津の湯治場へ往けば、此処生魚は甚価も宜敷。……岩魚漁る為に小屋掛、何れ何十日と云ふ日数も限らず舎る」という聞き書きを残している。

ここでは秋田マタギたちには、狩猟よりも漁撈のほうが収入がよく、イワナが豊富に獲れたようすが描かれている。秋山郷の人びとにとっても、こうした山間の河川漁撈は、彼らの食生活に大きな意味をもったものと思われる。とくに山間の清流に棲むイワナなどは、捕獲の対象として、日常食のみならず、保存食としても用いられた。秋山郷においてはイワナズシの存在を文献的には確認できないが、民俗事例としては、イワナズシやヤマメズシの存在が各地で知られており、山間部における漁撈活動を過小評価することはできない。

このうちヤマメズシの民俗事例を、静岡県静岡市田代諏訪神社の場合でみれば、ここでは珍しくヤマメの粟ズシが神饌として捧げられており、野本寛一による次のような調査報告がある。「この神饌のために特別に栽培された新粟を竪臼で搗く。粟はワセ種で……搗き終えた粟を湯の煮え立った釜の中に入れて粥にし、……粟粥がさめたところで、祈禱所からヤマメの漬け桶を出し、重石を除いて中からヤマメを出す。そしてヤマメのエラのところにある『アゲ』を取り除き、粟粥を腹、口の中につめ、さらにヤマメの表面にも粟粒をまぶす。桶の底にイタドリの葉を並べ、ヤマメを並べ、葉と魚を交互に重ねる」という［野本：一九八四］。

このヤマメの粟ズシは、もともと米飯によってつくるのが原型であったろうが、ここでは粟粥を用いているところが興味深い。このスシは、発酵期間も短く、本来的なスシとしての要素は弱いが、米飯を用いたスシを模しているところに特徴があると思われる。日本でも基本的に魚の発酵食品は、海辺部では魚醤とされ一部に残ったが、とくに山間部では、スシとして利用されてきた点が重要だろう。水田が少なかった焼畑地帯では、米と魚ならぬ粟と魚を神饌に供して、生産の発展と村の安泰を神に祈ったのである。次に近代の事例として、山梨県南都留郡忍野村忍草の場合をみてみよう。ここには農業史学の古島敏雄が中心となって、第二次世界大戦直後に、文献および現地調査にもとづいた共同研究の成果が残されている［古島編：一九五二］。この山村の農業は、明治初年から焼畑中心の畑作農業で、粟・稗や蕎麦などを栽培していた。大正七（一九一八）年の米騒動以後に、朝鮮半島などにおける産米増殖計画に刺激され、湿田を中心とした開田と耕地整理が始められた。ここでは、この水田に魚肥が用いられている点が注目されよう。

同書によれば、「区長さんは大豆一一（ママ）俵をしぼって油三斗をとり、一斗を自家用に使い、二斗の油を売って魚肥を買った。大豆一〇俵分の粕は田に入れ、それも基肥ではなく、田植後一〇日目の一番採草の時にやったのだという。……普通の人の肥料は生大豆のほか、中心をなす肥料は、厩肥と青草である」という。畠地から収穫した大豆のうちの三分の二を投じて、金肥である魚肥を水田稲作に用いているが、これは区長などの裕福な農民たちで、魚肥が他の肥料に比べて、稲作に効果的であったことがうかがわれる。

こうして山間部においては、米の代わりに雑穀などが用いられることがあったが、近世〜近代においては、ハレの場合にみるように米が理想的な食物として考えられていたことがうかがわれる。そして魚もスシにするなど、米と魚という食事パターンは、水田の少ない地域の山村生活にも理念として根づいていた、とみなしてよいだろう。さらに余裕があれば、稲作のために、魚肥が用いられていた点も重要である。

最後に山村の魚食の民俗事例として、利根川最上流部の群馬県みなかみ町藤原の場合をみておこう［利根川食生活史研究会：一九八三］。米の飯は、盆・正月・来客時だけで、それ以外にも食べるようになったのは、一九六〇年代のことで、それまでは混ぜ飯で、米に粟・稗・麦・キビなどを一〇対一から五対五くらいの割で混ぜた。副食には川魚が多く、イワナやヤマメは、多いときには一晩で一〇〇匹くらい獲れ、水上や沼田に売ったが安いため、串に刺して塩焼きにするほか、甘露煮や味噌汁に入れたりして普通に食べた。またイワナは、田植えのすんだ頃が美味で一番よく釣れ、秋の産卵期にはイワナズシにした。また昔は、マスやサケが上がったほか、ウナギやカジカなど獲れ、サケは切り身にして焼いて食べた。なお水田では、タニシ・ドジョウ・イナゴなどが獲れ、とくにドジョウは一カ所掘ると二～三升くらい獲れたほか、コイを飼うと草を食べて肥り、秋に稲刈り前などにこいこくなどにして食べた。なお海の魚としては、サンマ・クジラ肉・メザシなどを、お金があるときに水上から買ったが、内臓が腐っており、焼くと半分くらいしか食べるところのないサンマなどもあった。

この藤原は、二〇〇〇メートル級の山々に囲まれた山間部であるが、谷戸を利用した水田も開かれていた。しかし米のみの飯ではなく、雑穀との混ぜ飯が常食であったが、やはり魚食は多く、水田漁法も営まれていたことがわかる。藤原では、狩猟も行われていたが、むしろ秋田マタギの猟場としての性格が強く、ウサギなどの小動物の捕獲がさかんであった。したがって山では、動物食の利用もあったが、やはり淡水魚食の伝統は根強かった、と考えてよいだろう。

五、そして川

こうした海・里・山をつなぐのは、いうまでもなく川である。そして河川には、きわめて有効な移動・交易手段としての機能と、漁場としての性格とがある。まず交通の問題からみておけば、すでに中世には、部分的に各地域を結ぶ海路が成立していた。当然ながら海魚の輸送はさかんで、正和五（一三一六）年三月の「越中放生津住人則房申状」（大乗院文書『鎌倉遺文 第三三巻』二五七九八号）からは、「鮭以下物等」を積んだ津軽船が越中と行き来していたことがわかる［竹内：一九八七］。なお本章第1節で扱った多烏浦の船も同様の交易を行っていたことも指摘されている。

こうした海運は、中世にも部分的につなげば、全国を行き来することも可能であったが、戦国期には海賊の横行によって、状況的にむずかしくなっていた［村井：二〇〇三］。それが近世に入るところで、豊臣秀吉による海賊停止令が徹底され、江戸・幕府の要望で全国航路が完成すると、海上交通と河川交通とが網羅的に結合し、これによって内陸にまでさまざまな物資がさかんに流通するようになった。

このことは、魚の価値観にも強い影響を及ぼした。中世までは、庖丁式の魚に象徴されるように、淡水魚であるコイがもっとも価値の高いものであった。ところが海上交通と河川交通がより緊密に結びついて発達すると、近世には海水魚の流通性が高まり、もっとも重要な魚はタイへと変化した［原田：一九八九］。地方の山や里にまで、こうした魚に対する価値観が一気に変わったとは思われないが、流通圏が比較的狭かった淡水魚から、広域な交流圏を対象とした海水魚の利用へという変化は、魚食の歴史に大きな画期をなしたことになろう。

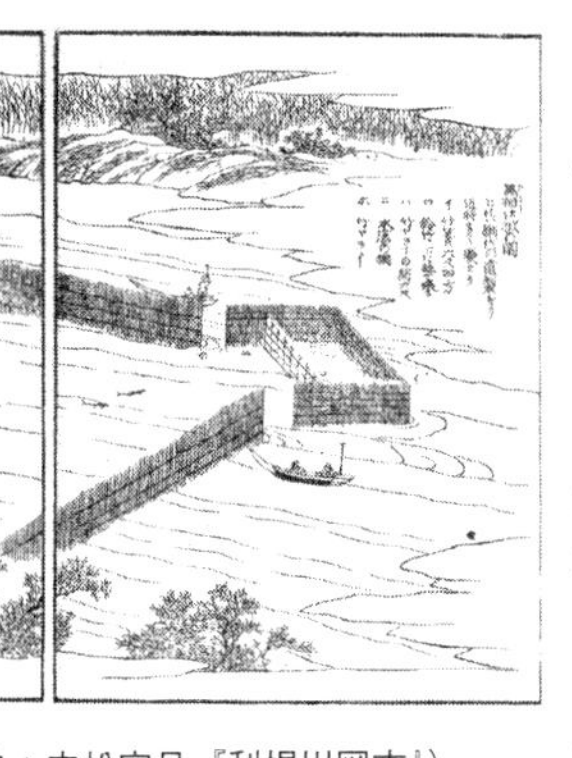

図１　「無相仕掛の図」（出典：赤松宗旦『利根川図志』）

なお漁場としての大河川は、とくに東日本では、古くから利用されてきたサケの捕獲場所という意味が大きかった。図1は、安政二（一八五五）年の赤松宗旦著『利根川図志』に収められたもので、同書は利根川流域の歴史と風土に関する民間の地誌であるが庶民生活の描写に優れ、つぶさに大規模なサケ漁の実態を伝えるものといえよう。このほか、関東近辺でいえば、多摩川の鵜飼やアユ漁、荒川での潜水漁撈など、さかんに河川漁業が行われていたことにも注目しておくべきだろう。

さらに河川漁撈の問題としては、海でもなく里でもなく山でもない川を本拠として、専門に漁業などに携わる人びとがいた。彼らは、おそらく中世頃から、川の民として存在しており、なかでも出羽南部から越後北部に流れる荒川や、越後三面からの瀬波川（三面川）などの事例が知られている。なお瀬波川の河口に位置する村上では、近世後期からサケの養殖が行われていた。もともと河川は、国郡などの境界となるもので、河川自体は一つの境界領域として認識されていた。いちおう荒川水面は公領としての荒河保とされたが、荘園などのような所領ではなく、川の民たちが自由に活動を行いうる世界であった。

とくに瀬波川には、中世由来の雲上（くものうえ）公伝説があり、その担い手はワタリとかタイシとかよばれ川内大明神を祀る川の民であった。彼らは、中世には山の民とも深く関係したが、近世には河川交通や筏流しにも従事するほか、古来からの技術をもって、網でマスを獲り、鵜飼でアユを捕まえたり、ヤスでサケを突いたりするなど漁業を行ってきた［井上：一九八一］。こうした川の民は、やや大きな河川には古くから広く存在していたものと思われる。

もちろん近世にいたっても、河川を自由に動き回って、漁撈活動を専業として行っていた人びとがいた。彼ら専業漁民は、オゲ・ノアイ・ポン・ポンスケ・ノラボウ・カワボウなどと称され、農耕民たちからは差別を受けていた。また彼らのことを、〝殺生〟もしくは〝殺生人〟などとよぶ場合があり、これについては近世の地方文書にしばしば登場する［伊東：二〇〇二］。一般に殺生とは動物を殺すことで、二足の鳥や四足の獣に用いるのが通例であるが、日本近世では、無足の魚類捕獲に対して使用された点が重要であろう。

これに関しては、すでに一六世紀後半に日本にやってきた宣教師ルイス・フロイスが、『日欧文化比較』に「われわれの間では漁夫は重んぜられている。日本では嫌われ、卑しい人々とされる」と記したように、古代以来の肉食否定に付随した殺生罪業観が、より徹底した形で、日本社会に浸透していったことの結果であった［原田：二〇〇七］。獣肉食については、中世を通じてあらかた退けたとはいえ、残された動物タンパク源である魚食を否定しさることができなかった。代わりに専門に漁業を行う人びとに、その〝罪業〟を被せたのである。

六、おわりに

もちろん多くの日本人が、毎日米を食べていたわけではなく、それは基本的にはハレの食物であり、日常的には混ぜ飯などで済ます場合も少なくなかった。しかし近世を通じて、米と魚を中心とした食生活のあり方が、明治初年の日本に広く根づいていたことは、次のようなイギリス人女性イザベラ・バードの観察に明らかである。いささか長くなるが、興味深い記述が多いので引用しておこう。

A：日本で栽培される主要な稲の種類は、八種か九種ある。陸稲を除いて、そのいずれも泥と水を必要とし、多く泥をかき回したり、厄介な仕事が多い。米は主要食糧で、日本の財産である。日本の収入は米で評価された。灌漑の可能なところではほとんどどこでも稲が栽培されている。（『日本奥地紀行』）

B：日本の食品の範囲は無限といってもよい。……九十種類以上の海魚や川魚を煮たり、焼いたり、あるいは生のまま食べている。カツオや鯨肉の切り身から宿屋の調理場でたいてい目にする一匹一口にも満たない小魚を数匹竹串に刺した物までさまざま。カツオ、鯨、きつく塩をして干したサケ、ナマコやイカなど数種の魚を生で食べる。思わずそばから逃げ出したくなるような臭いの強いごま油で揚げる魚もある。鰻やその他の珍味は、麦と大豆を塩と酢で発酵させて作る日本の代表的調味料の醬油に、ときにはより風味を増すために酒を少量加えて調理する。イカはいつ見てもぞっとする。他の多くの魚も同じだ。食用の貝は十三、四種類あり、蛤、トリガイ、牡蠣など。生魚の供し方は二つある。一つは魚の身を小さく長四角に切り分ける。もう一つは非常に細いひも状に切る。鯉はしばしばまだ活きているうちに調理される。……包丁を入れていない頭はピクピク動き続ける。その動きはかわいそうに魚に水をかけると速くなる。この料理はごちそうで、「鯉の活作り」と呼ばれる。（『バード　日本紀行』）

一九世紀末のヨーロッパ人の眼からすれば、小麦とは異なる米を、肉とは異なる魚を好んで食べる日本人の食生活は、かなり不可解なものに映ったに違いない。米と魚に魚醬あるいは穀醬という組み合わせは、小麦と肉あるいは乳を中心とした食事体系と対極をなすからである。モンスーンアジアの米と魚の食文化のうちでも、とくに日本では、もっと典型的に米と魚をセットとする食事が発展をみた。

たしかに、米の飯は、魚介類と相性がよく、しかも魚醤、それから発展したと考えられる穀醤といった調味料の味覚体系のもとで、米と魚は、至上の組み合わせであるかのように思われる。しかし、必ずしも米が、肉類や乳製品と合わないわけではない。カレーライスやリゾットなどに、米の飯はよく合うし、とくにアジアの稲作地帯のなかでも傾斜地が多くウシやヤクを飼育するブータンでは、米と乳の組み合せが日常食の基本となっている。またヨーロッパでも肉料理の付け合わせに、ポテトかライスかの選択を迫られることもある。

さらにバターライスも広く食されているし、パエリアやピラフも特別な料理ではありえない。中央アジアやイランでは、ピローもしくはブラウという形で、肉類とともに炒めたライスが食されているし、羊などの煮込み料理にも米は相性がよく、現在では、これらの地域で、かなりの米が消費されている。

そうしてみると、米と魚という組み合わせは、東南アジア・東アジアのモンスーン地帯で、地理的・歴史的に形成された特殊な味覚体系であることになる。たしかに、この地域では、気候に適した水田稲作が行われ、水田および河川湖沼に棲む魚類を、菜および調味料としてきた。ただ、これらの地域においては、広く米と魚にブタという家畜の肉類がともなってきた点に注目する必要があるだろう。

ところが中国との関係が深かった沖縄と、稲作が普及しなかった北海道をのぞく日本では、ブタが欠落したという大きな特徴がある。これは、日本の古代国家が、稲作の推進のために採った肉食否定政策によるものであった。これによって、肉食は穢れとされ、中世を通じて排除の途をたどるとともに、米が聖なる食べものとみなされた〔原田：一九九三〕。そのため北海道・沖縄以外の日本では、動物タンパクが魚介類に特化したという事情がある。すなわち東南アジア・東アジア世界のなかでも、とくに古代以降におけるブタの欠落という歴史的な特殊状況が形成されたため、食事の基本が米と魚に純化したと考えられる。

※なお各節末尾の食生活調査は、利根川食生活史研究会編の以下の報告書による。埼玉県妻沼町俵瀬：「利根川中流畑作地帯における農村の食生活」（『埼玉民俗』一二号、一九八二）、群馬県水上町藤原：「利根川上流山間地帯における農村の食生活」（『群馬歴史民俗』六号、一九八五）、千葉県印西町大森：「利根川中流水田地帯における農村の食生活」（『千葉史学』七・八号、一九八五・八六）、茨城県波崎町波崎：「利根川下流河口地帯における漁村の食生活」（私家版、一九八五）による。なお利根川食生活史研究会は、かつて原田が組織したもので、それぞれ雑誌掲載以前の私家版については、波崎の場合も含めて国会図書館・国立民族学博物館・味の素食の文化センターに架蔵する。ただし本文中の発表年次は全て私家版による。

第4章　宮中のおせちと菱葩(ひしはなびら)——統治の象徴

一、宮中のおせち

宮中のおせちは、伝統的な食の正月行事を色濃く残すもので、『図説　天皇家のしきたり案内』に、その一部が写真入りで紹介されている〔皇室の20世紀　編集部：二〇一二〕。そこで、これを参考に、現在宮中で行われている儀礼を通じて、古代儀礼食の性格について考えてみたい。

まず元旦における天皇の最初の祭事は、朝五時三〇分から神嘉殿(しんかでん)で行われる四方拝(しほうはい)で、伊勢神宮や歴代天皇・皇后の墓所のほか、四方の神々を拝して五穀豊穣・国家繁栄・国民安全を祈る。その後に、まず御口祝(おくちいわい)の御膳となる。が、これには、ノシアワビ・カチグリ・コンブの三品が出される。これらは、古くから嘉例の食品として尊ばれ、ノシアワビは馬の鞭に見立てられて「打つ」の意となるほか、カチグリは「勝つ」、コンブは「喜んぶ」に通じるところから、最もめでたい三種の食べ物で、「打って勝って喜ぶ」として、中世の武家の儀礼などでも用いられてきた。

そして晴の御膳が供され、さまざまな料理が並ぶが、天皇は形式的に箸を立てるだけで食べない。これは天皇自身の食事というよりも、あくまでも神への供物と考えるべきである。実は箸をたてることで、神とともに食事をしことを意味する。ここで神と天皇との神人共食（しんじんきょうしょく）が行われたことになり、両者は最も近しい関係となる。

もともと『日本書紀』神代下に「高天原（たかまがはら）に所御（おはしま）す斎庭（ゆにわ）の穂を以て、亦吾が、児に御せまつるべし」とあるように、天照大神が地上界に稲をもたらし、その祭祀権を皇孫たる代々の天皇に委ねたとする。これは豊葦原瑞穂国（とよあしはらみずほのくに）統治の正当性を保証する天壌無窮の神勅の一部で、神に最も近しい天皇が、国家祭祀の主宰者として、五穀豊穣や国家繁栄・国民安全を祈ることになる。それゆえ早期の四方拝に続くさまざまな食事場面には、神との共食が強く意識されているのである。

まず実際の朝食にあたる御膳は「御祝先付（おいわいさきづけ）」と呼ばれ、本膳に浅々大根と串刺のブリに菱葩、二の膳に割伊勢海老と福目煮の搗栗（かちぐり）に蛤の潮汁と雉（きじ）酒、これに福茶が付く。これは平安時代、おそらくは奈良時代からの歯固（はがため）と屠蘇にあたるもので、ともに身体の健康を願うことから始まる。なおこのうち菱葩は歯固にも用いられるが、それ以上に重要な意味を有しているので、次節で詳しく述べることとしたい。

もともと中国では膠牙飴（チャオヤータン）という固い飴を食べて歯の根を強くし、同じく中国に起源を持つ薬酒である屠蘇を飲んで、一年間の邪気を払い長寿を願う。一〇世紀頃の成立とされる『西宮記（さいきゅうき）』では、歯固に用いられたのは、大根・瓜・串刺・押鮎・焼鳥であり、屠蘇膳としては猪肉（ただし『類聚雑要抄』などの記録では鹿肉となっている場合もある）・押鮎・煮塩鮎が出されているが、もともと歯固と屠蘇は一体のものであったと見てよいだろう。そして日本の歯固では、『類聚雑要抄』の歯固には鏡餅が添えられているように、飴に代って餅が用いられるようになる点が興味深い。

ただ後には肉食禁忌の影響によって、猪肉は雉に、鹿肉は鴫（しぎ）に変えられている。また雉酒は、雉肉を薄く切って焼き、これに熱燗を加えた日本酒で、かつての鷹狩りの名残と思われるが、これが屠蘇酒の代わりとなっている。御祝先付に出される大根とブリの串刺および搗栗は、新嘗祭（にいなめさい）や大嘗祭（おおなめさい）の神饌にも用いられるもので、古くからの重要な食品であった。

かつての朝御食・夕御食という二食制の伝統を引き、宮中では夜の「御祝御膳」が本格的な料理となる。タイの造りなどの一汁三菜に、甘鯛西京焼・牛肉市松巻などの二の膳が付くが、これらは京風の日本料理の伝統を重んじながらも、現代風にアレンジしたもので、伝統からはもっとも遠い料理となっている。これに対して、朝の御祝先付と、夜になって行われる「入夜御盃（じゅやぎょはい）」には、古代からの習俗が部分的に残る。

元日最後の儀式となるのは「入夜御盃」で、温かい酒とともに、ここで初めて雑煮が出る。この餅は腰高小餅で、鏡餅に多少のアレンジを施したものと考えられる。もともと鏡餅は円盤状のものであった。『豊後国風土記』や『山城国風土記』逸文には、裕福な長者が餅を的として射たところ、餅が白鳥となって飛び去り、貧乏になってしまったという話があるが、これは餅を鏡のように吊していたことを暗示させる。餅を鏡のように吊ってご神体とする事例もあり、古くは円く伸ばしたものが原型であったと思われる。

また餅のほかに、雑煮の具材となる串子や串貝は、先に見た屠蘇膳の出し方を承けたものである。そして同じく具材となるアワビは、皇祖神・天照大神を祀る伊勢神宮へも納められる古くからの重要な海産食品で、これに鏡大根と芋という山の幸が加わり、雑煮の腰高小餅が里の農耕文化を象徴するものとして出される。

つまり、ここでは「入夜御盃」の料理に、海と山と里の三つの世界の豊かな食文化が象徴されていると言っても過言ではない。まさに天皇は、そうした人々の活発な活動と生活、世界の安穏とを、祈り護る司祭者としての役割を負っていたことを物語っている。なかでも雑煮の餅が、里のもっとも重要な産物である米から作られていることに留意すべきだろう。酒と餅は、ともに米を原料とするもので、日本の神事には欠かすことのできない重要な食品である。

そして元旦の最後に、もっとも厳かに雑煮として餅が出されることにも注目すべきだろう。もちろん海や山の産物にも大きな意義はあるが、やはり里における稲作が古代国家の生産活動のメインに据えられるべきものであった。そして代々の天皇は、まさに「斎庭の穂」の神、天照大神から引き継いだ稲を祀(まつ)り祈る権限と義務が課せられていたのである。

それゆえ天皇が神と共食を行って、一心同体となり、国家最高の統治者つまり司祭者としての役割を果たす必要があったが、これは民間レベルにおいても同様であった。祭祀において神へ捧げた供物を、神事の終了後に祭祀者一同で食することを直会と称するが、これは神が食べた後に人間が食べることで、神人共食を行ったことを意味する（第6・7章参照）。これによって神と人とが強い絆で結ばれ、神の恩恵が人間にもたらされることになる。

とくに年の改まった正月は、稲作などさまざまな生産活動の始まりとなるから、その一年の豊作と安穏を神に祈る必要がある。まさに正月に餅入りの雑煮を食するのはそのためで、餅はまず神に捧げられなければならない。九州などでは正月の雑煮を「ノーリャー」などと称するほか、神に供える餅を、千葉県で「オノウライ」、和歌山県で「ノウライ餅」と呼ぶ［柳田：一九四〇］。「ノーリャー」「ノウライ」はいずれも「ナオライ」（直会）の方言で、いったんは神に供えられることが共通する。さらに長崎などでは、たしかに正月に餅を神に供えるが、餅なし正月という禁忌のために、正月の間はこれを口にすることができずに、正月が終わってから、その餅を入れた雑煮を食べ、これを「ナオライ」と呼んでいる点が興味深い［立平：一九九四］。

まさに、これは正月の間に神が食べた餅を、正月あけに人間が食することで直会となり、神人共食が成立することを物語っている。餅なし正月を過ごすような畑作中心の地域においても、正月には米の餅を神とともに食して、一年の豊穣と安穏を願ったのである。こうした伝統が、これまで見てきたような宮中のおせちに、見事に反映しているのだといえよう。

二、菱葩

宮中のおせちのうちでも、もっとも重要と思われる朝の「御祝先付」に供されるのが菱葩である。これは、いわゆる「花びら餅」で、宮内庁主膳の話によれば、天皇と皇后は二枚ずつ二回で計四枚食べるが、一枚目はオマネと称して食べるまねだけで口にしないという。おそらく、これも神との神人共食を意識したものと考えるべきだろう。

菱葩の語は、『言継卿記』永禄八（一五六五）年一月三日条に「御嘉例御盃末において例の如し、菱花平にて一位に勧む、予御酒これ有り」とあるほか、一七世紀の様相を伝える『後水尾院当時年中行事』正月元旦条に「ひし花平・むめほし・茶（一本には菓とある）など供して御さかつき参る」とあり、翌二日条にも「御さかづきに三方一ツに、むし花びら・ごみ・かちくり・くしかき・かすのこ・あめ等……さま〳〵のものをとり分け、ひし花ひらのうへにつみかさね」と見え、正月行事とされている。ただ、これを思わせるような餅は、葵祭の上賀茂神社の内陣に御船餅と称して供えられるほか、東大寺のお水取りの御壇供にも丸い平らな餅が並べられるという。さらに『枕草子』八七段には、仏供のお下がりとして「ひろき餅」が見えるが、これも葩餅のような薄い餅と考えられている［赤井：二〇〇五］。

菱葩という名称自体は古い史料には登場しないが、その源型は歴史的にも民俗的にもかなり遡るものと思われる。そして菱葩が、丸餅と菱餅との組み合わせである点に注目すべきだろう。丸餅は鏡餅の名残で、『源氏物語』初音（はつね）には「歯固のいはひして、もちひかがみをさえとりよせて」とあるように、鏡餅は歯固に不可欠の食品であった。その形である丸型は、心臓をかたどったものと考えられている。関東は四角、関西は丸形と言われるが、鏡餅の円形が原型であろう。

鏡餅は、正月の神棚に供えられるが、前節でも述べたように、古くは円盤状の餅を壁掛けのようにかけて拝む神体でもあった。つまり日本で最も重要な食品とされる米文化の象徴と考えられる。この鏡餅をうすく延ばして花弁に見立てたのが花びら餅であるが、これが次の菱餅とセットとなって祝儀の餅とされているが興味深い。ちなみに丸形は、円すなわち天を表し、菱形は方で、天円地方という古代中国の宇宙観の影響を受けたものと考えられる。

また菱餅といえば三月三日のお雛様の供物を思い浮かべるが、もともとは正月の大切な餅であった。菱餅を元日の神棚に供えたり、正月に菱餅の膳を出したり、菱形の粢（しとぎ）を神前に供えたりする民俗事例がある。そして菱餅は「アカァ」と呼ばれたり、「アカノモチ」とも称される［沢田：一九八九］。現在では、白餅のほかに緑のヨモギ餅と赤餅の三色となっているが、本来は赤で小豆（あずき）を使ったが、時には粟（あわ）も用いられ、やがてはヨモギの緑も加わったとみてよいだろう。

それゆえ色付きの菱餅は、畑作物の世界を意味するもので、小正月の小豆粥と深く関連すると考えられる。ちなみに菱形は、尖った鋭角を持つ菱の実をかたどったもので、魔除けとしても用いられた可能性が高い。これは鏡餅の米、つまり稲作文化に対して畑作文化を象徴するものであることが重要である。

そして菱葩は、丸く延ばした糯米の上に、小豆を用いた菱餅を載せ、これにゴボウを寝かせて味噌餡を添えるが、そこに大きな特徴がある。すなわち稲作文化と畑作文化の双方を褒でる餅として、菱葩は象徴的支配者の正月におけるもっとも重要な儀礼食たり得るのである。これは天皇から「お祝いのおかちん」と呼ばれるもので、元旦の宮中四方拝という五穀豊穣と国家安穏・国民安全を祈る重要な儀式の後に食される点が重要だろう。

しかも菱葩は、米と小豆もしくは粟の餅を一緒に食するところに大きな意味がある。いっぱんに新嘗祭や大嘗祭は、米のための祭祀と見なされているが、そこには大きな落とし穴がある。たしかに天皇の祭祀としては、米に重点が置かれているが、粟などの畑作物にも眼が向けられており、そこでは米と粟の双方が重要な役割を果たしていることに留意する必要がある。

そこで改めて新嘗祭と大嘗祭の意義について確認しておこう。そもそも新嘗には粟を対象とする事例が存在する。『常陸国風土記』には、富士の神が「新粟の初嘗」をし、筑波の神が「新粟嘗」を行った旨が記されている。この「粟」を「わせ」と呼んで、脱穀する前の稲実とする説があり、平田篤胤以来の国学者たちの多くは、これを粟と見なさず米のことだと理解してきた。しかし、この説には無理が多く、やはり粟を祭るものとすべきである［原田：二〇一三］。

正月の菱葩のほか新嘗祭や大嘗祭など、天皇が神と共食する神饌に、粟が登場することが大きな意味を持つ。もともと平安期の『延喜式』の新嘗祭神饌の部分には「御飯并粥、米各二斗、粟二斗」と見え、粟飯が新嘗祭・大嘗祭の神饌に用いられていたことが窺われる。

その後、やや時代は下がるが、建暦二（一二一二）年に行われた順徳天皇の大嘗祭を記した『大嘗会神饌秘記』（『後鳥羽院宸記』）に、神饌として「御飯は四杯なり……米二杯・粟二杯なり。是れ秘事なり」とある。さらに康安二（一三六二）年成立の『宮主秘事口伝』にも「御飯料　白米一升　粟一升」と見える。粟は後から加わったともされるが、やはり古い形態を残すものとする方が正しいだろう［田中：一九七五］。

新嘗祭・大嘗祭に限らず、神饌に雑穀を用いる地域は多く、静岡県磐田市の府八幡宮や岡山県岡山市の吉備津神社などでは、神饌に粟や黍が用いられている。さらに沖縄伊良部島の事例ではあるが、粟などから造った酒や餅が神に捧げられている［増田：二〇〇一］。地形や用水・排水の関係から、つい近年まで水田を持たなかった村々は少なからず存在した。前節で餅なし正月の事例を紹介したが、どこでも米が獲れたわけではなかったのである。

こうしてみると、基本的に新嘗祭・大嘗祭は、水田稲作に重心を置きながらも、畑作農耕の世界をも包み込もうとしたものであったことになる。さらに、『延喜式』践祚大嘗祭には、大嘗宮建立のために、木材を求めて山神を、萱を得るために野神を祭り造酒のために井神と竈神を祭る旨が記されている。まさに天照大神の系譜を引く天皇は、大嘗祭という最大の祭祀の主宰者として、さまざまな神々を取り込むことで、米を中心とした社会と国家の体系を創り上げ、その頂点に立とうとした。しかし畑作農耕を無視することもできなかったのである。

そこに新嘗祭・大嘗祭の神饌に、米だけではなく粟の飯が供えられた理由がある。そうした事情が、宮中の雑煮や菱葩に反映されていると見なければならない。それゆえ当然のことながら、この菱葩の原型は、民間にも継承されている。二重ねの鏡餅の上に、小さな菱形の餅を載せる同様の風俗は、奈良県や三重県・福井県・福島県などでも確認されている〔沢田：一九八九〕。これらの小さな菱形の餅が「アカ」と呼ばれている点が重要で、外側の円い米の餅に対して、菱形の餅は畑作物として全土に対する統治の象徴を意味したのである。

ちなみに菱葩に添えられるゴボウは、平安期の歯固・屠蘇膳に見られる押鮎が変化したものと考えられている。押鮎は、丸のまま発酵させた熟れ鮓のようなもので、新嘗祭・大嘗祭の神饌にも、「生物」の一つとして登場する雑魚腊で、代わりに鏡を用いる場合もあった。ゴボウについては、平安期に大陸・朝鮮半島から伝来したともいうが、薬効が強く深く根を張るところから代用されたものと考えられる。

第5章　菓子と日本の米文化

一、はじめに

日本においても菓子は長い歴史を有しているが、やはり食べ物全体のなかでは、比較的新しいものと言わざるを得ない。菓子にも栄養はあり、食生活において補食的な役割を、長いこと果たしてきたことに間違いはないが、嗜好品という本質的な要素を過小評価すべきではないだろう。そう考えた場合、さまざまな食べ物のなかから、ある特定のものが、何故に菓子として位置づけられるのかという問題を、まず最初に検討しておく必要がある。食べ物のなかで、どのように菓子が登場してくるのか、ということに留意しなければならない。

ただ、もともと菓子は贅沢品ではなく、不充分な食生活を、いわば楽しみの形で補完してきたという視点を落としてはならない。つまり菓子が茶やタバコのような嗜好品と異なり、それなりの栄養素を有すると同時に、食事の一部を構成する場合が多い点に留意すべきだろう。文化人類学者の吉田集而は、つねづね嗜好品は〝こころの食べ物〟だとする旨の発言をされていたが、もちろん菓子は身体の栄養素であるとともに、心の栄養素でもある点に大きな特徴が認められる。

いずれにしても菓子は、かなり複雑な食べ物で、その性格には曖昧な部分が多いが、食生活史のなかでは、極めて興味深い位置を占めている。それゆえ、日本における菓子の問題を扱う場合、日本の歴史に決定的な影響力を与えた米との関連を視野に入れるべきだと考える。さらに、和菓子には米が多用されるという特色があり、ここでは食べ物としての菓子と米の関係を、歴史的な観点から検討しておきたいと思う。

二、菓子の原義と果物

まず菓子とは何か、という原点に立ち返って、どのような形で菓子が登場してくるのかを考えてみよう。小学館の『日本国語大辞典』は、菓子を「食事以外に食べる甘味などの嗜好品。古くは果物をさしたが、現在ではもっぱら米粉、小麦粉、餅などに砂糖、餡の類を加えるなどして製した嗜好本位の食物をいう」と定義している〔日本大辞典刊行会編：一九七一〜七六〕。ここではさしずめ「食事以外・甘味・嗜好本位」などがキーワードとなろう。

さらに中国語とともに、最も親しみの深い外国語である英語の場合を見てみよう。小学館『プログレッシブ和英中辞典』で、菓子の項を引くと「総称：confectionery：洋菓子、生菓子」として、cake,〔パイ・タルトなど〕pastry,〔糖菓〕（米）candy,（英）sweets,〔干菓子〕dryconfectionery といった説明が続く〔近藤他編：一九八六〕。英語にしたところで、やはり dessert もしくは fruit の類が含まれておらず、いわゆる菓子を総称するような語がないことが分かる。

こうしてみると、改めて菓子の定義が必要になるが、先の『日本国語大辞典』の規定は、いくつかの意味で正しくない。まず食事以外としているが、基本的にコース料理の献立には、菓子が含まれているし、日常の食事でも菓子で締めくくることが少なくない。

また甘味も当初からの条件とは見なしにくく、嗜好品あるいは嗜好本位といった問題も、言い得てはいるが、菓子が料理の一部を構成することから、必ずしも正確な表現とはならない。酒やタバコとは違って、菓子は正式な料理に組み込まれるものだからである。

私には、どうも日本における菓子という概念の設定自体に、問題があったように思われる。先の定義で最も気にかかるのは、「古くは果物をさしたが、現在では……」の一節である。これは「菓子」の字義に引きずられたもので、クサカンムリが示すように、もともとは木の実や草の実を「くだもの」と称していた。やや時代は下がるが、鎌倉期の辞書『名語記』に、「クダモノ如何、菓子トカケリ」とあるように、菓子は「くだもの」に宛てた語に過ぎない。問題は、古代日本に「くだもの」以外の広義の菓子が存在したかどうかであろう。

古代人が、中国語の菓子に「くだもの」の訓を与えたことと、いわゆる菓子に「くだもの」以外のものがあったか否かは、全くの別問題と考えるべきだろう。「古くは果物をさした」は、あくまでも字義の解釈であり、今日の菓子の概念に相当するものが、日本の食生活史に、いつ頃、どのように登場したのか、を検討しておく必要があろう。これまでの多くの研究者が、「古くは果物」説を提示してきた根拠は、主に『倭名類聚抄』にある。

確かに同書二〇巻本の巻一七には「菓類第二百二十一」として「菓蓏」の説明があり、柘榴・梨子・柑子に始まり、林檎・李桃・楊梅などから、枇杷・椋子まで、実にさまざまな果物類が並べられている。これに「菓具」と「蓏類」が続くが、これは明らかに木の実・草の実類を列挙しているに過ぎない。しかもここでは、菓子の二字は用いられていないことに留意すべきだろう。

ところが同じく巻一六には「飯餅類第二百八」という分類があり、強飯などの飯類の次に、餅・糭（粽）・餻（草餅）が挙げられている。さらに注目すべきは、これに続いて餢飳や糫餅といった、いわゆる八種唐菓子が並んでいる点である。つまり、ここでは「飯餅類」の餅に対して、唐菓子と同等のものという認識が働いていることになる。この論理でいけば、餅や粽・草餅は、いわゆる唐菓子と同様に、広義の菓子に分類されることになろう。

つまり『倭名類聚抄』の分類項目には、いわゆる菓子という概念が含まれていなかったのである。おそらく古代人にも、今日の菓子に相当する概念があり、それには果物も餅菓子も含まれていたと考えねばならない。そのことを端的に示すのは、律令官制である。『養老律令』職員令によれば、宮内省大膳職に、「主菓餅（くだもののつかさ）二人」と見え、その職務については「掌らむこと、菓子（くだもの）のこと、雑の餅（もちひ）等造らむ事」と記されている。諸国から貢進された果物を管理することと、さまざまな餅を作ることが、主な任務であったことが窺われる。

また永承七（一〇五二）年頃の成立とされる『新猿楽記』に、「菓子（くだもの）には、核（さね）なき温餅、粉勝ちの団子・熟梅の和かなる、胡瓜の黄ばめる」とある。ここでも餅や団子が、果物と同列に扱われており、「クダモノ」とは称しているが、まさに「菓子」と認識されていたことがわかる。

したがって、これまで何となく通説とされてきた、果物から八種唐菓子そして作菓子という古代における菓子の歴史は、根底から検討を迫られるべきであろう。おそらく、かなり古い時代から、餅類のような作菓子と果物を、菓子として扱うような流れがあったものと思われる。それが『倭名類聚抄』の「菓類」といった表現にまどわされて、菓子としての果物が強調され、あるいは外来の唐菓子が、必要以上の注目を集めたために、先のような菓子の歴史の枠組みが、あたかも定説のように評価されてきたのである。

三、菓子の登場と性格

菓子の性格を考える上で、先の『日本国語大辞典』の「食事以外」という指摘は、別の意味で重要な手掛かりとなる。狩猟や漁撈あるいは採集を主としていた時代にあっては、菓子という概念は成り立たない。何でも口にしうるもの全てが、まさに食事の対象だったからである。農耕の展開、それもかなり安定的に食料が供給されるような段階に至って、おそらく「菓子」的な扱いを受ける食べ物が、社会的に認識されるようになったと考えるべきだろう。

確かに本格的な農耕の開始後、果物は、「食事以外・甘味・嗜好品」という意味では、菓子としての要素を備えていた。しかし、それと同時に、生活に安定をもたらしてくれる食べ物に、深い感謝の念や畏敬の念を抱くことは、自然の成り行きでもある。だとすれば、それらの食物に対して、特別な配慮や扱いを行うことは、当然の結果といえよう。

つまり、そうした食物を神に供え祈ることは、多くの民族に共通する現象である。そして感謝の意を示した後に、その食物を下ろして神前で共食する、という儀式が行われるようになったと考えられる。

その際に、それらの食物は、普段の食事の形態とは、少し異なる形で神に貢進されるようになった、とは考えられないだろうか。おそらく初めはそのまま、やがて普通に料理された形、さらには特別に調理された形で、神前へと供えられたとするのも、あながち無理な妄想ともいえまい。つまり私の想像では、神に供えるために特別に調理し、後に儀式に参加した人々が口にする食べ物が、菓子であったのではなかろうか、と思われる。

もちろん神饌に関しては、そのままの食べ物である生饌と、調理した熟饌とがあり、かつては熟饌が中心であったものが、明治の祭式整備で生饌が主流となったという歴史がある［岩井：一九八一］。神に捧げる場合には、神が食べやすいように、そして神と共に人間も食べられるように、特別に調理した貴重な食べ物が、供えられたのである。それゆえ米については、米のなかでも特別な食味を持つモチ種が珍重され、ウルチ米の粉を丸めた粢とともに、しばしば神に捧げられたのだといえよう。

こうした妄想には、次のような根拠がある。まず菓子は、歴史的あるいは民俗的にみれば、ハレの食べ物であることに注目すべきだろう。古代からの神饌に、八種唐菓子が供されたり、六月一六日の嘉定に、宮中や幕府あるいは民間で、饅頭・羊羹や餅などの菓子を食べる風習が近世に盛んになったのも［鈴木：一九九四］、このことを裏付ける事実といえよう。個人レベルでは、雛祭りの菱餅や端午の節句の粽、今日でも誕生日のケーキやバレンタインのチョコレートなど、ハレの特別の日に菓子が用いられてきたことは明らかである。

これらのハレの菓子のなかでも、日本人と馴染みの深い絆が、最も的確に、この間の事情を物語っているように思われる。植物学的に、モチ種は、栽培穀類しかもイネ科の栽培種にのみ見られるもので、通常のウルチの変種と考えられている［阪本：一九八九］。なかにはモチ種のみを栽培し、主食としてきた地域もあるが、一般にはウルチ種が主体であるから、モチ種は、米なら米という同じ食味に属しながらも、異なる食感を得ることができる特殊な食品となる。

そして日本にも、基本的に通常の食味からすれば例外に属する変種、つまりモチ種を、特別なときに珍重して神に捧げてきたという事実がある。柳田國男は、家庭内でほとんど個人所有を認めない歴史環境のなかで、餅だけは人数分を用意して、個人所有を前提とするような意識があることを指摘している［柳田：一九四〇］。

柳田には、餅の形は心臓を象ったものだとする仮説があるが、その背景には、人間の生命を持続させる貴重な食料が米であり、その象徴が餅であるという認識があったものと思われる。その最も重要な生産物を、より豊かに恵んでもらうために、人々はイネに稲魂を認め、その祭祀に餅を供すことで、神への祈りをより深いものとしてきた。もちろん餅は、正月に雑煮として食されたが、これも普段とは異なる食味で、年初を祝うところに意味があった。

いずれにしても、特別な調理を施した餅が、最も重要なハレである正月に、必須のものとして供えられてきた背景には、通常のウルチとは異なる変種であることが、大切な要素をなしたものと思われる。

つまり同じ食味の系統に属しながらも、ふだんとは異なるものであることが重要で、そこにハレを意識させるメリットが存在したのであろう。その代表的な食品が餅であり、「食事以外」の食べ物としての要素が認められるとともに、日常とは異なる食感という点に、「甘味・嗜好品・嗜好性」といった要素に近しい部分がある。その意味で、餅は菓子に限りなく近い性格があったと考えられるが、これについては後述したい。

ここでは安定的な農耕を営む段階において、いわゆる菓子が登場したことと、その菓子自体が、それらの農耕がもたらす食物と同じ体系に属しながら、ふつうの食生活とは少し角度を変えたところに、菓子の意味を見いだしたいと思う。

すなわち、ここで甘味や嗜好本位という菓子の条件が満たされるわけで、ケの塩味ではないところに、非常に重要な意義があるものと思われる。そして日常とは異なる調理や味付けであることが、儀式用の供え物として大切であり、神に捧げられた後には、人々の口に入ることを前提として、菓子が造られるという点にも注目しておく必要があろう。

四、菓子と米

日本における菓子の発生を考える上で、餅が非常に重要であることを、前節で指摘したが、餅については、踏まえておかねばならない問題がある。それは中国語との関連で、これについては、次のような篠田統の重要な見解がある［篠田：一九七七］。

中国語では、あくまでも餅（ピン）は小麦粉の製品の総称で、具体的には饅頭（マントウ）や餃子（シャオズ）を指す。小麦粉そのものを加工したのが麺で、米や粟・黍・豆などの製品は、餌（アル）と呼ばれるが、このうちこねて蒸したものを餻（カオ）と称し、小さく丸めて蒸したものが円（あるいは飩（グエン））で、これに餡を入れると団（トワン）となり、米を粒のまま蒸して搗いたのが餈（シ）となる。

したがって中国の餈が日本の餅にあたるもので、さらに日本では餈は粢（しとぎ）を指すものとされている。これを篠田

漢字語意対照表

	中国	日本
餈	もち	しとぎ
団	餡入だんご	だんご
円	だんご	（まるい）
餻	ういろうの類	ようかんの類
餌	穀粉製品	（えさ）
麺	小麦粉	うどん類
餅	小麦粉製品	もち

（篠田：1977より）

は、日本人が漢字を採用したときの誤訳とし、いくつかの混乱があったものとされた。これについては、篠田も指摘するように、日本において米が、非常に大切な食物として認識されていたためであろう。

より正確にいうなら、漢字を採用した集団つまり国家の支配者層が、米を最も重要な食料と見なしていたからに他ならない。寒冷で乾燥した気候のため、中国中部および北部では、南部と異なって、稲作より畠作の方がはるかに重要で、小麦に農耕の力点がおかれ、食生活の中心に小麦粉が位置していた。

中国において一般的であった小麦粉の餅を、当時の日本で国家がもっとも普及に力を入れていた米に置き換えれば、米の餅が重要な食べ物として祭儀に用いられたのは、当然の成り行きといえよう。中国との対外関係を築いていた社会集団にとって、米は最も重要な食料であり、その生産を全うさせるために、米の変種であるモチ種に大きな意味をもたせ、蒸して搗いた餅を、神に捧げて豊饒を祈ったと考えられる。

そうしたハレの儀式に用いられる餅は、当然ながらケの食物とは、同じ系譜に属しながらも、特別な形や味覚を持つことが重要であった。すなわち粒食ではなく、粉食にして形を整え、ふだんとは異なる食感、さらには甘味などが強調されることで、菓子としての内実を整えたのだといえよう。

ただ七世紀に成立し、次第に強大な中央集権を確立した律令国家は、さまざまな文化と技術および文物を、範を採った中国から移入した。そうしたなかで、小麦粉を材料として油で揚げた八種唐菓子が伝えられ、春日大社の神饌などにも残るように、寺社を初めとするところで、儀式にも採り入れられるようになった。同じ律令国家が推進した肉食の忌避との関係もあって〔原田：一九九三〕、次第に油脂を嫌うようになっていった日本人には、油を多用する唐菓子は馴染みにくく、一般に定着することがなかったのだといえよう。

むしろ八種唐菓子については、平安時代の『倭名類聚抄』と鎌倉時代の料理書である『厨事類記』に、非常に興味深い記述がある。先にも『倭名類聚抄』に唐菓子が記されているとしたが、改めて挙げておこう。梅枝（バイシ）・桃枝（トウシ）・餲餬（カッコ）・桂心（ケイシン）・黏臍（テンセイ）・饆饠（ヒラ）・鎚子（ズイシ）・団喜（ダンキ）が主な八種であるが、この他にも索餅（サクベイ）・捻頭（ネントウ）・糫餅（マガリモチ）・餛飩（コントン）・粔籹（キョジュ＝オコシゴメ）・煎餅（センベイ）などが見える。

このうち『倭名類聚抄』に製法の記述があるのは、餲餬と黏臍のみであるが、これらは小麦粉を練って油で揚げる旨が書かれている。ところが『厨事類記』になると、「八種唐菓子」の項に、「或説云、もちゐけなき米をしろめて、こ（粉）につきふるひて、しとぎのやうにしとね」とあり、また「御前物ノ唐菓子」の項に「こめの粉をしとぎにして」とあるように、米の粉を用いる餈に基準を置いていることが窺われる。

基本的に同書では、団喜以外は、全て米の粉を水で練って茹で、さまざまに形を整えた上で、油で揚げるとしている。明らかに平安時代から鎌倉時代への間に、八種唐菓子の和風化、つまり米への転化が進んでいるのである。律令国家が採り入れた中国の小麦粉の菓子も、日本の米をベースとした食生活のなかで、米粉を用いる菓子へと変容を迫られた点が興味深い。

ところで、神供に用いられ、人々にも好まれたモチが、理想的な食物と見なされていた米の延長線上にありながらも、ウルチとは異なる食味を持ち、形状も異なるがゆえに、嗜好品的な性格を含んでいたことは、先に述べたとおりである。それでは、いつごろモチ性に代わって、甘味が嗜好品としての位置を得るようになったのだろうか。

この問題は、史料が少なく断定は極めて難しいが、先に触れた大膳職の主菓餅で、雑餅（くさぐさのもち）が作られており、果物と並んでいたことから、かなり早い時期に餅に甘味が付されていた可能性もある。おそらく、この甘味は甘葛であったと思われる。

そこで問題となるのが、日本最古の餅菓子とされる椿餅であろう。今日では、蒸した道明寺で漉し餡を包み、椿の葉で挟んだ和菓子として知られるが、すでに平安時代の文献に散見する。

椿餅は、『宇津保物語』や『源氏物語』に登場することが知られているが、『小右記』寛弘二年（一〇〇五）三月二二日条に「椿餅、粽等送僧正房」と見え、粽の同類として扱われている。さらに『江家次第』元日宴会の項には、「朱台盤五脚を立て、饗饌を備え弁ず」として、「七寸の朱塗盤を以て、菓子を盛り……椿餅一杯」とあり、唐菓子や果物とともに菓子の一つとして並べられている。

また、その製法について、『類聚名物考』は、「難波家記」なる書の承元二年（一二〇八）一一月一八日条を引き「葉形餅与花橘菜」に雪を包んで「甘葛」をかけたものとしており、『河海抄』

とは製法に違いがある旨を記している。

『河海抄』は、貞治二年（一三六三）の成立とされる『源氏物語』の注釈書であるが、これには「椿の葉に合て、もちゐのこに、あまつらをかけて、つつみたるものを、鞠の所にて食する也」とある。古い時代の椿餅の製法は定かではないが、いずれにしても甘葛が用いられており、甘味が加えられている点が重要だろう。

この椿餅の史料上の初見は、一〇世紀を遡らないが、系譜的にはかなり古いように思われる。いずれにしても平安期には、明らかに餅が菓子に転化していることが分かるが、米の粉を用いて、甘味を添えた菓子の発達は、想像以上に古いものと考えてよいだろう。

ただ、ここで日本の食文化が、米のみであったことを強調したいわけではない。餅にも、さまざまな雑穀や木の実類・豆類を混ぜることが多く、米の餅なしで正月を迎える風習が存在したことも事実である［坪井：一九八二］。

また椿餅と好対照をなすアオザシも、同じく平安時代の『枕草子』に「あをざしといふ物もてきたる」と見える。アオザシは、青麦を煎って臼で挽き、糸状に捻ったもので、麦を材料としている。これも椿餅と同じく、今日に残る伝統的な和菓子である。こうした菓子が好まれ続ける背景には、米文化に収斂しきれない雑穀の文化が、日本にも深く根付いていることを示している。

さらには味噌が、和菓子に使われることも、味覚体系の上からも重要で、瀬田勝哉は、京菓子「松風」の味噌風味の問題について触れ、非常食あるいは薬用食としての可能性を指摘し、京都亀屋陸奥の「松風」の創業伝説の背後に、飢饉の存在を見ようとしている［瀬田：一九九四］。味噌もまた日本の民俗信仰と深く結び付いた調味料で、瀬田説の当否は難しいが、米のみでは成立し得ない食文化の問題が、日本の歴史に潜んでいることは重要である。

しかし、その一方で、米に徐々に収斂していく構造が、歴史的に形成されていくという事実も厳然として存在する。その意味では、複雑な要素を孕みながらも、和菓子そのものが、徐々に米文化の体系のなかに組み込まれていくことも、日本と和菓子の歴史を考える上で非常に大切なことといえよう。

五、おわりに

以上、日本における菓子の内実についてみてきたが、最後に菓子と米のその後の展開について、簡単に見通しておきたい。日本中世における菓子の展開は、何といっても精進料理にその原動力があった。中国では、唐代における水車の発明によって、製粉技術が各段に向上したため、宋代に禅宗寺院で点心が発達を見た。

特に南宋に禅の修業に出向いた日本人留学僧が、その教義とともに精進料理を学んで、日本に持ち帰った。そのなかに栄西や道元がいるが、それぞれの教団で茶礼を採り入れたことから、それに伴なう菓子の発展に、大きく貢献するところとなる。

精進料理の料理役を調菜と呼ぶが、彼らはさまざまな製粉技術を基礎とするもので、道明寺粉や白玉粉など、米粉の製造技術が著しく発達した。麦などの雑穀や豆類の製粉も盛んに行われたが、特に米粉の利用が進み、これがやがて茶の湯の展開とともに、菓子製造技術の飛躍的な向上が見られた。

日本の菓子にあっては、煎餅も含めて、実に多くの米粉が使われるようになるが、先にも述べたように米を頂点とする食事体系の一環に、菓子が含まれるという点が重要だろう。その意味では、ふだんの塩辛い味覚とは逆に、特別の甘味を強調するという点に、日常の食との違いはあるが、基本的には米文化のなかで、米粉を多用する和菓子の展開があったことになる。

これは世界史的に見ても、当然のことであり、例えばモンゴルの遊牧民の菓子は、やはり彼らの食事の中心をなす乳製品の一部である。ただ、微妙な乳酸発酵の技術を巧みに使い分けており、実に多様な菓子を創り出し、同じく乳を用いた茶とともに、それらの微妙な味を楽しんでいる。遊牧民の菓子は、彼らの食事の一環をなすもので、日常的にも重要な位置を占めているが、乳を中心とした食文化体系のなかに組み込まれている。

さらに小麦を中心とした農耕と、ウシ・ヒツジなどの牧畜を組み合わせた食生活を営むヨーロッパにおいては、クッキーやカステラなど、やはり小麦粉を中心として、乳製品であるクリームやバター・チーズなどを多用して、さまざまなケーキ類を創り出している。もちろんフルーツも利用されるが、小麦と乳を中心とした食文化の味覚体系のなかに、やはり菓子組み込まれている点が重要だろう。

それぞれの民族が、どのような食文化の体系を築き上げたかによって、菓子の在り方は大きな影響を受けた。特に果実類や蘗果類は別扱いとなるが、一般に菓子も主要な生産食料の一部を加工することで、その延長線上に位置づけられることになる。つまり中心となる食料と同一の味覚体系に属しながらも、生命維持に不可欠な塩分を中心とする日常の食味とは、大きく方向性が異なる点に、菓子の特徴があるのだといえよう。

その意味では、日本の菓子に米粉が多用されるのは当然であるが、米以外の素材を用いた菓子にも、過去の食物事情が示されている可能性が高く、菓子史の研究は、食生活史上の問題と深く関連していることに留意すべきであろう。本章には、まだまだ再考すべき点が多々残るが、それは今後の課題としたい。

Ⅱ　食と信仰

第6章　祭祀と饗宴の庭

一、はじめに——神人共食の庭

だいたい高名な寺院とされるところは、優れた建築物のみならず、名庭園と称される空間を抱えている。これは浄土信仰を語る「欣求浄土・厭離穢土」の語に表現されるように、寺院自体が尊い浄土であらねばならず、これには寺院空間を象徴する庭の存在が大きな役割を果たす。つまり「この世」に住む凡人に、憧れの「あの世」を演出するためには、寺院に浄土を思わせる庭園が必要だったのである。

日本では古代以来、神仏習合が著しく発達したが、ここでは仏ではなく神との関係から庭の問題を考えてみたい。つまり「あの世・この世」ならぬ「かの世」の庭を扱ってみたい。もちろん「かの世」も漢字で書けば「彼の世」で、「あの世」と相通ずるところがある。ただ仏とは異なる神の庭には、独自の祭祀空間としての役割が与えられている。カミ観念の世界では、「かの世」

とは天界すなわち高天原のことで、「あの世」とは黄泉（よみ）の国を意味する。「かの世」の神を庭に迎えて祭祀を行い、それを催した人々が神人共食を行う現実の場として饗宴があり、これこそが「この世」となる。

そこでまず日本古来のカミ観念に基づく祭祀と饗宴の関係についてみていきたい。ここでも神人共食という行為が問題となるが、すでに第四章でも触れたように、これは祭祀に不可欠の饗宴であった。一般に直会（なおらい）と呼ばれ、神前での儀礼が終了したのちに催されるが、これが実施されなければ祭儀は完結したことにはならない。つまり前者を神事（かみごと）とすれば、後者は神と交わる人事（ひとごと）ということになり、両者がセットとなって祭りが成立する。

基本的に祭祀とは願いである。神を呼んで願い事をし、その代わりに供物を捧げる。これを神饌と称するが、神事ではまず献饌（けんせん）として神への供物が呈され、祝詞による願い事が済んだ段階で、撤饌（てっせん）が行われ供物が下げられる。実は、この間に供物を神が食べたことになる。そして神前の儀礼が終わって直会となるが、これは神が食べたものを、祭祀を催した人たちが食べることで、神人共食という行為が成り立つ。つまり神に捧げて食べて戴いたものを、神事終了後に人々がともに口にし、神と心を同じくすることで、神が人の願いを叶えてくれるよう期待するところに祭りの本義がある。

それゆえ神に捧げもてなす神饌とは、かつては熟饌（じゅくせん）が主流であった。ところが神道を国家宗教と定めた明治政府は、神道祭式の整備を行う過程で、生饌（せいせん）を神への供物とする画一化を図った。

このため今日では、どこの神社でも神饌には、米の餅と酒のほかに、野菜や果物などの生饌が用いられるようになった。もともとは、それぞれの土地での産物を、そのまま食べられるように調理した熟饌の形で神に供え、それを直会で食したのであり、鳥獣や魚類なども含めて実にさまざまな神饌が用意されたのである。

そして以下に見ていくように、日本では歴史的に庭こそが、そうした重要な祭祀と饗宴の場となった。ただし、それは農耕の開始以後のことであり、それ以前の世界においては、果実や獣・小動物などを恵んでくれる気高い山が、信仰の対象であり祭儀の場であった。そこでまず山から庭へという祭りの場の変化をみていくこととしたい。

二、祭りの場Ⅰ——山から庭へ

本格的な農耕の展開後に成立をみた日本最初の統一国家の社会的生産理念は、何といっても水田稲作にあった。それゆえ古代国家の頂点に立つ天皇の最も重要な役割は、稲作祭祀にあり、その権限の正当性が保証されねばならなかった。これを説明するものが神話であり、『日本書紀』神代下第九段には、次のような記述が登場する。

天照大神、手に宝鏡（たからのかがみ）を持ちたまひて、天忍穂耳尊（あまのおしほみみのみこと）に授けて、祝（ほ）きて曰はく……「吾が高天

原に所御(おわしま)す斎庭の穂を以て、亦吾が児に御せまつるべし」とのたまふ

これは、いわゆる斎庭(ゆにわ)の穂の神勅として知られるもので、斎庭とは神を祭るために斎(い)み清めた場所をさす。地上界に稲種を伝えた天照大神が、天孫降臨の主人公となる天津彦火瓊瓊杵尊(あまつひこほのににぎのみこと)の父・天忍穂耳尊に、斎庭の稲穂の祭祀権を委ねた。そして天照大神は、天津彦火瓊瓊杵尊に八坂瓊の曲玉と八咫鏡と草薙剣を与え、「葦原の千五百秋(いちほあき)の瑞穂の国は、是、吾が子孫の王たるべき地なり」との宣言を下した。それゆえ、天津彦火瓊瓊杵尊の後裔である代々の天皇に、稲作祭祀の権限が与えられるところとなったのである。

これが、いわゆる天壌無窮の神勅の一つとされ、天皇が豊葦原瑞穂国(とよあしはらみずほのくに)を治める正当性の歴史的・宗教的根拠となり、かつての皇国史観や国体論を支える思想的基盤の中核をなした。ここでは祭祀の場所が斎庭となっている点に注目すべきで、もともと庭は廷に通じて人が集まる「ひろにわ」を意味した。しかも高天原の稲穂を生ずる神聖な庭としての「斎庭の穂」には、特別な位置が与えられ、聖なる稲穂を産む大地は、国家的祭祀の重要な対象となった。

しかし歴史的に見て、最初から庭が最高の祭祀場所であったのではなく、この斎庭の穂の神勅に象徴されるように、水田農耕が最も重要な社会的生産となった以降の話で、それ以前の社会においては、むしろ山が祭祀の中心であった。このことを念頭に、山から庭へという祭祀の場の変化について考えてみたい。

もともと山は神聖な場所であり、神の宿るところとも考えられていた。日本における山の神信仰は、おそらくは縄文以来のことで、そこは森林という採取や狩猟のほか、川の源でもあり漁撈も行われるなど、人々の生活にとって恵みの場所であった。これに関しては、『古事記』崇神天皇条に「御諸山に意富美和の大神の前を拝き祭りたまひき……天神地神之社を定め奉りたまひき」とあり、大和大神神社に代表されるように、天界の神を迎えるところは、基本的に神々しい山であった。それゆえ神社という装置が発明されてからも、そこには森が必要とされたのである。

このことをうかがわせるのが、『古事記』垂仁天皇条に見える「出雲国造之祖、名は岐比佐都美、青葉の山を錺り而、其の河下に立て、大御食献ら将とする時、其の御子詔言らさく……山と見えて山に非ず……葦原色許男大神（＝オオクニヌシ）を以ち伊都玖祝が大庭乎」という話だろう。ここには祭祀と饗宴の場としての山と庭の微妙な関係が示されている。大庭に樹木を飾り立てて山に見せかけることは、山における森の存在を前提とするものと考えられる。

こうして古代の祭祀においては、森をともなう山が重視されていたことがうかがわれる。ただ、この神話では、実際に祭祀と饗宴が行われたのは、出雲のオオクニヌシの庭で、そのことを天皇の御子が見破ったことが、物語上の重要な要素となっている。ここで、この神話の性格を論ずる余裕はないが、オオクニヌシの名前にも水田を象徴する葦原が付されているように、あくまでも水田稲作との関係から、山ではなく、祭祀と饗宴の場が大庭となっている点に注目すべきだろう。これは次に述べるように、祭祀の場が山から庭へと変化していく過程の一端を示すものと思われる。

そして稲作を基盤とした古代律令国家の展開後においては、庭が祭祀の中心となる。『万葉集』四三五〇の「庭中の阿須波(あすは)の神に小柴さし我れは斎(いは)はむ帰り来までに」からは、この間の事情を充分に読み取ることができる。ただ、この「阿須波の神」については不明な点が多く、その実態は明らかではないが、大地に関わる神であることが窺われる。

さらに『延喜式』神名帳には、「座摩巫(ういかすりのみかんなき)祭神五座」の一つに「阿須波神」が見え、これらの五座については、大社に列格する重要な神で、月次・新嘗の祭祀に関わる旨の注記がある。月次祭は祭儀が新嘗祭と同じとされ、伊勢神宮では、神田の稲の初穂を抜いて御稲御倉(みしねのみくら)に納め置き、一二月・六月の月次祭に由貴大御饌供進として奉献するという。また『貞観儀式』では、大嘗祭における御田の抜穂後に祀られる御膳(みけ)八神の一つにも数えられており、「阿須波の神」は稲作農耕に深く関わる神と考えられる。

この阿須波神の兄に庭津日神がおり、『古事記』上巻に「大年神(御歳神)、神活須毘(かむいくすひ)神之女、伊怒比売(いぬひめ)にして、生みませる子は、……次に庭津日神。次に阿須波神」と見える。この二神は農耕を司る御歳神の子とされており、庭津日神も家の前の広場を照らす太陽の神とする説もあるが、やはり基本的には阿須波神と同様、農耕に関わる神と考えてよいだろう。

このことは神への供物である神饌のあり方とも関連する。やや時代は下がるが、『七十一番職人歌合』三五番右米売りには、「恋せじと神の御前にぬかづきて散供の米の打ちはらふ哉」の歌がある。これは散供神饌と呼ばれるもので、新築建前の場合のように、大地に米をばらまく形で神に供える。これは地霊つまり地神への献供方式であるが、大地に対する供物として米を捧げている点が注目される。

また同じく神饌の献供方式に庭積神饌がある。これは、いわゆる供覧神饌の一つで、飾り付けた箱庭を神に見せる形で神に供える。京都下賀茂の葵祭の場合には、外部から庭積神饌が捧げられるほか、熱田神宮・宮崎神宮・大宮八幡宮などの新嘗祭でも庭積神饌が供される。葵祭は五穀豊穣を祈るもので、もちろん新嘗祭は米や粟の収穫に関わるものであるから〔田中：一九七五〕、そうした農耕に関わる祭祀に庭積神饌が用いられるところが興味深い。

ここでさらに、先の「斎庭の穂」という祭祀の問題を想起すれば、庭が稲作農耕との密接な関係にあったことが重要だろう。こうした庭における祭祀の発生は、もちろん弥生以降のことで、縄文的な山の森における生産活動よりも、農耕による土からの収穫が重視されたためと思われる。つまり庭の祭祀とは、農耕社会の展開にともなうもので、まさに庭とは大地とりわけ農耕の里を象徴するものといえよう。

これを今日の民俗用語で説明するとすれば、本来的な山の神信仰のなかに、新たな田の神が包括され、それが国家的に重要視されたことの帰結で、まさに農耕の本格化とともに、神迎えの場所が、山から庭へと変化したことに呼応する。すなわち斎庭の祭祀は、弥生以降の水田稲作という時代の産物であり、その後に成立した国家の米志向を象徴するものであった。

三、祭りの場Ⅱ――庭から社へ

古来日本では、神を迎えて祭儀を行うところを神籬と称した。たとえば『日本書紀』神代下に、「吾（＝高皇産霊尊）は天津神籬及び天津磐境を起し樹てて、当に吾孫の為に斎ひ奉らむ」とあり、同じく崇神六年条にも「天照大神を以ては……磯堅城の神籬を立つ」などと見える。神籬は、文字通り神の間垣で、聖なる場所を囲うために立てられた施設に他ならない。ちなみに磐境は山岳信仰の名残りで、より古い形である山の祭場を意味するものと思われる。

また四書五経などの中国古典には、胙という祭肉を捧げる儀式が数多く登場するが、これも実は神籬と同じ「ひもろぎ」という訓で、もともとは同義と考えられることから、神籬とは胙が捧げられた場所とみて良いだろう。また高皇産霊は植物栽培つまり農耕の神であり、この直後に先の「斎庭の穂」の話が登場するが、胙とは基本的に農耕のための動物供犠を意味するもので、その祭祀の場所が神籬であった点に注目しておきたい。

そもそも縄文的動物祭祀においては、山の神への感謝として、獲物である野獣の骨や肉などの一部が捧げられた。また弥生になって水田農耕が本格化すると動物供犠が始まり、豊穣への祈願として同じく野獣の肉が、胙として神に供されるようになったものと思われる［原田：二〇一二］。とくに動物供犠においては、神に感謝を捧げ豊作を期待することから、神人共食が不可欠の条件となり、祭祀の場で饗宴が催されるようになったと考えられる。

すなわち弥生以降には、祭祀の場は、まさに神籬を立てた庭となったが、やがてこれが、一定の場所に落ち着くようになる。水田稲作などの農耕にとっては、生産の場所が固定される必要があったことから、神を迎え胙などの供物を供える恒常的な場所として、神社という装置が考案されたのである。

こうした神社の起源について考える場合には、その原型を押さえておく必要がある。基本的に、庭に神を迎え祭る場合は、四方に木や竹などの柱を立てて、これに綱をめぐらし、そこに御幣をはさんで、神の依代（よりしろ）とする。ここに神が舞い降りることで、祭祀が可能となるが、これを固定的な建物としたのが神社である。すなわち依代は臨時的な装置であるが、神社は恒常的に神が鎮座する場所で、その周囲には基本的に山が必要であった。

つまり祭儀のたびに神迎えするのではなく、神社を創建することで、常時、神の恩恵を被れるような装置が出現を見たのである。なお出雲大社や大嘗宮は、最も古い神社建築の様式を伝えるもので、神を迎える住居としての性格が認められることから、これらの社には神への饗応を目的とした要素が強いと指摘されている［田中：一九七五］。まさに神社とは、神迎えのための恒常的な施設として生まれたものであった。

ところで神社建築には、藁や萱葺といった植物性の屋根材が用いられるとされているが、六世紀末～七世紀にかけて、寺院建築との関係で朝鮮半島から瓦が伝来すると、神社の屋根にも用いられるようになった。『日本書紀』神武即位前紀戊午年九月条の「天香山の埴（はにつち）を取りて天平甍を造りて天社国社の神を祭れ……其の山に至ることを得て、土を取りて……此の埴を以て、八十平瓮……を作りて……天神地祇を祭りたまふ」という記述に注目すべきだろう。

ここで最も重要なのは、天津神・国津神を祭る神社の屋根瓦に、天香山の埴土が用いられている点である。本来的な神迎えの場である庭の土で瓦を焼き、そこを目指して神が降臨するという観念が、初期の神社建築のうちに存在したことがうかがわれる。このように記紀成立期の神社において、神々しい山の土が重要視されたのは、前節でも述べたように、農耕の源泉ともいうべき土へ強い関心が向けられたためだろう。

つまり農耕の社会的あるいは国家的比重が増したことから、山の神信仰の伝統を残しつつ、田の神信仰へと傾斜していく歴史的過程を物語るものと考えられる。いずれにしても古くからの信仰の拠り所とされた山の土を焼き屋根瓦とした神社を創建することで、より安定的な神の住まいを築き、その恩恵を願ったのである。

四、祭りと饗宴――神饌と仏供

もちろん祈りのために迎えた神は、丁寧にもてなさねばならず、まさに神が降臨する依代（よりしろ）そのものが、そしてのちには神社という建物が神の住居であり、そこに飾られる御幣が同じく衣服とされ、胙などの神饌は食事そのものであった。神の衣・食・住に関して、そのすべてを揃えて丁重に迎えることが大切であったが、なかでも食がもっとも重要な祭りの要素であった。すでに述べたような神人共食のための食べ物として神饌がある。

もともと神饌は、古語でミケと言い、ミケのケは食の意味で、御食（御饌・御膳・御飯）などと書き、神の食べ物の意で御贄（みにえ）とも称する。神にかかわる祭祀には、神饌が絶対不可欠で、神事そのものは、神を招来して神饌を捧げ願い事をすれば終わるが、その後に必ず神人共食が行われ饗宴である直会が設けられた。

これは単なる宴会ではなく祭祀の重要な一部で、『神道名目類聚抄』に「直会神に奉りし御供御酒などを戴き嘗る事を云」とあるように、ナムリアイつまり相嘗（あいなめ）を意味し、神と人との共食行為を指す。神に捧げて食べてもらった神饌を、神事の参加者が直会の場で食べることで、神と心が一つとなり、神の霊力が人々に付与され、そこに参加した人々や家族に、神の加護と恩恵が与えられるのである。

よって祭祀と饗宴とは、まさに表裏一体のものであったことがうかがわれる。そして神籬や神社が、そうした饗宴の場となったが、寺院においても同様の儀式が営まれた。神の世界における祭祀と饗宴の関係は、神仏習合の展開が進んだ八世以降には、そのまま仏教の世界にも通用するようになった。このことは逆に、神饌に仏教的要素が入り込むところとなり、春日若宮の御染御（おそめご）供（く）のように、仏教的彩色が施されるようになる。

仏教において、神饌にあたるのは仏供で、仏事ののちには供養の膳が振る舞われて、饗宴が行われる。また村々の祭祀である宮座も、「荘厳」「修正会」などと呼ぶ地域もあり、神事と仏事とが混交している。さらに北陸の浄土真宗教徒の間では、報恩講の後の宴会を直会と呼ぶ。なお仏教的施食である散飯（さんぱん）は、もともと鎮魂慰霊のためのものであるが、やがては神仏習合によって、伊勢神宮や賀茂神社の神饌にも採り入れられるようになる。

さらに仏供後の供養として盛大であった例をあげれば、一二世紀初頭に宇治平等院で藤原頼通の娘・寛子（太后）が催した十種供養がある。これについて『中右記』は、元永元（一一一八）年閏九月二二日条に次のように記している。

> 今日太后、宇治阿弥陀堂において十種供養有り……仏前の戸中に礼盤を居（お）き、前池に蓮花水島樹林を作り、洲に鶴砂鴿を作り立て、或は桜花、或は紅葉、水中岸上に已に其隙無し……導師礼盤を下し、此間上達部の座に饗饌を進（まいら）せ、盃酌有り

ここでは平等院の庭をさまざまな意匠で飾り立て、そこで饗宴が行われたことが知られる。もともと平等院は、極楽往生の思想を体現した寺院であり、まさに浄土庭園を現出させ、そこで饗宴を行うことは、当時の貴族たちにとって理想の極地であったものと思われる。寺院の庭園には、白幡洋三郎編『「作庭記」と日本庭園』所収の他の論考にみられるように［白幡編：二〇一四］、神社とは較べものにならないような豪壮さがあり、より盛大な饗宴が寺院の庭を中心として行われ

ていたのである。

五、料理様式と庭――饗宴を演出する庭

これまでみてきたように、とくに農耕開始以後においては、祭祀の場の原型は庭に求めることができる。しかし仏教の移入にともない、寺院建築において装飾性の高い庭の発展がみられると、そこを中心とした饗宴に重きが置かれるようになる。そして饗宴という視点からすれば、料理そのもののあり方を問題とする必要があり、これと庭とがどのような関係にあったかが問われなければならない。

そこで日本における料理様式の変遷という角度から、まさに饗宴を演出する場としての庭園との関わりについて概観していきたい［白幡：二〇一二］。もっとも古い料理様式としては、まず神々に料理を供えた神饌料理があり、次に平安貴族が主役となった大饗料理が現れ、寺院における精進料理が展開を見て、そこから武家の本膳料理が登場するところとなる。これに茶の湯との関連で懐石料理が生まれ、それが江戸時代に入って料理屋が提供する会席料理となるが、以下、順を追って、これらの料理様式と庭との関連をみていこう。

神饌料理については、すでに述べてきたので、ここで繰り返す必要はあるまい。ただ現在に伝わる神饌料理は、配膳法や装飾性に中国・朝鮮半島や仏教の影響を受けている点は強調しておき

たい。そのもっとも典型的なものが、先にも触れた春日大社の御染御供で、これに彩色を施すのは明らかに仏教の影響である。しかし先にも述べたように、もともとは熟饌が主流で、それぞれの土地ごとに固有の伝説的料理が捧げられた。神社の成立以降においては、社殿内部で行われるようになったが、かつて祭祀は庭が中心であったことは強調しておいてよいだろう。

基本的に神饌料理は素朴なものであったが、次の大饗料理はかなり盛大なもので、その基本は中国伝来の料理であった。膳ではなく台盤を用い、箸とともに匙が並べられて、品数が偶数構成となっていることからも、いわゆる日本料理とは原則を異にする。料理といっても、干物や生物などが切って並べられただけで、調味は食べる者が好みで行う点に特色がある。おそらく先の十種供養のような宗教的饗宴も同様のものであったと思われる。大饗の様子については、図1の『年中行事絵巻』に見られるように、寝殿造りの邸宅で催されているが、母屋であるいは庇での大饗にしても、尊者をはじめ主な客の座からは、池水を備えた寝殿造的な庭園が眺められるようになっていることが重要だろう。

その後、鎌倉期になると禅僧によって、精進料理が日本にもたらされた。精進料理は中国の宋代に禅宗寺院を中心に発達をみたもので、植物性の食材を用いて動物性の味に限りなく近づけるところに最大の特色がある。しかも、その背景には粉食の技術と調味料の多用があり、みずからが味を付ける大饗料理とは異なって、すでに料理段階で複雑な加工が施されている。これは料理法としては画期をなすが、やはり中国の影響が強かった点に留意する必要がある。

こうした精進料理の思想的背景については、道元の『典座教訓』や『赴粥飯法』に詳しいが、当時の献立や実際に関する史料は少ない。もともとは禅宗寺院での食事が原型であるが、その様相を詳らかにすることはできない。いずれにしても禅林の茶礼に通じるもので、儀礼的要素が強まってくると、池水を伴う自然味豊かな庭園に臨んで饗宴が催されたものと思われる。今日でも、それぞれの名庭をみせながら、方丈などで精進料理を供する寺院が多く、まさに庭と料理を楽しむという料理様式であったといえよう。

図１　大饗料理と庭（『年中行事絵巻』巻３／京都大学研究科蔵）

こうした料理様式の展開を承けて、今日の日本料理に連なる体系を有するのが、室町期に登場をみた武家の本膳料理であった。奇数の七五三を本膳とする膳組で、これに献が加わり一五献・一七献さらには二一献にも及んだ。それまでの中国からの影響を脱して、日本的な独自性を備えた料理様式で、カツオとコンブを基本とする出汁も、この本膳料理の発達にともなって考案された。同時に多くの庖丁流派が生まれ、それぞれに秘伝の料理書が作成されて、料理技術や料理作法が著しい発展を遂げた。

それゆえ本膳料理に関しては、数多くの関連史料があり、その詳細を知ることができる。これが供される最も典型的な場面は、室町将軍の御成で、いくつかの御成記が現存するほか、地方の大名や在地領主などの武士たちも、室町将軍と同様の饗宴を開き、本膳料理を楽しんでいた［原田：一九八七］。

これは夕方から翌朝まで長い時間をかけて催されるもので、献と献の間には庭に仕立てられた舞台で能が演じられる。饗宴の場は、御成のために一〜二年前から造営された書院が中心で、ここでまず最初の儀礼的な応接が行われる。この書院には、銀閣寺などのような書院造の優美な庭が伴っており、こうした儀礼の場を構成する重要な要素であったと考えてよいだろう。

ただし永禄四（一五六一）年に室町将軍・足利義輝を三好亭に招いた『三好筑前守義長朝臣亭立御成之記』からは、図2のような饗宴と庭との関係が知られる。ここでは正客である将軍をはじめとする御相伴衆たちの座は、たしかに庭を向いているが、そこは池水の配された主庭ではなく、御成のために設けられた能舞台が主役となっている。すでに書院における儀礼を終えた後の饗宴においては、酒や料理とともに楽しむ芸能を催す場として、庭が主要な役割を果たしていた。

儀式料理である本膳料理を承けて登場したのは、茶会という少人数を前提として、茶席で供された懐石料理である。これは本膳料理の一部を、最高の演出で提供するもので、一期一会という茶会の精神から、もてなしが重視された。いわば日本料理の最高峰とも称すべきもので、温かい

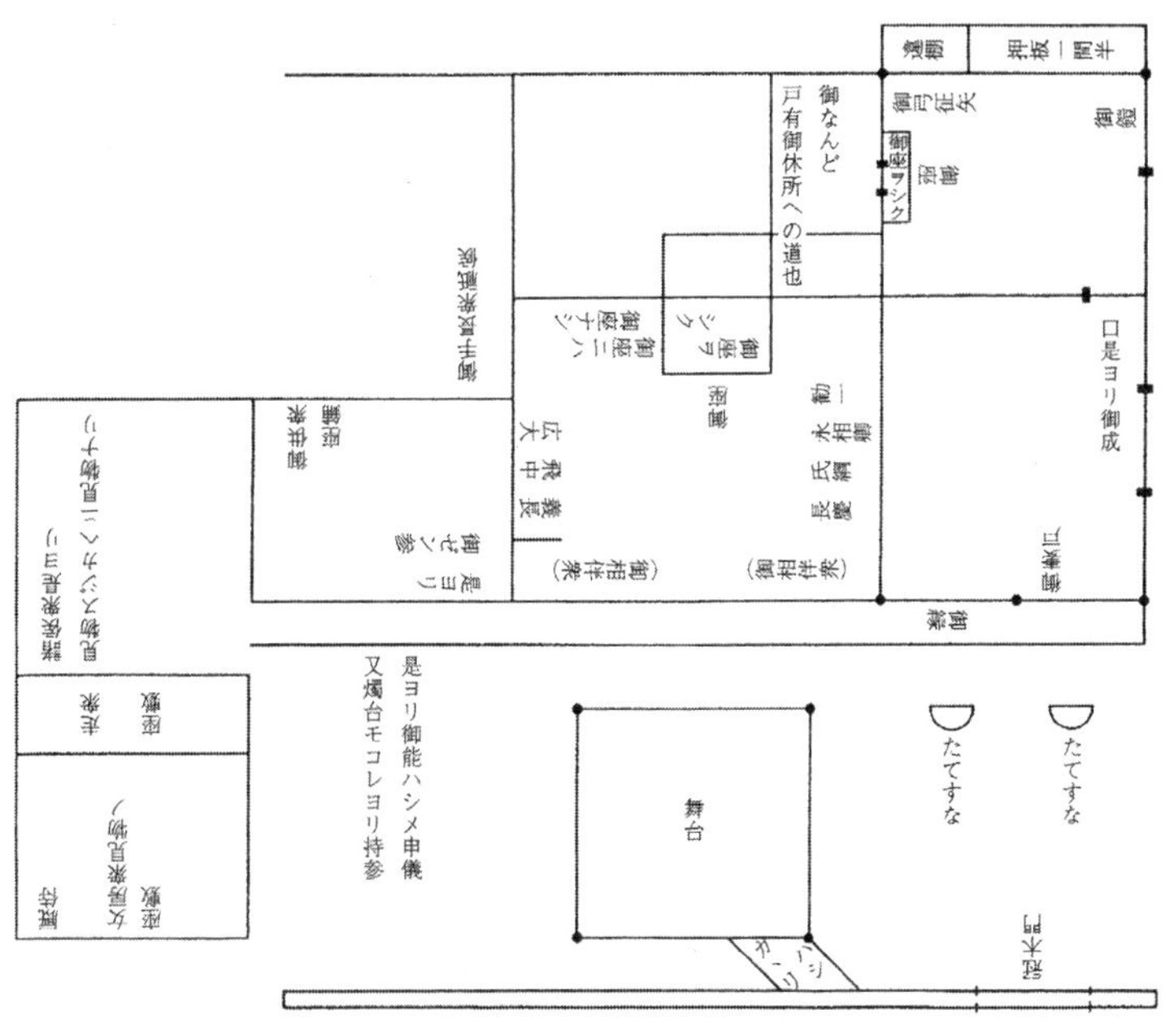

図２　三好亭御成配置と庭（『三好筑前守義長朝臣亭江御成之記』／『日本の社会史　第8巻』［原田：1987］より転載）

ものを食べやすく、かつ盛り付けや季節感などに最大の配慮がなされている。

もちろん懐石料理は、茶の湯にともなうもので茶室という空間で供されることになる。茶室に「市中の山居」というイメージをもたせるために、まず山の風情を漂わせた露地と呼ばれる茶庭を通る。そして日常とは異なる空間を思わせるようににじり口から茶室に入り、そこで茶事が始まる［熊倉：一九七七］。まず空腹を満たすために懐石料理が出されるが、茶を口にする前に、中立と称して露地に立ち、腰掛に座ってこれを鑑賞する。

こうした露地の作法をみれば、茶庭が茶会を演出する上で、茶の湯という飲食儀礼に大きな役割を果たしていることが窺われる。たとえば等持院西の庭園は、築山と小規模回廊を特色とする茶庭であるが、これらは茶と料理を核とした茶会を盛り上げるために、その空間を演出する重要な手段の一つであったと考えられる。

すでに懐石料理において、日本料理は一つの頂点に達していたが、それまでの料理は、すべて限られた特定の人々のためのものであった。そして、これを提供する料理技術も、流派からは門外不出のもので、一般の人々が容易に入手できるものではなかった。ところが近世社会になって、政治・社会システムの整備が進むと料理屋が出現して、基本的には金さえあれば、いつでもどこでも料理を楽しめるようになった。また料理技術も、料理書が出版されるようになって、これを代価で手に入れることが可能となった。

いわば自由な料理の時代が、近世社会の成立とともに訪れたことになる。もちろん初めのうちは、専門の料理屋は少なく、時宗寺院などが部屋を貸すという形の貸席料理屋が、京都東山あたりで営まれていた［江馬：一九六八］。

つまり寺院が厨房と部屋を貸し出すわけであるが、これには当然ながら庭の眺望も重要な要素となった。京都東山では、古くから也阿弥が貸席料理屋として知られ、少し時代は下るが寛政一一（一七九九）年刊の秋里籬島著『都林泉名勝図会』には、図3のような円山多福庵也阿弥の宴席の様子が載せられている。

江戸をはじめとする三都に、本格的な料理屋が林立するようになるのは、一八世紀後半の宝暦～天明期から、一九世紀前半の文化・文政期にかけてのことであるが、この時期には料理本も盛んに出版されるようになって、日本の料理文化は爛熟期を迎えた。料理屋には、簡単な料理茶屋から高級料理屋まで、さまざまなランクがあった。料理屋には、即席と会席とがあり、その場で

図３　貸席料理屋と庭（『都林泉名勝図会』）

図４　会席料理屋と庭（『江戸高名会亭尽』雑司ヶ谷之図）

頼む単品が即席で、会席は前もって予約が必要なコース料理であった。

こうした会席料理は、懐石料理から茶の湯の要素を省いたもので、お茶の代わりに酒が添えられた。そして図4『江戸高名会亭尽』の雑司ヶ谷茗荷屋（ぞうしがやみょうがや）の事例にみるように、高級料理屋は、基本的に庭付きの二階建で、そこからの庭や江戸の街の眺望を楽しんだ。もちろん中庭には離れも用意されており、まさに庭という空間を備えた場所で、会席料理が提供されたのである。最古の料理形式である神饌料理から江戸の会席料理まで、庭と饗宴は実に密接な関係にあったことを忘れてはならないだろう。

六、おわりに――祭祀と饗宴の分離

これまで日本における料理様式の変遷を簡単にたどりながら、庭と饗宴の関係についてみてきたが、もともと饗宴とは神々とのものであり、祭祀の場である庭を中心に行われたものであった。しかし時代を経るに従い、やがて祭祀と饗宴との分離が進行し、これに応じて庭の演じる役割も大きく変化するところとなった。これまでも述べてきたように、神饌料理は、明らかに祭祀の饗宴に供されるものであったが、次の大饗料理から大きな変容が訪れることになる。

そもそも大饗には、正月大饗と任大臣大饗があるが、ともに祭祀というよりは大臣が、皇族などを招いて賀する儀式であった。『宇治拾遺物語』九七話には、一〇世紀後半頃の大饗における

「庭の拝」に関する話として、「西宮殿（源高明）の大饗に……年老（藤原実頼）、腰いたくて、庭の拝（おがみ）えすまじければ、え詣づまじきを、雨ふらば、庭の拝もあるまじければ、参りなん。ふらずば、えなん参るまじき」とある。

この「庭の拝」は、大饗冒頭の挨拶儀礼で、饗宴の前に行われるが、庭そのものに宗教的な意味合いは含まれていない。主人公の藤原実頼は、源高明が主宰する大餐に呼ばれた際に、腰が痛く「庭の拝」に出ることを嫌がっているが、雨が降れば中止されるようなものであった。それゆえ祭祀的な要素の弱い大饗料理では、本来的な庭の重要性は薄れて、むしろ寝殿造りの庭は、饗宴に添えられる余興の一部を構成するにすぎなかったのである。

その後の本膳料理の供される御成では、主に庭は料理とともに楽しむ余興としての芸能の場となっている。さらに懐石料理では、庭の景観を楽しむというよりも、露地つまり茶庭が、茶会の場を「市中の山居」として意識させる役割を果たしている。その意味では、かつての神々しい山への信仰が、茶の湯の世界に残されているのかも知れない。

こうしてみると大饗料理の登場は、祭祀と饗宴の分離を意味するもので、そこでは庭は神観念的な宗教性を失ってしまった。むしろ日本における仏教の発展は、浄土庭園という神々とは異なる美意識の世界を生み出したが、それを背景に饗宴を楽しむという大きな転換を遂げたことになる。もちろん神仏習合という形で、神と仏は新たな共存形態の模索を始めたが、弥生以来の祭祀の場としての庭の役割は弱められた。むしろ寺院で発達を見た庭園は、仏教的な浄土思想の体現の場とされ、独自な日本庭園としての発展を遂げたことから、祭祀よりも儀礼的な饗宴の場へと大きく変化したものと考えられる。

つまり山から庭へと移行した神道的祭祀は、政治権力の強大さとは別に、古代以来、本源的な部分は天皇の手元にとどめられたところから、庭の持つ神聖性は次第に薄れていった。それゆえ饗宴の場においても、庭は中心から離れざるを得ず、祭祀的要素が著しく後退し、むしろ享楽が求められるようになる。しかし、かつて祈りの中心の場であった庭そのものを、より美的に洗練し鑑賞に値するような創造的努力を続けて、これを饗宴の場に必要不可欠のものとして楽しんだのである。

第7章　村々の神饌

一、神々の恵みと神人共食

前近代、つまり大地が生産活動の主役であった時代、人々はその恵みをもたらしてくれる神に感謝し、それをかたちに表してきた。大自然の気まぐれは、すべて神が統御するものだと思われていた。とくに気象条件の変化は、主要な食物となる植物の生育に大きな影響を与えるとともに、重要なタンパク源である動物たちの行動を左右し、人々にとっても、時には死活問題となった。宇宙の意志を体現する神は、プリミティブな社会では、絶対神ではなく多数の神々として存在した。太陽の神・月の神・風の神・雷の神・海神・山神など、自然の事物あるいは現象に神が宿っていると信じられてきた。八百万の神は、洋の東西を問わず、数限りなく存在した。

それぞれの神の恵みが、人々の生活を守り、豊かな日常を保証してくれるのであるとすれば、神々に対して感謝の意をかたちにして示す必要がある。日本では、神は天界にいると考えられ、必要な時に呼べば、助けに来てくれると信じられ、その衣・食・住を用意することが重要であった。

まず最初は住で、天界から降りてきてもらうための場所を確保しなければならない。それが依代で、木や竹で四角い結界を張り、神が宿るための空間をつくる。それを定まった場所に建物として設けたのが神社である。衣は御幣で、結界を示す縄に吊るす。住と衣が済んだら、降臨に合わせて食を用意する。机を並べて、そこに神の食べ物を捧げる。もちろん食べ物を捧げるだけでは申し訳ないから、芸能を披露する。それが神楽である。

こうした神事には、人々のもくろみがあり、神に願い事をする。その願いを叶えてくれる御礼として、神を盛大にもてなすが、同時に永続性が必要なことから、また来年もよろしくという願いを込める。いずれにしても、神と人々との一種の契約を、神事を通じて取り結ぶのである。ここで供される神の食べ物が神饌であるが、これは住や衣とは比べものにならないほどの重要な意味をもつ。神饌には神人共食が伴うからである。前章でも述べたように、神事そのものは、神を呼んで願い事を行い、神饌を捧げれば終わるが、その後に必ず直会が設けられ、神に捧げた神饌が、下し物として参加者一同に振る舞われる。すなわち献饌と撤饌の間に神が食べた神饌を、神事の参加者が食べるのである。

共食とは、同じ食べ物をほぼ同時に体内に取り入れることで、両者が同じ心を共有する行為をさす。三三九度の盃や、デートの際の食事、あるいは披露宴の御馳走も、また〝同じ釜の飯を食う〟のも共食の一種である。さらに誓約行為として、古くは一味神水があった。〝悪党一味〟などという一味には、同一のものを味わうという意があり、一味同心という言葉もある。一味神水とは、何か行動を起こすために、神の前で起請文と称する誓約書を書き、これを焼いて灰にし、神社の水に浮かべて飲む、という誓約儀式であった。

強訴（ごうそ）や一揆など流血を招きそうな集団行動に出るとき、あるいは嘘偽りのない契約を結ぶとき、人々は一味神水を行ってきたのである。話を神饌に戻せば、神人共食によって、神と人間の心が一つになり、神と人との契約が結ばれたことを意味する。つまり神が食べたものを、人々が食べることで、神の霊力が人々に与えられたことになり、そこに参加した人の家は、神の加護と恩恵にあずかることになるのである。

二、予祝と収穫の祭り

古代以来、日本の生産活動の中心をになった農耕、なかでも水田稲作では、田起こしの時期の春祭りと、刈り入れ後の秋祭りが重要視される。春祭りは豊作を祈る予祝祭、秋祭りは豊作を感謝する収穫祭という性格をもつ。双方ともに、神饌を捧げて神人共食を行うことが祭儀の重要な要素となる。一般に春祭りは、豊作をもたらしてくれる田の神を、山から田に迎える行事をさすが、さまざまな形式がある。田植え祭も豊穣を祈る春祭りの一つであるが、最も身近なものに花見がある。

　花見は、もともと農耕の始まる春に、村人たちが、近くの山に登り自分たちの耕地を眺めて、今年も豊作となるようにと祈りつつ、神と一緒に飲食をした名残りであり、極めて重要な予祝祭だった［白幡：二〇一五］。こうした予祝祭の宮廷版として、毎年二月四日に宮中で行われる祈年祭があり、穀物の豊穣と国家の安泰を祈願する。また、村レベルでの行事としては、小正月に、稲作や畑作を含めたかたちで、庭田植えや粟穂稗穂（あわほひえぼ）あるいは成木責め（なりきぜめ）などといった呪術的な予祝儀礼が行われる。なかでも宮座神事は、最も典型的な予祝祭として知られるが、これについては本章の中心テーマでもあるので、後に詳述したい。

　このような年頭に始まる春の予祝祭に対して、秋祭りは神への感謝を示す収穫祭である。収穫を終えた村々では、稲作の豊穣を見守ってくれた田の神が山へ帰る際に御馳走を振る舞う。能登半島などに残っているアエノコトも、そうした儀礼の一つで、ここでは家に田の神を招いて饗応し、神人共食を行って労をねぎらう。今日でも、各地の秋祭りで、穫れたての初物のほか、豊富な食べ物が神に捧げられ、盛大な共同飲食が催される。これも広い意味で神人共食ということができ、旧暦一一月には収穫儀礼として、霜月祭が全国的に行われる。これは必ずしも稲作だけではなく、畑作を含む場合も少なくないが、一年の農耕の締めくくりとして、神祇への精一杯の感謝の意を込めた祭りとなる。現在も、全国各地で郷土色豊かな秋祭りが行われている。

　一方、これらの国家レベルの収穫祭として、これまでも何度か触れてきたような、宮中で行われる新嘗祭と大嘗祭がある。このうち一一月の第二卯の日に行われるのが新嘗祭で、現在では二三日つまり勤労感謝の日として固定されている。この日、天皇は新穀を天神地祇に供える。毎年恒例のように九月末頃に新聞やテレビなどで、天皇が五月初めに皇居内の長田に植えた稲の刈り入れをした、という報道がなされる。この米が新嘗祭に捧げる新穀となるのである。

先に触れた霜月祭は、いわば民間の新嘗祭であり、古くは新嘗祭に先立って宮中で相嘗祭も行われていた。また神嘗祭は、宮中で収穫した新穀を、九月に皇祖神である天照大神に捧げる行事で、伊勢神宮で行われる。新嘗祭は、その年に獲れた新穀を、天皇がすべての神々に捧げるところに大きな意味がある。つまり天皇が、日本全土の神々の司祭者となる点が重要である。皇祖神のみならず、全国すべての神々と、天皇が神人共食を行うことで、神の霊力のすべてが分け与えられたことになるのである。

ただし第4章で検討したように、『常陸国風土記』などに粟の新嘗も見えることから、古くは稲作だけでなく、畑作を含む農耕儀礼であったことが窺われる。また中国南部の苗族などにも、同じ卯の日に稲作の収穫儀礼を行う民俗例もあり［荻原：一九八七］、新嘗祭が広くアジア稲作社会の収穫儀礼の系譜に連なるものであることに疑いはない。いずれにしても、農耕をはじめとするさまざまな生産活動に対する収穫儀礼を、天皇が国家レベルで主宰するところに、新嘗祭の最も重要な意義があると考えてよいだろう。

このうち天皇が代わって新しい天皇が最初に行う新嘗祭を、特別に大嘗祭と呼び、極めて盛大に行う。これは単なる収穫祭ではなく、農耕の神との新たな交信者の誕生を意味する天皇交替儀礼であるところから、宮中最大の儀式となる。この場合には、コメは宮中の長田からではなく、東の悠紀（ゆき）国と西の主基（すき）国との斎田から収穫した新穀が捧げられる。まさに天皇こそがコメづくりに関する最高の祭祀者であり、国家の統治者であることの資格を身につける秘儀であった。ちなみに二〇一九年（令和元年）の大嘗祭では、天皇に捧げる天津寿言（あまつよごと）を内閣総理大臣が読み、各国の君主・大統領クラスが招待されて、国内外に新天皇の即位が告知された。

三、宮座の構造と歴史的背景

　こうした予祝や感謝あるいは防災の祭りを村レベルで行う場が、宮座である。そこで村々の祭祀組織である宮座の構造を、その歴史とともに見ていこう。宮座とは基本的に、一定の資格をもつ家々が構成メンバーとなって、神仏の前に着座して祭りを行う組織をさす。宮座は狭義には西日本に最も典型的に見られる民俗をさすが、現実にはさまざまな呼称・形態があり、全国的に広く存在していた。すでに平安時代後期に、荘園などを単位として、その鎮守を中心とした神事が執り行われていた。宮座の運営は、荘園領主から在地の農民たちに任されたため、村々の構成メンバーが費用を負担し、役割を分担してきた。

　宮座の多くは、構成メンバーのうちから頭人（とうにん）を選び、その人物が神主役となって、神事を行う頭役制という形式が採られてきた。今日で宮座が広く残るのは、近江や紀伊・和泉地方などで、これらは中世に惣村が発達した地域である。惣村とは、特定の権力者が村を支配するのではなく、村内の有力農民たちが運営する村落組織をさし、やがて村掟などが制定され、惣有田といった独自の経済基盤をもつほか、構成員たちの談合に基づいて、他村との交渉が行われるなど、さまざまな問題の解決にあたった。その精神的な拠り所となったのが鎮守や村堂で、そこで宮座が営まれ村人と呼ばれる人々が運営にあたったのである［萩原：一九六三］。

こうして自らの繁栄と安全を祈る祭祀組織が、荘園や郷村ごとに形成されたが、文献的には、一四〜一五世紀に広く認められる。荘園や郷は、広域な村々を含むことが多く、このため中世の宮座は、荘宮座・郷宮座などとして、複数の村々から構成される場合が少なくなかった。それが中世の最終段階で、豊臣秀吉の太閤検地によって村切りが行われ、荘園や郷は解体されていった。

そして近世に入ると、村々ごとに幕府や大名が間接的に支配する政治形態が採用されたことから、一村単位の宮座が増加していった。こうした宮座では、これを構成する家々の格が重要視され、一座の座順がしばしば問題となった。中世後期頃から、経済力をつけてきた新入りの座衆も増え、大きく村落の秩序体系が変化したため、近世初期にかけて、本座衆と新座衆との間で、相論が起きるケースも決して珍しくはなかった［原田：一九八三b］。

また宮座には、特権的な株座と比較的開かれた村座とがあった。株座は宮座株を有する家々のみが構成員となるが、村座では一定の条件を満たせば座衆となれる。近世以降に、株座から村座への展開が一般化したが、村座でも、年寄をはじめとする年齢階梯制がしかれている。それぞれの家々の息子たちが、若衆や稚児などとして参加し、若衆は一人前になると烏帽子式などの官座入りの儀式を経た上で、一人前の座衆となった。ちなみに宮座の構成員は、原則として男性であるが、女房座などと呼ばれた女性の座も存在した。

宮座では、さまざまな祭りや行事が催されたが、やはり最大の特徴は、豊作を願う農耕儀礼と安全を祈る防災儀礼にあった。先に中世の惣村には、惣有田があったと述べた。これは宮座では、神田や宮田あるいは座田と呼ばれたが、現実には畑地の場合もあった。これらの耕地からの収益は、惣村の経済的基盤になると同時に、宮座の運営費用にも充てられた［原田：一九七八］。しかも重要なことは、これらの田畑の耕作にあたるのが、年番で神主役を務める頭屋であることが多い。また新嘗祭で宮中の長田の米を用いたように、神田などの米で供物を調整し、宮座で神へ捧げる。さらに特定のイネの種子や、あるいは粟・黍の種子を、毎年、頭屋が引き継いで、神田などで耕作する事例も見られる［竹本：一九八九］。

このように宮座においては、農耕に関わることが重要な位置を占めていたことが窺われる。それゆえ予祝・収穫のための春夏の祭りをはじめとして、さまざまな行事が宮座で催されたが、農耕生産の比重が、相対的に低下していく過程で、次第に祭事の取捨選択が行われた。現在、宮座神事として残されているのは、農耕儀礼である予祝祭・収穫祭と、招福・防災儀礼とを合わせた新春行事であることが多い。つまり新年に際して、豊作を願う予祝行事と安泰を祈る防災行事とをセットとした儀礼が、宮座神事の最も重要な祭事として催されてきたのである。

四、宮座の祭祀と神饌

しかし、こうした宮座は、明治以降の近代化のなかで、国家神道によってその独自性を薄められ、さらに戦後の農地改革によって、その経済的基盤を失った。とくに高度経済成長の過程で、過疎問題なども含めて村社会の変容は著しく、祭祀組織としての宮座の存在意義は極度に低下していった。このため宮座行事は、ほとんどが消滅してしまったが、今日でも特定の神事が、一定地区に集中的に継承されている事例も見られる。

その呼称はさまざまで、関東では、歩射(ぶしゃ)・オビシャなどの射礼(じゃらい)儀礼が残り、関西では、結鎮(けちん)・鬼祭・荘厳(しょうごん)・修正会(しゅしょうえ)・オコナイ・シュウシなどといった名称で、宮座の祭礼が伝えられている。宮座の語が示すように、本来は、その本質は神事であるが、荘厳・修正会などの言葉からも明らかなように、神仏習合の痕跡が顕著に見られる場合も少なくない。

これについては、改めて触れるとして、宮座の祭祀について見ていこう。現在では宮座の経費は、その構成メンバーが負担する。祭礼時には、メンバーの一人が神主役を務める。厳かに神を迎えて、神饌を捧げるとともに、流鏑馬(やぶさめ)・相撲・競馬(くらべうま)・能・猿楽(さるがく)・舞などの芸能を披露して神を楽しませる。同時に、神に豊作と村や家の安全を祈願し、儀礼の後の直会で、神饌として捧げたものを構成メンバー一同が共食して終了する。神人共食によって、メンバー全員に神の加護が約束されるのである。この宮座祭祀では、神饌と直会とが中心をなすので、次に神饌の内容について見てみよう。

まず宮座での神饌を検討する前に、大嘗祭の神饌内容を見ておきたい。平安時代前期の『延喜式』神祇七によれば、神酒や餅のほかに、アワビ・イカ・イリコ・カツオ・サケなどの魚類、ワカメ・コンブ・ミル・ノリなどの海藻類、ナシ・カキ・クリなどの果実類、ダイズ・アズキなどの豆類が見える。これは天皇が、米をはじめとして、諸国からのあらゆる食物の祭祀を司っていたことを意味する。これに対して村々では、それぞれの土地に応じた生産活動の産物が、その土地の神に捧げられていた。ところが天皇の祭祀では、鳥獣を巧みに忌避している点が、宮座とは大きく異なることに注目しておきたい。

神饌そのものは、もともと村々での生産活動と密着したもので、水田の村では米、畑作の村では芋や雑穀や野菜、魚が捕れれば魚、獣が捕獲できるなら獣、といったふうに、土地土地の産物が捧げられた。もちろん生産活動が単一な村などありはしないから、さまざまな食べ物が複合的に組み合わされた。ところが、日本では古代以来水田農耕を基礎として、米を中心とした食生活を理想としてきた。それゆえ神饌の供物は、米あるいは米を加工したものが中心で、餅や酒あるいは生米などが捧げられた。

しかし神饌に芋が用いられる地域も意外に多く、獣肉を捧げる事例もある。古くは神々も肉を好んだことに疑いはなく、神主を祝と書いてハフリ・ホフリと読むのも、屠った動物を神に捧げた名残りであろう。しかし魚はともかく、肉は古代律令国家以来、穢れたものとして遠ざけられたため、神饌からも外され、米中心となったのである。

また神饌は、最近では材料のままの生饌が一般的となり、直会の食事は別に用意されるようになったが、これが原型ではない。神と同じものが、すぐに直会の場で食べられるように、調理を施した熟饌が本来の神饌であった。熟饌から生饌への大きな転換は、明治初期の国家神道化という政策のもとで、著しい画一化が進んだためである。村レベルの素朴な信仰とはかけ離れて、国家が乗り出してくるとその本質がそこなわれる、という最も典型的な事例といっていいかもしれない。

五、宮座における神仏習合

先にも述べたように、もともとは神を祀る宮座神事であるが、仏教的な痕跡も色濃く認められる。古来の神々の世界に、仏教の要素が入り込んでいるのは、古代国家が仏教を国家鎮護の手段として導入したためである。多神教である素朴な神祇信仰に対して、仏陀を頂点とする仏教は、哲学的世界観と教義という膨大な理論体系を備え、呪術性も高いと信じられていた。それゆえ神祇の側でも、仏教の教義を採り入れ、自らの理論化をめざすようになった。

その際に用いられたのが、神仏習合という考え方で、本地垂迹説が唱えられた。これは、仏を本地とし、神を垂迹つまり仏の生まれ変わりとするもので、日本では神が仏の変わりとなって現れ、人々を救うという論理である。やがては、神本仏迹を唱えて神と仏の逆転を図る論法も生まれるが、いずれにしても神と仏との一体化が、明治初年の神仏分離令まで続いた。このため神社には、神宮寺が設けられ本地仏が招かれて、社僧が止住することもあった。こうした神仏習合は、村の鎮守の祭礼の場にも及んで、近江のオコナイに典型的なように、宮座神事のなかに、荘厳とか乱声とかいう仏事儀礼が採り入れられるようになった。

そのことをオコナイを中心に見ていこう。オコナイは、西日本のなかでも近畿地方に多く残り、とくに滋賀県湖北・甲賀地方に集中的に分布する。毎年、一～三月に行われる、豊作や安全を祈る村の祈願行事で、いわゆる宮座神事の一つと見なすことができる。その特徴は、巨大な鏡餅や掛餅のほか、造花などによって祭礼の場を飾り立てる荘厳と、厄払いや魔除けとしてダイジョウという声を掛けた後、鉦や太鼓あるいは板などを叩いて大音響を響かせるランジョウとがあり、参加者の精進潔斎も重要な要素となる。

これは、もともとは質素で静寂な神社行事とは対照的に、華やかにかつ厳かに仏壇などを飾り立て、鉦などの響きを強調する仏事儀礼によく似ている。神社は白木造りで、寺院には極彩色が施されたこととも共通する。奈良の法隆寺などの古寺は、かつての彩色がはげ落ちてしまっただけで、わびさびの源流のように思われているが、それは誤りである。また春日大社や平安神宮あるいは伏見稲荷などに朱が用いられているのは、神仏習合の遺習にすぎず、伊勢神宮や出雲大社のように彩色を施さないのが本来の姿である。

オコナイ自体は、古くからの仏事で、二月に山里の寺々で、造花や名香で仏前を飾り立ててオコナイを催していたことが、一〇世紀末に成立した源為憲の『三宝絵』下巻僧宝六に見える。おそらく民間の寺々で行われていた仏教儀礼が、のちに村々でのオコナイへと発展したのであろう。この滋賀県一帯は、天台宗や真言宗などの山岳仏教の影響が強い地域であるため、村々の繁栄と安全を祈願する官座神事に、とりわけ仏教色が強く現れたのだといえよう。つまり餅などの献供儀礼と直会に予祝儀礼としての意味があり、また神々しい荘厳と乱声に悪霊を近づけまいとする防災儀礼の意味が含まれている、と理解することができる。

こうした宮座的な行事に、仏事が結びついたものは、広く日本中に見られ、和泉地方のように、宮座ではなく寺座が営まれる地域もある［大越：一九七四］。村々における予祝と防災は、村人最大の関心事で、新春に全国各地でこうした神事が行われていたのである。

さらにオコナイのことを、修正会・修二会と称する地域もある。これも宮座儀礼と同じであるが、仏教を前面に押し出した法会となっている。しかし、豊作と安泰を祈願する正月行事であることに変わりはない。ただ、ここでの祈願方法は、悔過が中心で、仏に罪過を懺悔することで五穀豊穣・国家安泰などを祈る。

したがって、その本尊によって吉祥悔過・薬師悔過・十一面悔過などの違いがあり、心を修めることで、豊穣と招福・防災を祈願する。修二会は、修正会とほぼ同じであるが、寺院によっては修正会よりも修二会に重きを置くところがある。東大寺の修二会は布水取りとして広く知られるが、これは春迎えの行事で、やはり餅や造花が用いられる。ここでも、悔過が重要な位置を占めている点が注目される。古代において、悔過は農耕儀礼と深い関連があったのである。

『日本書紀』皇極天皇元（六四二）年七月条と持統天皇五（六九一）年六月条に、それぞれ旱害と水害の記事があるが、仏教の教理に従い悔過することで、稲作の被害が防げるとしている。国家レベルにおいても、悔過が豊穣に繋がると意識されていたことが窺われる。こうした点からも、国家的法会としての東大寺の修二会は、国家的神事としての祈年祭と対をなすものと考えられている。すなわち修二会は、五穀豊穣のための予祝祭に、国家安泰を祈る行事が結合した仏教的な年頭儀礼であった。これが、やがて村々に普及していったと考えてよいだろう。

すなわち国家レベルでは、豊作祈願が神祇的には祈年祭、仏教的には修二会に分けられていたが、村レベルでは、仏教と神祇とが微妙に混合しながら、豊作と安泰との祈願がなされた。つまり仏教色の強い地域では、オコナイあるいは修正会・修二会などと称して、宮座と同じように、新年の予祝・防災祈願が催されてきたのである。

第8章　肉食をめぐる思想——道元と親鸞

一、はじめに——神道と仏教

日本における主要な宗教としては、神道と仏教があげられるが、古来の土着宗教である神道については、教義という観点からすれば、時代的な変遷が著しく、外来の宗教でかつ思想的体系性の高い仏教との関連において、その深化が図られてきた。また神道という用語自体は中世以降のものにしかすぎないが、日本的な仏教を展開せしめる過程において、古くからのカミ観念が大きな役割を果たした。この点に留意したうえで、ここでは仏教の側から肉食の問題を扱う。

この二つの宗教は、神仏習合という形、つまり神とは仏のことであり、さらに仏とは神のことだとする両者の融合が推し進められてきた。もともと信奉してきた神に、仏という新たな宗教的権威が加わる形で、日本人の食に対する意識が形成されてきた。それゆえ、日本の食の問題の背後には、本来は相異なる二つの宗教を、ともに精神的支柱と定めてきた国家の問題がある。

あくまでも食にかかわる観念については、宗教のみならず、それを成立せしめた国家や社会という大枠のなかで検討されなければならない。ただ前近代の歴史においては、食にかかわる観念の問題は、宗教上の議論としてしか登場しないが、とくに肉食に関しては、神道では穢れという観念が、また仏教では殺生戒による罪が肉の忌避に大きく作用した。ここでは正面から食を論じた数少ない宗教家であった道元と親鸞をとりあげ、主に肉食の問題を中心に考えてみたい。

二、仏教と肉食

(1) 殺生戒と浄肉

基本的に一神教的宗教においては、教義自体に論理的整合性が高く、世界の秩序観や事物に対する価値観が重視され、その文脈に反する行為はタブーとして却けられる。ここで食物を例にとれば、ユダヤ教では血のほか、蹄が割れていて反芻する動物以外の肉、鱗と鰭のない魚などの食用が禁じられる。またキリスト教は、食の禁忌が比較的少ないが、それでもクリスマスには畜類が遠ざけられ鳥類・魚類が食される。そしてイスラム教では、死肉と流れ出る血そしてブタが忌避の対象となる。ただ、これらの解釈や実際は、宗派や地域によっても異なり、議論が分かれることも少なくない。

同じく一神教的な性格を有する仏教においても、僧侶や在家の守るべき五戒や十重禁戒の筆頭に、殺生戒があげられていることから、この延長線上に肉食に対する禁忌が登場してくることになる。そもそもインドにおいても、初期ヴェーダ時代には、牧畜が生業の中心で、神祭りのみならず家庭儀礼レベルでも、しばしば動物供犠が行われ肉料理が供されていたが、やがて農耕が発達をみた紀元前二世紀のマヌ法典あたりから、殺生と肉食の全面的な回避が議論され始め、インドにおける菜食主義の萌芽がみられるようになるという〔永ノ尾：二〇一八〕。

いずれにしても、こうした動向のなかで、仏教が生まれた紀元前五世紀頃には、本格的な農耕社会が形成されており、殺生を禁じて菜食を勧めるという教義は、同時期に成立したジャイナ教やヒンドゥー教にもあり、これらは牧畜社会からの脱却という段階での思想的所産とみてよいだろう。こうして仏教の教義は、確かに殺生を禁じており、その論理的帰結として、菜食の勧めと肉食の忌避は、信徒の守るべき道となるが、いわゆる仏教国全てで、人々の肉食が全面的に禁じられているわけではない。もちろん戒律は、指導者たる僧侶に対しては厳しく、信徒には寛容なところもあるし、こうした教義そのものの解釈についても、さまざまな議論がある。

もともと仏教においても、一律に肉食が禁じられていたわけでもない。上座部系の戒律を記した『十誦律』犍度部七法のうちの医薬法には、「三種の浄肉は噉（くら）ふを聴（ゆる）す」とする教えがある。三種浄肉とは、自分のために動物を殺したことを、見たもの、聞いたもの、あるいはその疑いのあるもの、という三つ条件に該当しない肉を指す。つまり自らが食することを目的として殺した肉以外の肉であれば、それは浄肉で、これについては食べてもかまわない、という論理である。

それゆえ仏教の及んだ世界全てに菜食主義が浸透したのではなく、戒律の厳しい他教の勢力が強いインド社会を別とすれば、むしろ大乗系のうちでも中国経由の仏教世界に、肉食の禁忌が広まったことになる。

東南アジアでも、インドのほか中国・朝鮮半島・日本およびベトナムに菜食主義が浸透し、それぞれの地域に精進料理が発達したことが指摘されている［森枝：一九九八］。こうした傾向は、とくに東アジアでは比較的新しい時代のことで、五世紀初頭に中国に伝えられた『大般涅槃経』が、肉食の全面禁止を最初に説いた教典とされる。その解説書である『大般涅槃経疏』巻第九の四相品上では、先の上座部の三種浄肉説を厳しく批判し、「若し肉を食せば、則ち小慈なし」として肉食を禁じているが、「諸弟子を制して悉く一切の肉を断ずるは、昔に対して今を唱ふるなり」とあり、中国で全面的な肉食禁止が強調されたのは、日本への仏教伝播に極めて近い時代であったことになる。

（2）肉の忌避と菜食

さらに肉食に関して同様の厳しい教義を記した『梵網経』も、同じく五世紀に中国で撰述された偽経である疑いが大きいことからも、とりわけ中国系の大乗仏教が肉食を強く禁じていた可能性が高い。また『梵網経』は、正式名称を「盧舎那仏説菩薩心地戒」といい、出家・在家を問わず、衆生共通の戒は仏性の自覚によるものとする点に特色があり、十重戒などの大乗律を説く重要な経典とされた。それゆえ東大寺の盧舎那仏開眼でも読経されたほか、古代では主要な国家鎮護の大乗教典として重視された。

ともあれ次節でみるように肉を忌避する国家的な方針と、中国系の仏教理念とが一致し、少なくとも教学レベルでは、肉食は否定される方向にあったことから、僧侶たちは肉食を避けることを理想とした。例えば『梵網経』巻の下には、「菩薩は、一切衆生の肉を食することを得ざれ。肉を食せば無量の罪を得」とある。現在は菜食の同義語として用いられている精進は、修行中の菩薩の重要な五行の一つで、仏道に励むの意であるが、これが具体的には肉食を禁ずる行為とされた。つまり肉食の禁は仏教徒の重要な戒律として、「無量の罪」を逃れるために、食事を菜食に限定するべきだとした結果と考えてよいだろう。

こうした菜食主義は、当然のことながら中国で発達をみた。東アジアにおける仏教伝来の拠点となった中国では、殺生戒を五戒の筆頭とする教義を忠実に守って、肉食を禁じ菜食を徹底する食文化が、仏教界に生まれた。一切の肉食を禁ずる『大般涅槃経』や『梵網経』が、五世紀の中国仏教の在り方と密接な関係にあり、これを承けて五一八(天監一七)年頃に梁の武帝が、僧侶の全面的な肉食の禁止を提唱したため、仏教徒に対する仏教的倫理の実践が政治的に要請されるところとなった[篠原:一九八八]。

これに呼応するように、五三〇~五五〇年の間の成立とされる『斉民要術』には、第八七章として日本の精進料理にあたる〝素食〟の章が設けられ、ネギやウリ・キノコ・ナスなどの植物性食材を用いただけの料理が一一種ほど登場する。このことから中国では、すでに六世紀の初めに菜食料理法の体系が成立していたことを窺わせる。その後、中国では宋代に禅宗寺院で、粉食技術と穀醬やゴマ油などを用いた本格的な精進料理の体系が成立をみるが、こうした菜食の伝統は、僧侶たちの間で守られたにすぎず、一般の中国の人々の間では肉食は広く行われていたとすべきだろう。

また日本への仏教伝播ルートとなった朝鮮半島では、四世紀後半の三国時代に、仏教が高句麗に入り、さらに六世紀半ばに百済経由で日本に伝えられた。やがて統一新羅の下で仏教が盛んになり、高麗時代に護国鎮護の法として社会全体に浸透したが、李朝時代には儒教が重んじられるところとなった。このため李朝では、崇儒排仏の風潮が高まり、寺院は一般社会から離れた山中などに設けられるようになって、僧侶は特殊な集団と見なされるようになった。

それゆえ朝鮮半島では、仏教と関わりの深い喫茶の習慣や僧侶のための精進料理も存在するが、それは山中の寺院に留められたことになる。ただ今日でも仏教文化は一部に伝わり、仏式の法事を行う場合には、魚肉やニンニク・ネギ類を用いず、ゴマなどの植物油を多用し、豆腐と味噌を使った菜食料理がある〔黄・石毛：一九八八〕。朝鮮半島においても、精進料理が伝えられたが、途中から仏教が政策的に排除された点が重要で、これに伴い契丹や蒙古などとの関連から肉食文化が浸透し、独自の食事文化が形成されたのである。

三、日本仏教の特質

(1) 国家仏教と肉食忌避

日本における食文化の特徴は、アジア稲作地帯にありながら、この地域における米と魚とブタという組み合わせのうち、食用家畜となるブタの飼育を欠落させ肉食を忌避してきた点にある。すでに旧著『歴史のなかの米と肉』〔原田：一九九三〕で述べたように、従来の慣習をふまえたうえで、天武天皇四(六七五)年に古代律令国家が、水田稲作の推進を目的として、いわゆる〝肉食禁止令〟を発布し、その障害となる肉の排除を主眼においた。

これは肉食が稲の生育に支障をきたすというプリミティブな信仰に由来するもので、東南アジアの稲作地帯に広く存在した稲作タブーの一つにすぎなかった〔原田：二〇一二〕。また、この法令は肉食そのものよりも、動物の殺生行為を禁じたもので、厳密には殺生禁断令のとみなすべき性格をもつ。このタブーを日本的なカミ観念の一部とみなすかどうかは、非常に難しい問題を擁するが、国家鎮護の基本の基本に仏教による呪力を借りたという点に留意すべきだろう。

もともと日本の古代国家は、「大王(おおきみ)(天皇)は神にしませば」と詠われた現人神(あらひとがみ)・天皇を頂点に抱くもので、神道的な祭祀体系に支えられていたが、いっぽうで仏教を鎮護国家の基とした。それゆえ神道と仏教という二つの価値観を矛盾なく統合し、かつ国家の経済的体制との整合性を採りながら政策を実施した。

とくに天武天皇四（六七五）年の肉食禁止令は、厳密には殺生禁断令で、天皇が祭祀を司る聖なる米の豊穣を祈るために、殺生と肉食を避けるという政策は、仏教の殺生戒の主旨に沿うものであった。それゆえ鎮護国家のために、『梵網経』や『大般涅槃経』を重視し、やがて殺生戒に抵触する狩猟民や米の納税体系から外れる商人たちを賤視するようになっていった。

こうした古代国家が創り出した思想的状況のなかで、肉食禁忌の社会的浸透が進む中世という時代に、独自の論理を模索した仏教者が、道元と親鸞であった。曹洞宗の道元は、精進料理という肉食を否定する立場から、また浄土真宗の親鸞は、下層民の肉食を肯定する立場から、それぞれ食という問題に思想的な考察を加えたのである。道元も親鸞も、いわゆる鎌倉新仏教の開祖で、それまでの経典解釈を基本として、教義そのものを重視した南都六宗のような国家仏教とは、根本から異なる態度で、食はいかにあるべきかを考えた。そこで、こうした背景をふまえたうえで、二人の思想を検討してみよう。

(2) 天台本覚思想と庶民の食生活

そもそも国家仏教には、儀式的あるいは呪術的な要素が強かった。伝来した経典の研究を主体とした南都六宗を批判する形で登場した天台宗・真言宗に、儀式的・呪術的な色合いは濃かったが、これらには日本的な価値観が徐々に採り入れられるようになる。それゆえ天皇・貴族が多く帰依したことから、やがては国家体制を護持する側の宗教として機能したが、一方でのちに鎌倉新仏教の始祖たちを輩出したように、新たな仏教思想を胚胎させる醸造所的役割も果たした。

そこでもっとも注目すべきは、いわゆる天台本覚思想とよばれるもので、その後の日本仏教史に大きな役割を果たした。その思想的中核をなすものに「草木国土悉皆成仏」という論理がある。これは中国から伝わった『大般涅槃経』に「一切衆生、悉有仏性」とする認識があり、中国の道教の哲学を媒介として、草木のほか生命をもたない国土のような無機物にも、すべて成仏する可能性があるという思想であった。こうした認識が、天台宗の教義に取りこまれたことから、それ以後の日本の仏教宗派にも大きな影響を与えた。

こうした「草木国土悉皆成仏」に示される一切のものが成仏できるという論理は、万物に命が宿るとみなすもので、国土に存する山川草木の全てに神を感じとって日本固有のカミ観念と、みごとに結びつき、広く人びとの自然観・生命観として浸透していった。こうした自然認識は万物の生命と人間のかかわりをどう考えるか、という点に大きなポイントがあり、肉食の否定と肯定という双方の論理を、日本社会に生み出す原理となった。

たとえば一三世紀に成立した『沙石集』巻二「地蔵菩薩種々利益之事」は、ある念仏の行者が、水田の耕作のために害虫を殺したことを地獄で問われ、火炎地獄を見せられたという話となっている。これは万物の生命を重視しすぎたもので、これでは稲作が不可能となってしまう。これは殺生観にかかわる一種の原理主義者的解釈と評すべき説話で、山川草木の生命を強調しすぎたかなり極端な事例といえよう。

ところが、同じ『沙石集』巻一「生類を神明に供ずる不審の事」では、厳島神社に魚類を献じていることについて、「是れは因果の理をしらず、徒に物の命を殺して、浮がたき者」としながらも、「殺るゝ生類は、報命尽て何となく徒に捨べき命」を、神に捧げることで仏道に入ることができるという説明を加えている。こうした理由から、狩猟の神である諏訪や宇都宮（日光）では、それぞれの神に「鹿鳥を手向」けているのだ、としている。

　この話からは、殺した動物を神社に捧げることで、神仏が殺生の罪を引き受けてくれ、動物も成仏できるという認識が存在していたことがわかる。これは狩猟者が獣を仕留めた時に唱える「諏訪の勘文」の「業を尽くせし有情（捕らえられる鳥獣などの生き物）は、放つと雖も生きず（野に放っても長生きはできない）、故に人天に宿り（それゆえ食べられて人間の体内に入ることで）、同じくして仏果を証す（人間と同じく成仏できる）」という論理と同じような論法が採られている。つまり動物たちは、人間が食料とすることで、仏になることができるとして、殺生という狩猟活動の正当性を強調したものとなっている。

　こうした説明は、仏教が単に国家的な儀式や呪術としてではなく、宗教思想として民衆の間に浸透していく過程で、従来のカミ観念と微妙な融合を起こし、社会の現実に適合的な変容をとげたためと考えられる。すなわち、その背景には、必ずしも国家が推奨するような水田農耕民ばかりだったわけではなく、まだまだ仏教の教えに反して殺生を行い、狩猟を生活の糧とする多くの人びととの存在があった。そのため彼らの生業まで仏教の殺生戒で否定するわけにはいかず、狩猟神を祀る諏訪神社が許容してきたような狩猟活動の意義を認めなければならない、という社会的事情があったのである。

四、道元の立場——修行としての食

(1) 天台からの離反と入宋

禅僧である道元の場合は、精進修行を旨としてきたところから、肉食に関しては否定的な立場を貫いた。彼は、仏教の殺生戒に基づいて、肉食を遠ざけながらも、人間における食について、体系的な考察をめぐらした。いずれにしても前近代における宗教家・思想家たちが、ほとんど食の問題を思索の一部に組み入れなかったのに対し、正面から取り組んだ数少ない宗教者の一人であった。

道元は、高貴な貴族の出身で、正治二(一二〇〇)年に、内大臣・源通親を父、摂政太政大臣・藤原基房の娘を母として生まれた。建暦二(一二一二)年、養父・藤原師家の反対を押し切り比叡山に入った。天台教学の奥義を学ぶが、もともと一切の衆生が仏であるなら、なぜ人は修行を積まねばならないのかが疑問となり、禅宗を勧められて建仁寺を訪れ栄西門下の仏樹房明全に六年間学んだ。

そして貞応二(一二二三)年、宋に渡り天台山などで学び、安貞元(一二二七)年に帰国して、建仁寺に身を寄せ坐禅こそ仏教の核心だと悟り、その信念を貫いた。さらに当時流行の末法思想や念仏・祈禱を強く批判したことから、比叡山から迫害を受けるところとなった。

しかし多くの支持者を得た道元は、旧仏教側からの攻撃を避けるため、越前に移って永平寺を開いた。道元は、仏道を極めるために一段と厳しい修行に打ちこんだ。それは自力本願を旨とし、一種の自己深化が重要だとする。つまり厳しい修行によって自らが悟りを得ることが、すべての衆生を救うことにつながるとするものであった。

このため在家成仏や女人成仏を認めず、出家至上主義的な仏法求道を教義の主眼とした。まさに禅僧自身が前衛的な仏道の求法者となることで、多くの人びとを救おうとしたことになる。それゆえ、どちらかと言えば道元の食思想は、そうした僧侶の観念的な思弁から導き出されたもので、あくまでも修行の一環としての食という観点が強かった。道元の思索は、仏道そのものの教理を徹底的に追求したものであり、その視野のうちには、一般的な民衆の食生活の現実が入りこむ余地は少なかったといっても過言ではあるまい。

(2) 禅宗と精進料理

仏教で第一義とされる殺生戒は、インドのジャイナ教やヒンドゥー教にも存在するが、先にも述べたように、五世紀初頭に中国から伝わった『大般涅槃経』で、肉食の全面禁止が強く説かれている点が注目される。この教義を率先して守るべき僧は、仏道精進のために肉を忌避する菜食料理の体系が、遅くとも六世紀頃の中国では完成されていた。そして、その完成度を高めたのが、おそらくは一〇世紀以降に宋代の禅宗寺院で行われていた精進料理であった。

この精進料理は、穀類や豆類を粉食として巧みに利用するところに特徴がある。それには西方から移入された石臼と水車の組み合わせが重要な役割を果たすが、それは唐代に著しい発達をみた。このため粉食製品の大量生産が可能となり、これに穀醤系の調味料やゴマ油などを積極的に利用することで、植物性食品を用いながらも、動物性食品により近い味を創り出すことができた。

日本では、精進の語が登場するのは九世紀のことであるが、初めは仏道修行の意に用いられたほか、服喪や物忌みに際して魚肉を避ける時に、これを精進肴などとよんでいたにすぎない。その後、一一世紀初頭の『新猿楽記』七の御許とその夫には、精進物として、「核なき温餅・粉勝の団子」などのほか「納豆の油濃き」などが見える。これらは、まだ粉食を用いた高度な精進料理とみなすことは難しいが、すでに油が多用されるなど、植物性食品による料理法が存在していたことをうかがわせる。

そうしたなかで、一二世紀後半から一三世紀初頭にかけて本場中国に渡り、禅宗とともに本格的な精進料理を学んできたのが、栄西や道元をはじめとする多くの留学僧たちであった。旧来の仏教に不満を抱いていた彼らは、実際に禅宗寺院で学びながら、その修行の一部として、精進料理にも携わってきた。そして帰国後にも自分たちの道場で、禅宗の奥義を追究するなかで、自らその調理にあたり、それを食しつづけたのである。

（3）『典座教訓』と『赴粥飯法』

すでに一二世紀初頭には中国で『禅苑清規』が成立をみており、禅院における喫茶喫飯の作法が確立していたことがわかる。日本では道元の「永平清規」は、『典座教訓』を初めとして『弁道法』『赴粥飯法』『衆寮箴規』『対大己五夏闍梨法』など清規に類する五点を指し、禅林での修行規律を整備していったが、このうち食事にかかわるものが、『典座教訓』と『赴粥飯法』で、ともに嘉禎三（一二三七）年に著された。

前者は僧食を用意する調理・配膳の立場、後者は食事にあずかる修行者の立場の心得を、それぞれ説いたものであった。とくに道元は『赴粥飯法』で冒頭に食の意義を述べ、「方に法をして食と等ならしめ、食をして法と等ならしめ令む。法若し菩提ならば、食もまた菩提なり」と記して、法と食とは同等である旨を強調している。

また道元は、中国での自らの体験を通じて、禅院での食事を司る典座の仕事の重要性に目覚め、『典座教訓』では「醍醐味（上等な料理）を調うるも、未だ必ずしも上と為さず。莆菜羹（粗末な料理）を調うるも、未だ必ずしも下と為さず。莆菜を捧げ、莆菜を択ぶの時も、真心・誠心・浄潔心もて、醍醐味に準ずべし。……況んや復た、道芽（求道の心）を長て聖胎（仏教者の身体）を養うの事は、醍醐と莆菜とは、一如にして二如無きをや」と記している（引用のカッコ内は引用者注。以下同じ）。

上等な料理も粗末な料理も、食物としての価値は同じで、与えられたものを誠心誠意をもって食することが修行者の重要な身体を養うるのだとしている。こうした食事思想は、中国禅林の成果を承けたものではあるが、日本では珍しく飲食とは何かという根源的な問いにまで至った点が重要だろう。座禅など身体を通じての修行を重視する禅宗では、それを支える食の問題を避けることはできず、どのように食を提供するかが重要だとした。まさしく人間にとっての食事とは何か、を突き詰めるための思想的前提を準備した。

ちなみに道元の肉食観に関しては、「永平清規」に興味深い部分がある。それは病患の僧が肉食をした話で、その情景を覗いてみると、病僧の頭の上に乗った鬼が、その肉を食べていた。つまり肉を食べているのは僧ではなく鬼であり、肉食を許すか制するかは、事情によって斟酌しなければならないとしている。道元もまた原理主義的な形式論者ではなく、さまざまな現実を見すえて、食の問題を考えようとしていたことがうかがわれる。

さらに道元は『典座教訓』で、典座の仕事にふれ、中国の『禅苑清規』を引いて三徳六味の教えを重視している。すなわち六味とは、苦・醋・甘・辛・鹹・淡のことで、これらの微妙な味つけを大切にするとともに、あっさりして柔らかな軽軟、きれいで穢れがない浄潔、法にかなった調理がなされている如法作、という三徳を備えることを、禅林の料理の理想としたのだといえよう。これは調理の重要性について論じたもので、食材に応じて、軽いものは軽く、柔らかいものは柔らかく、それぞれの食感を重視し調理すべきだとしている。そして、それは清潔でなければならず、六味調和の巧拙によって、味の好悪が現れるようにという点を諭している。また道元は『典座教訓』の冒頭では、その時々の材料を好ましい形に調理し、禅僧たちに喜ばれるように努力するのが、典座すなわち食の大切な心得だと強調しており、これは茶の湯における懐石料理のもてなしの精神に通ずるところがあろう。

五、親鸞の立場――凡夫の救済

（1）天台からの離反と流罪

自力本願の教えをめざした道元とは異なり、凡夫すなわち衆生の救済を仏教の第一義と考えた親鸞は、むしろ、それぞれが他力本願を頼むことが仏道の本意とみなした。自らの思惟と修行を至上とした道元とは逆に、末法思想の流行という状況のなかで、念仏さえ唱えれば、阿弥陀仏の慈悲によって、どんな人間でも極楽往生をとげることが可能だと説いた。いわゆる浄土思想の流れに位置するもので、念仏称名を重視した親鸞は、先にふれた天台本覚思想を基礎に、諏訪の勘文と同じような観点から、庶民の立場を第一義的にとらえ直すことで教義の深化を図ったのである。

親鸞は、承安三（一一七三）年に、下級貴族・日野有範の子として生まれ、九歳で出家し、のちに天台座主となる慈円の門に入った。そして下級の堂僧として修行を積み、やがて天台の学僧となった。その後、二九歳の時、京都六角堂に参籠し聖徳太子の示現を得て、法然の門をたたき弟子となった。やがて法然門下で頭角を現したが、法然の専修念仏を批判する比叡山から迫害を受け、法然と同様に流罪に処され、越後への配流の身となった。

建暦元(一二一一)年には流罪を許されたが、そのまま東国にとどまり、念仏を布教しつつ思索に専念した。そして教説を体系化して『教行信証』を著したのちに、京都に帰って信者たちを増やし、浄土真宗の祖となった。親鸞の思想は、仏へといいたる境地は、阿弥陀仏の本願の他力によるもので、徹底的に自力を払拭し信仰に徹すれば、悪行を犯していても絶対他力の仏によって救われる、としたところに特徴がある。

(2) 法然の教えと「三種浄肉」

親鸞の浄土真宗は、肉食妻帯で知られ、それまでの仏教では禁じられていた肉食を、あえて許容する立場を採った。しかし、これは親鸞の独創ではなく、彼の師であった法然の浄土宗にも同様の教えがあり、それ以前の民間浄土教系の聖たちのなかにも、似たような発想があったと考えるべきだろう。旧仏教のあり方に不満を抱いていた僧侶たちにとっては、肉食を禁止されては生活が成り立たない狩猟民や下層農民たちが多数存在し、そうした人びとをいかに救うかが、もっとも重要な課題だったからである。

彼らの救済を考え抜いた法然は、浄土にいたるには専修念仏が最高の行法だと考えた。これは文字も富もない人びとにも可能なので、万人が救われることになる。民衆の生活の実情にも詳しい法然は、彼らと肉食に関しては、「一百四十五箇条問答」に次のようなやりとりがある。

一、さけのむは、つみにて候か。
答、ま事にはのむべくもなけれども、この世のならひ。
一、魚・鳥・鹿は、かはり候か。
答、たゞおなじ。

年貢や地代を取られて食料に事欠き、米など食する機会も少ない貧しい農民たちにとって、魚鳥や獣の肉は、カロリーの高い美味で大切な食べ物であった。仏教の殺生戒からすれば、肉食は禁物であるが、その食用の是非について問われた法然は、本当は良くないが仕方がないことだと答えている。そうした法系を承けた親鸞は、より徹底的な形で肉食を許容したのである。

そのための思索を重ねる過程で親鸞は、先にもみたような『十誦律』や『大般涅槃経』にある「三種浄肉」説に注目し、「浄肉文」として次のように書写している。

又言三種浄肉、見(けん)、聞(もん)、疑(き)、見といふは、わかめ（吾が眼）のまへ（前）にて殺(ころす)肉食(にくをしきするなり)、聞といふは、わかれう（吾が糧）にとりたるを食するをいふ、疑といふはわかれう（吾が糧）かとうたか（疑）ひなから肉食（にくしき）するをいふなり、この三つの肉食を不浄といふ、この三つやう（要）をはな（離）れたるを三種のきよ（浄）き肉食（にくしき）といふなり

しかし自らが殺生に関与していない三種浄肉なら食してもよいという論理では、狩猟や漁撈を行う下層民を救うことはできない。この三種浄肉論の自筆抜書の存在は、親鸞が熱心に肉食許容の論理を模索していたことを示している。ただ殺生戒を前面に押し出す従来の仏教では、狩猟や漁撈をしなければ生きていけない人びとは、救済の対象とはならない。これでは一切の衆生が成仏できるという道が閉ざされてしまうことになる。あくまでも親鸞は、それが仏法の本義であるはずはないと信じ、新たに独自の論理の構築に腐心したのである。

（3）『唯信鈔文意』と「悪人正機説」

親鸞にとっては、机上の観念的な空説よりも、法然の教える専修念仏によって、多くの人びとに仏への道が開かれるという現実的な論理のほうが大切であった。法然の高弟で親鸞の先輩格にあたる聖覚は、後白河天皇側近の信西つまり藤原通憲の孫であったが、やはり天台僧から浄土宗に転じた。この聖覚は、専修念仏の重要性を主張して『唯信抄』を著した。往生を願う至誠心、その強い深心と発願心の三心が大切だとする同書を、親鸞は何度も書写して門弟たちに与えるとともに、その注釈書である『唯信鈔文意』を執筆している。

『唯信抄』には「行住座臥をえらはす、時処諸縁をきらはす、在家出家若男若女老小善悪の人」を問わず念仏すれば往生できるとする部分がある。これを承けて親鸞は、『唯信鈔文意』に次のように記した。

> 具縛はよろづの煩悩にしばられたるわれらなり、……屠はよろづのい(生)きたるものをころ(殺)しほふ(屠)るものなり。これはれうし(猟師)といふものなり。沽はよろづのものをうりかう(売買)ものなり、これはあき人なり。これらを下類といふなり。……れうし・あき人さま〲のものは、みないし(石)・かわら(瓦)・つぶてのごとくなるわれらなり

親鸞自らを含めた人間存在の本質を見すえたうえで、どのような人間でも、一心に念仏すれば、涅槃の境地に達し浄土にいたることができる、という注を加えている。あくまでも生き物を殺す猟師という屠、売買にかかわる商人という沽なども、さまざまな煩悩に縛られる凡愚ととらえた。それまで殺生を行ってきた猟師や、年貢を払うべき農耕活動に従事しない商人など、国家的・仏教的理念から外れることを理由に、社会的な差別を受けてきた人びとを、自分と同じ凡愚の一類として成仏の対象に加えようとしたのである。

それゆえ親鸞の弟子・唯円が記した『歎異抄』に、いわゆる悪人正機説が登場するところとなる。有名な「善人なおもて往生をとぐ、いはんや悪人をや」という一節の「悪人」とは、心の善

悪ではなく、国家的な立場から決定されたものにすぎないという認識が親鸞にはあった。それゆえ悪が往生の障害となろうはずがない、と親鸞は考えた。

このことの背景には同書の「身にそなへざらん悪業は、よもつくられさふらはじものを。また、うみかわに、あみをひき、つりをして、世をわたるものも、野やまに、しをかり、とりをとりて、いのちをつくともがらも、あきなひをもし、田畠をつくりてすぐるひとも、たゞおなじことなり」という認識があり、その根底には「さるべき業縁のもよほせば、いかなるふるまひもするべしとこそ、聖人（親鸞）はおほせさふらひし」という人間存在への深い洞察があった。

殺生戒を重んずる仏教界を相手に、親鸞は苦闘に苦闘を重ねた結果、悪は往生の障害ではありえず、善人よりも悪人こそ救われるという論法を編み出すにいたった。つまり漁撈や狩猟さらには商売でも農業でも、人は置かれた立場の生業のためには、どのような振る舞いでもするものだ、と語ったと唯円は説いている。こうして親鸞は、殺生戒に基づく肉食禁止という建前に対して、天台本覚思想の万物に仏性が備わるという認識を逆手にとり、むしろ肉食を許容して、下層民でも往生ができるという論理を組み上げたのである。

六、おわりに――肉食をめぐる二つの立場

繰り返しになるが、古代律令国家の肉食禁止令は、国家の米志向を完遂させるための政策で

あった。しかも、その背後にあった殺生戒を重視する国家仏教の世界観は、やがて徐々に社会的に浸透し、中世には重要な価値観として広く定着をみた。そして学問や思想という観点からすれば、それらがほぼ仏教を意味する中世社会で、食のことを真剣に考えたのは、鎌倉新仏教の重要な担い手であった道元と親鸞であった。鎌倉新仏教は、日本の歴史のなかで、もっとも革命的な思想史上の事件であるが、この二人によって食が大きな課題の一つとしてとりあげられたことは注目に値しよう。

肉食の禁止を前提とする社会的価値観のなかで、道元と親鸞の立場はまったく相反するものであったが、食を哲学的あるいは社会的な認識の次元に引き上げ、肉食禁止に対して、それぞれ否定的・肯定的な双方の側面から、根源的な考察を加えたことは特筆に値する。

道元は、思弁的な立場から、食をいわば人間存在の根本的な問題とみなした。彼は、動物の生命を排した精進料理による仏法修行という観点から、食の作法を重視し、それを個人の内面を深化させるという方向で示した。

これに対して、親鸞は中世社会の現実を見つめて、狩猟を行わざるをえないような人びとへの同化という観点から、殺生や肉食を行った人間でも、信心すれば仏が救ってくれるという理論を導き出した。それゆえにこそ、多くの民衆の支持を集めて、のちに一大教団を築くことができたのだといえよう。

ただ、ともに二人は、当時の体制派から非難を受け、弾圧を加えられながらも、食を宗教上の問題として重視し、それぞれ仏教の論理体系のなかに位置づけた先駆者であった点に、より高い評価が与えられるべきだろうと考える。

第9章　陰陽道・修験道と食

一、はじめに

食は人間の身体維持に不可欠なものであるが、その食を選択しているのは脳であり、たとえ無意識にみえようとも、人間は頭で食物について考え、料理法や時間・空間などさまざまなシチュエーションを意識しながら食事を行っている。そうした食の選択には、人間の意識が働いており、これにはその人々がもつ文化や宗教・思想などが大きな影響を与えている。かつて日本人が肉を穢れとして、食の対象として遠ざけてきたり、イスラム教徒がブタ肉をタブーとしていることなどが、その代表例である。

日本における肉の禁忌は、単なる仏教の殺生戒に基づくものではなく、日本における複雑な宗教事情が関係している。もし仏教の殺生戒だけを理由とするなら、すべての仏教国で肉食が禁止されたはずである。もちろん仏教は、日本古来のカミ観念にも影響を与え神道としての体系化を促すとともに、いわゆる神仏習合という混淆を引き起こして、人々は神と仏という信仰の二大対象に祈りと願いを捧げてきた。そして神仏の説くところに沿うように、食文化の体系を創り上げてきたように思われているが、実際には、もっと複雑な宗教的事情が存在している。

それは陰陽道と修験道で、その源は中国の陰陽五行説にあり、この影響を受けた道教が、双方に深く関わっており、これに神道や仏教が複雑に関与して、ともに日本で独自な展開を遂げた。そして日本文化の基層の形成に大きな役割を果たした。それゆえ日本の食文化を考える場合には、陰陽道と修験道の問題を避けて通ることはできない。この二つの宗教は、日本の生活文化レベルの問題に、実に大きな影響を与えてきたが、食文化との関連がどのようなものであったのか、についてはあまり検討されていない。そこでこの問題を考えてみよう。

二、陰陽五行説から陰陽道へ

もともと陰陽説と五行説は、古代中国で別個に発生したものであるが、やがて戦国時代末期以降に二つが組み合わされて陰陽五行説となり、儒教や道教さらには医学思想などに、大きな影響を与えた。万物の生成変化は陰陽二気の消長によって説明され、木・火・土・金・水の五元素の相生と相克によって自然現象や人事現象が説明されることになる。中国最古の医学書とされる『黄帝内経素問』には、人体は先の五元素でできており、陰陽や五行の不都合が引き起こすのが病であるが、これは適切な食によって解消できるという考え方が示されている［上田：二〇一八］。

また儒教においても、『礼記』礼運九に、「五味・六和・十二食、還りて質を相為す」とあり、飲食の味も諸要素が相互に関連し合って変化を呈するのだとしている。このうちとくに五味は、中国医学の世界では、木の性質は酸で肝臓を意味し、同様に火は苦で心臓、土は甘で脾、金は辛で肺、水は鹹で腎にあたるとされている。さらに食材の性質には、寒・涼・平・温・熱の五性があり、五臓のどこに効くのかという帰経も考慮されて、それらの複雑な相生・相克関係から、食物の効能や禁忌を考えて病気への処方を示すという特徴がある。

こうした陰陽五行説に基づく医学思想は、日本にも伝来し普及した。『老子道経』成象第六には、「谷神死せず、是を玄牝と謂ふ。玄牝の門、是、天地の根を謂ふ」とあり、玄牝とは不死不滅の谷神という女神のことで、その門は天地を生じさせた根本の場所だとするのが一般的な理解とされている。これが医学思想においては、食養生の観点から解釈されている。

日本最古の医書とされる丹波康頼の『医心方』巻二六養生編谷神第二は、『老子』の谷神の部分を引き、玄牝の門のうち玄を鼻として五気を吸入して天と気を通じさせ、牝を口として五味を採り入れ形骸・骨肉・血脈を形成し魂を大地と通じさせるという。こうして天地の気を体内と往来させれば、完全な健康が得られるとしている。この『医心方』は、一〇世紀末頃に中国の医学書を集成したもので、この部分は割注という形式を採っているが、康頼の注とするよりは、おそらく中国医書からの引用とすべきだろう。いずれにしても日本においては、陰陽五行説に基づく医学思想を、道教を介して受容していたことが理解されよう。

中国で成立をみた陰陽五行説は、こうした飲食に関する知識のみならず、国家の祭事や行政に不可欠な暦法やさまざまな方術の基礎となった。これは仏教と前後して日本に伝えられ、すでに六世紀には渡来僧が紹介・指導に当たり、国家レベルで受容されていた。そして古代律令国家においては、中務省下に陰陽寮が置かれ、陰陽・暦・天文の三道に従事させたことから、陰陽五行説が年中行事や祭祀・儀式に採り入れられた。さらに元号の制定や国史編纂における歴史観などにも大きな影響を及ぼしつつ、国家体制のもとで日本独自の展開を遂げていった。

そして平安期に入ると、藤原貴族の御用的性格を帯び、いわゆる宮廷陰陽道へと変化した。これに基づく呪術や禁忌が、貴族たちの間で重視されるようになり、鎌倉幕府成立後は武家の実務などにも採り入れられた。この間に、著名な陰陽師として知られる安倍晴明が現れた。さらに室町初期になると、この晴明に仮託された『簠簋(ほき)内伝』という書が出現し、さまざまな暦法に関する禁忌や吉凶が説明されている。たとえば巻第三では、夏至から一一日目にあたる半夏生の日は「五辛酒肉」を食べてはならない日で、土用は文殊菩薩が一切衆生を哀憐する日だなどとしており、日によって食物の好悪を決めるという習俗が広く浸透しつつあった。

三、陰陽五行説と食文化

陰陽五行説においては、先にもみたように五味と五性と五臓の関係が、人間の健康に深く関わることから、食物の性質を分析した上で、それらの組み合わせが重視されることになる。こうした食養生つまり医食同源の思想が医学の基本とされた。寿永三（一一八四）年成立の医学書『長生療養方』には、「飲食法」の項目があり、ここには菜菓・米穀・禽獣虫魚などあらゆる食物の効能について記し、たとえば小麦は「熱を除き渇を止め、小便に利し、肝気を養う」としている。そして補養食・損害食に関する記述や、食い合わせや飲酒などの禁を、『養生要集』をはじめとする中国の古典的養生書から引いて説いている。

中国の医学思想は、陰陽五行説に依拠して易の思想とも密接に関わっていることから、薬でもある食物は、天体の運行つまり暦法とも関連してくる。それゆえ時期によって食物にも適不適が生ずることになる。また同じく平安末期に成立した『陰陽雑書』〔中村：一九八〇〕には、「新物食初日」があり、初物を食べるべき日の干支を定めているほか、男山八幡・稲荷社・祇園社の物忌令が載せられて、魚・鳥・鹿・蒜・葱・韮などの穢れの日数についても細かく規定している。暦日と飲食との関係が、陰陽五行説によって左右されたのである。

さらに先の『長生療養方』には、月食禁の項目もあり、月によって食べてはいけない食品が列挙されている。もちろん先に見た『簠簋内伝』のように迷信的なものも少なくはない。しかし季節による陽気や陰気の変化などは、経験に基く帰納法的な論理から導き出されたもので、その合理性を全面的に否定すべきではない。

たとえば夏の土用のウナギについては、次のような指摘もある。夏の暑気の厳しい時期のうち、旧暦の六月の未月土用丑日は、火気が強まる未の土用に、その対極にある水気の丑日をもって呪術の日と定めた。これは「水剋火」という原理に基づくもので、本来なら丑に通ずる牛肉の水気を食用すればよいが、肉食が禁じられていた日本では、代わりに頭韻のウが同じで精力がつく水気の象徴とされるウナギを食するようになったという〔吉野：一九八三〕。いずれにしても季節の変わり目などの体調変化の時期に、陰陽五行説の論理に従って好日を選び、滋養の食品を摂るという食養生法が広く受容されていたのである。

こうした陰陽五行説による合食禁や月食禁などは、はじめ医者レベルの問題として受け容れられた。しかし一四世紀頃の百科事典である『拾芥抄』には「養生部」が設けられ、これらの禁忌についても紹介されるようになる。たとえば「合食禁」として鯉に生薑・葱・鶏・猪肝、鮎に野猪肉、蟹に橘子・串柿・生菜などを食してはいけないとし、「十二月食禁物」として正月は生葱・蓼・小韮・宍、二月は兎肉とくに寅日には魚などを禁としている。さらにほぼ同時期の『庭訓往来』一一月状往にも、「合食禁日記」が薬殿の壁書にあるので、これを写せといった旨が見える。同書は手紙文の模範的テキストでもあったから、合食禁に関する知識は、南北朝期頃には一般的な常識として広く社会に浸透していたことになる。

やがて室町期に入り和食の基本ともいうべき本膳料理が成立すると、多くの武家の料理流派が出現をみた。そして、それぞれが料理書を著すようになると、これにも食禁の養生思想が採り入れられるようになる。一五、一六世紀頃の『庖丁聞書』には、「盛合せぬ品々」として、猪に兎、辛螺にこんにゃく、雉子に狸などとして、これを食い合わせると一〇〇日以内に必ず大病にかかる旨が明記されている。この組み合わせに、先の『拾芥抄』に一致するものはない。そもそも合食禁は、食物の植生同士の相生や相剋を分析し、薬と経脈との関係にあたる帰経も考慮して案出されるものである。

しかし、これには不確実な根拠に基づく場合も少なくなく、今日では単なる迷信と見なされるものも多い。たとえば著名な本草学者である貝原益軒の『養生訓』は、広く読まれた健康手引書であるが、その飲食に「同食の禁忌多し」として、猪肉に生薑・蕎麦・胡荽・炒豆など、牛肉に黍・韮・生薑など三四種の食物の合食禁を記している。そして「和俗の云う」として、蕨粉の餅に緑豆の餡を入れたものは人を殺すなど俗信としか思われないような六種の禁が挙げられている。いずれにしても人々は、長いこと中国や国内で伝えられてきた合食禁を、基本的な養生法として受け容れてきたのである。

このほかにも陰陽五行説は、日本料理界にも影響を与えている。日本料理の伝統を承けた『四条流包丁書』では、まな板の表面を五つに分けて名称を付し、左下の部分を「五行」と称している。これは五行思想に基づくもので、それぞれの部分に厨を守る六星が下りてくるとしている。

このほか「鳥の焼物の事」では、「引垂（胸肉）は陽、別足（腿肉）は陰也。然に陰には陽のみを参也。陽には陰のみを参する也。口伝之れ有り。和合の心也」とあり、女には引垂を男には別足を出すとしている。儀式的な料理作法のなかに、陰陽五行説の強い影響を読み取ることができる。

また『武家調味故実』という四条流の料理書にも、好んで出す料理のうちに五種の削物として、干鳥・干鯛・鮑・鰹・煎子が書き上げられており、五という数が重要視されている。さらに紀伊国伊都郡隅田荘（和歌山県橋本市）の葛原家に伝わる永正一五（一五一八）年八月二二日の「献立注文」では、鰹を赤、梨を白、煎子を黒、鯣を青、干蛸を黄色として五色を演出している。このうち青は木、赤は火、黄は土、白は金、黒は水に、それぞれ対応するとされており、陰陽五行説に基づく五色の料理思想は、さまざまに解釈され、進士流などの料理流派によって儀式膳に採り入れられたという［藤井：一九七九］。

こうして陰陽五行説は、初物食いの日や物忌日のほか、合食禁・月食禁という形で食物の時期や組み合わせから、年中行事や儀礼食などの彩りに至るまで、日本料理の作法や献立構成にも大きな影響を与えてきたのである。

四、修験道と神仙思想

陰陽五行説は、先にも述べたように道教と深く関係したことから、とくに道教の神仙思想と相まって日本における修験道の成立を導いた。修験道とは、日本の原始的山岳信仰に、仏教や道教・陰陽道などの諸宗教を習合して、平安期に成立した宗教体系で、その行を実践する者を、山伏・修験者・山の聖などと呼んだ。死者や祖霊が棲むとされる他界は海中や地中にも存在するとされるが、とくに山が国土面積の七〇パーセントを占める日本では、山を他界とみなして霊を送る傾向が強く、各地に霊山が設定されるなどして山岳信仰を発達させてきた。

かつては南都六宗の僧たちも山岳修行を行っていたが、とくに平安期には、最澄と空海が、天台宗・真言宗を開いて、比叡山や高野山に拠点を置いて修行の場とした。しかも密教では、即身成仏として、修行を通じて肉身のままで究極の悟りを開き仏になることが重視された。こうした思想を承けて、修験者たちは、死の世界である山中において修行を積み現世に帰還できれば、非常な能力が身につけられるとした。これは道教の神仙思想に通じるもので、その理論と実践を説いた中国晋代の『抱朴子』内編「仙薬」には、仙人から貰った松脂を服用して何百年も生き山に入って仙人になったという話や、秦の宮女が山に入って松葉と松の実だけを食べて二〇〇年余り生きたという話などが載っている。ちなみに修験者には、医師的宗教者としての性格が強く、かなりの医学知識を有しており、なかには呪法的療法も少なくないが、薬物的療法については『医心方』などからの知識が活かされたという［根井：一九七六］。

こうした日本の修験道成立期の象徴的人物が役小角（えんのおづぬ）で、『日本霊異記』上巻第二八や『三宝絵』中巻法宝二などに伝記が残る。両書によれば、小角は葛木山に住み洞窟に三〇年居て、藤の皮を着し松葉を食しつつ俗心を捨てて修行に励み、奇異の験術を身につけたとしている。具体的には、神々の住む高く険しい山を渉り歩き、谷に下り洞窟などに籠もって、断食・断水・不眠などの業を何日も行い、食事に関しても、身を清浄に保つためにシンプルな食事が求められるようになり、やがては修験者のみならず一般の信者たちにも課せられた。こうした食の思想を徹底させたのが穀断ちで、五穀を断って草や木の実を食する行が重要視された。これを一生貫いた行者は木食上人と呼ばれた。

とくに穀断ちについては、一一世紀中期に成立した『大日本国法華経験記』に山中修行した僧侶たちの苦行が描かれている。中編四四話では、比叡山の陽勝仙人が金峰山に登って仙への修行のために、「最初に穀を断ち、菜蔬を食とし、次に菜蔬を離れて、菓蓏を食となす。漸くに飲食を留めて、粟一粒を服し、身に蘿薜（葛）を着て、口に餐食を離」れて、仏の無上の悟りを得たという。さらに上編九話では、熊野那智山の応照法師も、「穀を断ち塩を離れて、さらに甘味を食せず。松葉を膳となし、また風水を服して」清浄な身を保った上で、最終的には法華経と諸仏の供養のために日本で初めての焼身を遂げたという。穀断ちの後に、松の実や松葉を食べるというのは、先にも見たように中国の神仙思想からの受容であったが、漢方でも松の実や松葉には薬効が高いとされている。

また応照の焼身に関しては、出羽の湯殿山で絶食の末に生きたまま土中で入定してミイラ化する即身仏を想起させるもので、いずれも死後にも霊魂は永遠に生きて種々の奇跡をおこすと信じられていた。こうした焼身や即身仏は、かなり極端な事例であるが、先の穀断ちの語に象徴されるように、一般の山中での修行者たちの食もかなり質素なものであった。

平安末期の『梁塵秘抄』巻二には、「聖の好む物、比良の山をこそ尋ぬなれ、弟子遣りて、松茸、平茸、滑薄(なめすすき)、さては池に宿る蓮の蕊(はい)、根芹、根蓴菜(ねぬなは)、牛蒡、河骨(こうほね)、濁活(うど)、蕨、土筆(つくし)」や「凄き山伏の好む物は、味気無(あじけな)、凍てたる山つ芋、山葵、粿米(かしよね)、水雫、沢には根芹とか」という歌謡が収められている。米も含まれてはいるが、基本的には採取植物の葉根や種子などがメインとなっている。それらの食用の可否や採取法・食法などに関する知識は、彼らの間に相承されたと考えるべきだろう。

修験とは、もともと南都六宗の僧侶や比叡山・高野山の学僧のうち、山岳修行を積んで験を修めた者をさした。また山伏については、近世に修験の詳細な研究を行った行智の『木葉衣』に、学僧の修行に必要な採果・汲水・給薪・設食を助ける従者たちが、山伏の発祥源となった旨が記されている。その任にあたったのは、吉野や熊野などの強力(ごうりき)を務めた山の民や、学僧たちの従者であった堂衆や行人と呼ばれた雑役者である下級僧たちが、しだいに山伏と化していったという[五来：一九七五]。とすれば、修験者たちの食の根本を支えたのは、山の民による採集植物に関する知恵と中国からの薬学知識つまり漢方であったことになる。こうした修験者や山伏によって、平安期に日本独自の修験道が成立し、山中での生活を基礎とした独自の食事法が形成されたのである。

五、修験道の食

こうした修験道は、平安中期頃から鎌倉初期にかけて、山岳信仰が最盛期を迎え、吉野や熊野・英彦山・出羽三山などの霊山で集団化・組織化が進んだ。とくに熊野は、上皇をはじめとする権門勢家の信仰を集め、熊野詣が盛んとなった。これは、やがて地方武士さらには民衆レベルにまで及んでいった。そうしたなかで室町期には、園城寺末の聖護院を頂点とする天台系の本山派修験と、醍醐三宝院の管轄下となる真言系の当山派修験や日光修験・羽黒修験など各地の霊山ごとに諸教団の体制が整えられ、修験の組織化が進んで教義も明確化されていった。

そして近世に入ると、これに対する幕府の統制が強まって、全国を遊行していた修験者の地域社会への定着化を図り、本山派か当山派のいずれかに所属させた。これによって、いわゆる里修験として定住する修験者が生まれ、加持祈祷や呪法など、庶民の現世利益に積極的に応えるようになった。それとともに各地に講が組織され、庶民の山岳参拝も盛んになっていった。こうして修験が一般化したため、かつてのような修験者の厳しい修行や戒律も緩まって、今日に伝わる修験道の食の形が近世に整えられたとみてよいだろう。

ただ修験者は役小角がそうであったように、もともとは優婆塞（うばそく）という在家仏教信者で、厳密には僧侶とは異なる存在であったから、仏教ほどの厳しい戒律が課せられていたわけではない。同じく行智の『踏雲録事』には、「持妻噉肉の弁」なる一項があり、いわゆる肉食妻帯が認められていた。彼らには優婆塞五戒として殺生戒・偸盗戒・邪淫戒・妄語戒・飲酒戒が求められたが、五つ全てを守らなくてもその一戒、二戒だけでもよいとされ、邪淫戒は不淫戒とは異なるから、肉食妻帯はもちろん飲酒も認められることになる。

また肉食については、基本的に殺生は不可としているが、衆生のためであれば許されるとしている。たとえば同書が「殺業に同事し勧誘するところある」場合は制限の対象ではないとしていることなど、山でともに暮らす狩猟民の生業を禁止していない点が注目される。もともと修験はマタギとの関係が非常に緊密で、修験が狩猟の祈祷を行うほか、山の神の信仰や祭祀などに密接に関わっていることが指摘されている〔永松：一九九三〕。いずれにしても修験は、狩猟民など山の民との関連が深く、その食文化には山での食生活が大きく影響しているとすべきだろう。

修験道における具体的な食の実態については、みずからも出羽羽黒山の修験者の一人で、修験道の民俗研究者でもある戸川安章によって詳しく紹介されている〔戸川：一九九三・二〇〇〇〕。まず肉食については、修験者は自ら獣類を殺すことはしないが、死んでいるものを見つけた場合は、その霊を慰めた上で、肉を食べるし皮も剥いで着用するという。そして山中の行においては、クリ・ドングリ・カヤ・シイ・トチ・ハシバミなど木の実や、イタドリ・シオデ・ミズ・ワラビ・ゼンマイ・タケノコ・タラの芽・クワの若葉・アケビ・イワゴケ・キノコ類などの植物もよく食べるが、実際には、米のほか凍り餅や砂糖・野菜の味噌漬けなども携行し、非常時に備えたとしている。

また、かつて修験の食は生食が当たり前であったが、里修験となって村々に住むようになってから、常民の食生活に近づき、火を使って煮炊きをするようになったとしている。とくに木の実類にはアクが強いものも多く、火を用いずにアク抜きを行うことは難しいが、修験は食用とするためのさまざまな技法を身につけていたものと思われる。さらに食料の保存にも配慮しなければならず、塩漬け・味噌漬け・酢漬け・乾燥・燻製などの保存技術にも詳しかったほか、薬用となる植物などの知識にも長けていたとすべきだろう。

里修験となった修験者のうちには、農耕などに携わる者もあったが、もともと生産活動そのものには従事しなかったから、村々への定住が始まると、信者の布施が食生活にも大きな位置を占めるようになった。このためスポンサーである檀越からは、さまざまな食料が供養されたが、採集活動が食料獲得の基本であった。さらに修験者の指導を受けて、修行に参加する道者と呼ばれる民間の信者も現れた。修行中の食については、『聞き書 山形の食事』「羽黒山修験の食」に昭和初年頃の聞書が収められており〔木村他編：一九八八〕、先の戸川の紹介文と合わせれば、次のような概要を知ることができる。

修験の峰入りが四季ごとに行われ、正月の春の峰は五日から一〇日間で、特定の先達が輪番で行い、その日毎に行が終わると、三汁三菜の質素な料理で食事をする。そして四月から七月までの夏の峰は、鎌倉期には九〇日間であったが、今は日数の制限がなく、民間の道者を対象とするもので、峰入りの前夜には宿坊で二の膳つきの三汁七菜の料理が出され、酒も飲み放題となる。

そして山に入る場合は、凍り餅や米を携帯するが、鍋や釜はないので、磨いだ米を布巾に包んで、その上をサザの葉で覆い土をかぶせて地中に埋め、その上で焚火を行って飯を炊き、これを柴灯飯（さいとうめし）と称したという。

秋の峰は、やはり七五日であったが、近代には一〇日ほどとなって、一の宿では一膳だけのもっきり飯に具の入らない味噌汁に漬け物だけであるが、二の宿となる籠堂では、味噌汁に少し具も入り、山菜や油揚・コンニャクなどの平や皿も付くが、三の宿は山野での野宿となる。これは五穀断ちが原則であるが、煎ったソバ粉を携行し、水に浸し餅状にして食べるという。

また冬の峰は、山麓の坊にいる修験者を対象とし、一一月に一〇日間の行に服して権大僧都の資格を得るためのものであるが、昔は一〇〇日間行われたという。食事は一汁三菜であったが、夕食には笈酒（おいざけ）と称して酒がついた。この修行中には、指補笈酒をはじめとする七回の大盤振舞があった。なかでも中日に行われる大笈酒には、招待客も呼んで前段・中段・後段からなる豪華な料理が出される。これらは四汁一八菜に香の物と飯と餅などで、全て精進料理であったという。そして行を終えた精進おろしの笈酒では、鯛や鮭の切り身も出されるが、こうした笈酒の伝統は、里修験が発達した近世以降のことだろうとされている。

基本的に修験道の修行中においては、山の植物類を中心とした質素な食事に耐えねばならず、五穀断ちという原則が重視されたが、実際には非常時に備えて米やソバ粉などを携行したほか、時には大笈酒のような豪華な料理も振る舞われたのである。

六、おわりに

しかし陰陽道と修験道の運命は、明治維新によって日本が近代国家を目指した段階で大きな変容を余儀なくされた。明治政府は神仏分離政策を採り、明治五（一八七二）年には太政官布告によって修験道を廃止して、本山派は天台宗に当山派は真言宗に、それぞれ所属させられた。また陰陽道も、その頂点に位置した土御門家が編暦事業から外され、門人支配の権限も奪われた。そして陰陽師たちも苗字帯刀などの身分的特権を剥奪され、厳しい状況に追い込まれた。ただ修験道については、明治末年頃からは徐々に活力を取り戻し、戦後にはいくつかの修験教団が成立をみた。いずれにしても近代に入ると、陰陽道・修験道は、その力を大きく低下させるところとなったが、この二つの宗教は、日本における食文化の形成に、いくつかの役割を果たした。

まず陰陽道は、陰陽五行説という世界観に基づいて、食物と人体に暦法との関係を加味しながら、その組み合わせについて、数多くの経験を踏まえながら独自の本草学という体系を打ち立てた。食物の食べ合わせや摂食時節の問題に制限を加えた。これを承けた日本の本草学は、はじめは中国からの受け売りそのものであったが、近世も中期を過ぎると、日本の動植物で独自の検証を行い、親試実験を重ね漢方医学として人々の健康維持に貢献した。また年中行事など祭事や儀式における食の在り方や料理作法および献立構成にあたっての彩色のほか、肉の穢れや食べ合せなど食物禁忌にも、さまざまな形で深く関与した。

そして修験道は、陰陽道などとも関係するが、もともとは山岳信仰を基礎としたところから、山の食文化が修行中の身体を維持するための基礎となっている。先にのべたように、高僧が山に入った際に採果などを助けたのは山の民であったという点が重要だろう。修験者たちの知識には、中国の神仙思想も加味されてはいるが、彼らは山の民との交流も盛んであったから、山中に蓄えられた食文化の知識に支えられて、修験道の修行が成り立ったことになる。

さらに、つい最近までも民俗レベルでは、実にさまざまな自生動植物の採集法や食法が伝えられている［野本：二〇二〇］。これらは、おそらく縄文時代からの食物採集知識の集成の成果とみてよいだろう。さらに柴灯飯のように、土器を用いない原初的な段階での調理法までもが修験の間に伝えられていることも注目に値する。修験者の食からは、原初的な日本の食文化を読み取ることが可能なのだといえよう。

Ⅲ　江戸における食文化の展開

第10章　料理と百人一首

一、はじめに

　われわれ日本人の通俗的な古典知識として思い浮かぶのは、何といっても百人一首だろう。それはカルタという伝統的かつ国民的な遊戯の素材とされたからでもあるが、古文勉強の王道として定家の小倉山百人一首を暗記するという方法が採られたこともあり、百首全部とまではいかなくとも、おおかたの人が何首かは覚えていようし、聞いたことはあるというのが一般的だろう。『源氏物語』や『枕草子』あるいは『平家物語』の冒頭を暗記している方も多かろうが、やはり小倉山百人一首こそがもっとも通俗的な古典知識とみなすことができよう。それは五七七七七という耳になじみやすい三十一文字（みそひともじ）の心地よさもあるが、百という数字が単に多数を意味するだけでなく、長寿を象徴する百年（はくねん）などのように、祝意を含んでいることも見逃せまい。

　いずれにしても人々の頭の片隅に刻みこまれた百人一首の百という数字には、庶民的な親しみやすさがあり、それが通俗的な古典知識として、社会的にも広く受容された要因の一つと考えられる。それゆえ豊富な知識を誇るような数として、百という数字が好まれ、定家撰のもの以外でも、さまざまな百人一首が編まれた。しかし料理に関しては、料理百人一首的な書物が作成されることはなかった。それは食欲という欲望を和歌という文学世界の素材とするという伝統が、この国にほぼ皆無だったことに起因するものと思われる。

代わりに一つの食材に百種の料理法を紹介した『豆腐百珍』に代表されるような百珍物と呼ばれる料理本が、食文化が爛熟を迎えた一八世紀後半から一九世紀前半にかけて登場するところとなった［原田：一九八〇］。百珍物は、好評をもって迎えられたが、興味深いことに、むき出しの食欲が現出する飢饉や特殊な嗜好品である煙草については、百人一首が編まれている。

この時期は、いわゆる宝暦・天明文化および文化・文政文化期にあたり、それまでとは異なって、底辺層の厚い庶民文化が根付いていた。つまり庶民層までもが、それなりの教養を有するようになって、知識とともに料理を楽しむという食文化が形成されていたのである。そこで本章では、食に関する百珍と飢饉・煙草に関する百人一首を検討するなかから、料理と庶民レベルにおける古典知識との関係について考えてみたいと思う。

二、料理本〝百珍物〟の成立——料理と知識

いわゆる〝百珍物〟と称される一連の料理本は、天明二（一七八二）年に刊行された『豆腐百珍』を皮切りとして、おもに宝暦〜天明期に相次いで出版され、その伝統は近代にまで継承された。天明の飢饉の最中に刊行されたにも関わらず、『豆腐百珍』は非常に好評で、かなりの売れ行きを示したため、このスタイルを模した料理本が続々と出版され、それらを〝百珍物〟と呼ぶようになった。

その代表的なものを挙げれば、すぐに後編にあたる『豆腐百珍続編』（天明三年）、『豆腐百珍余録』（『豆華集』を改題：天明四年）が続いたほか、天明五年には、器土堂主人によって、『鯛百珍料理秘密箱』『新著料理柚珍秘密箱』（柚百珍）、『諸国名産大根料理秘伝抄』、『大こん一しき料理秘密箱』（大根百珍）、『万宝料理献立集』（百珍物に非らず）、『万宝料理秘密箱　前掲』が、一気に刊行された。この〝秘密箱シリーズ〟は、料理本としての内容構成は若干異なるが、明らかに『豆腐百珍』の成功を意識したものであった。

さらに寛政元（一七八九）年に刊行された『甘藷百珍』のほか、『海鰻百珍』（寛政七年）、『蒟蒻百珍』（弘化三年＝一八四六）、『名飯部類』（飯百珍：享和二年＝一八〇二があり）、天保四（一八三三）年刊行の『万家至宝都鄙安逸伝』はすぐに改版されて大蔵永常著『日用助食竈の賑ひ』となり、さらに改題して『太平恩決飯百珍伝』の書名で発売された。このほか『鯨肉調味方』（鯨百珍：天保三年＝一八三二）といっ

図１　『豆腐百珍』（天明２年刊／『江戸時代料理本集成』臨川書店、複製版、1978年

た〝百珍物〟が出版されたことが知られる。なお刊行されてはいないが、水戸烈公・徳川斉昭に『景山公香物百珍』がある。

なお『鯛百珍料理秘密箱』の寛政七（一七九五）年版には、「長芋百珍集」と「飯百珍」の広告があるが、前者の出版については疑わしく、伝本は確認されていない。ただ後者に関しては、明治二八（一八九五）年、日用百科全集の一冊として刊行された『実用料理法』にも、参考文献中に「百飯集」と見えるが、いずれも『名飯部類』のことと考えられる。

以上が江戸時代の料理本であるが、百珍志向は近代に入っても続き、先の『実用料理法』では、天保二（一八四〇）年刊の『古今新製菓子大全』から抄出したものを『珍菓百賞』と改題して収めている。続いて明治四一年（一九〇八）には山沢俊夫著『各地特殊料理百珍』が出版され、昭和四（一九二九）年に『餅百珍』、翌五年に『食味宝典野菜百珍』が刊行されたほか、昭和九年以降に一

豆盧子柔傳
豆盧子柔者名鮒子柔其字也世居外黄祖仲叔秦
末大旱兵起仲叔從楚懐王為治粟都尉楚師不饑
仲叔之功也父劫自少已退豆於漢廷諸公間武帝時
西域浮圖達磨者来鮒聞之往師事焉達磨曰子定
澡神慮脱䕺學以從我乎鮒退而三沐易衣刮露牙
角剖析誠心而後再見達磨達磨欲試其所蘊之新
故於是與之周旋議論千變萬轉而鮒純素自將窮
之不滯承之有統凝而謹焉粹然玉如也達磨大悦
曰吾師所謂醍醐酥酪子近之矣因薦之上曰臣竊

象箸難挑比髓肥却笑北平思食乳霜刀不截粉酥
歸

豆腐集説
清異録云時戢為青陽丞潔巳勤民肉味不給日市
豆腐數箇邑人呼豆腐為小宰羊 宋陶穀
本草綱目廿五穀之四造醸類云豆腐主治寛中益
氣和脾胃消脹滿下大腸濁氣○清熱散血
天中記巻四十六云世傳豆腐本淮南王術 明陳燿
謝緯拾遺説如天中記 格致鏡原

抱甕隠于滁山莫知其所終太史公曰豆盧氏在漢
末顯也至後魏始有聞而唐之名士有曰欽望者豈
其苗裔耶鮒以白衣遭遇武皇帝亦奇矣然因浮圖
以進君子不齒也

豆腐異名
菽乳 豆乳 淮南佳品 小宰羊 黎祁
方璧

同右

書とされた榊原静太郎の『鯛百珍料理続編』もある。

このように近世後期の『豆腐百珍』以来、料理本に百珍を付す伝統が根付き、さまざまな〝百珍物〟が出版されたり、書かれたりしてきた。こうした〝百珍物〟は、山沢俊夫の『特殊（各地）料理百珍』と、アレンジ本である『珍菓百賞』を除けば、すべて一種類の素材に対して、一〇〇の料理法を示すというスタイルを取っている。つまり料理のバリエーションを楽しむ形であることから、素材には、比較的淡泊かつシンプルな味の豆腐や大根および鯛などが用いられ、調理法や味付けによって、その変化が楽しめるという工夫がなされている。

さらに『豆腐百珍』の料理本としての注目すべき特徴として、それまでの素材や調理法および献立を並べるだけの料理本とは異なり、豆腐一品に絞って一〇〇の料理法を示し、それを尋常品から絶品までの六等級にランク付けした点に注目すべきだろう。しかも巻頭には、「豆腐百珍引」なる漢詩や「淮南清賞」の書、祇園二軒茶屋の「豆腐茶屋図」を掲げる。など、学芸の主要素を取り入れた構成となっている。

しかも巻末の付録として、中国は宋・楊万里の豆腐を擬人化した戯作「豆麗子柔伝」のほか、「豆腐異名」「豆腐集説」といった形で、豆腐に関する故事来歴や詩文を、和漢の書物から広く集めている。こうした知識は、作者とされる曽谷学川という篆刻家独自のものとするよりも、彼を取り巻く文人集団に支えられていたと考えるべきで、これについては次章で扱うこととしたい。

基本的に『豆腐百珍』には、豆腐料理を味わいながら、豆腐に関する蘊蓄を語り合いつつ、知識とともに味覚を楽しむという目的があり、まさに小宴に参加した人々が、頭で料理を堪能する段階に、料理文化が到達したのだと評することができる。〝百珍物〟のなかでも『豆腐百珍』は、群を抜いて優れた料理本で、その知識は通俗的なレベルを超え、気品ある構成となっている。

ただ、〝百珍物〟のうちでも、スタイルと内容の上で『豆腐百珍』に匹敵するものは、『甘藷百珍』くらいしかなく、他のものは単に料理を一〇〇集めただけか、申し訳程度に素材に関する知識を紹介するにとどまるものがほとんどである。その意味では、いわゆる〝百珍物〟は、極めて通俗的なレベルに留まっていたといってもよい。しかし一部ではあっても、知識の裏付けをもって料理を楽しむという文化が出現していた点に注目すべきだろう。

三、料理と古典教養

すでに『豆腐百珍』登場以前においても、食を〝遊び〟として楽しもうとする料理文化が、徐々に形成されつつあった。そうした傾向は、一八世紀の後半に入ると、とくに顕著となる。そこで遊びとしての食という観点から、江戸時代における料理文化の発展期である宝暦〜天明期と、その爛熟期である文化〜文政期の料理文化の性格について見ておきたい。

天明期には、初鰹を楽しもうとする趣向が流行を見るが、それは〝粋〟や〝通〟といった観念に支えられた〝江戸っ子〟が、大いに幅を利かせた時代で、その食の世界での象徴が、まさに初鰹であった。初物食いという発想は、古くからあった伝統で、季節感を大切にする日本料理では、献立を構成する重要な一つの要素となっている。

すでに江戸時代初期においても、魚鳥や野菜の時節が問題とされ、それを解説した料理書も刊行されていた。また人々が、あまりに初物を欲するために、促成栽培などが行われて、その価格が問題となるところから、野菜などの売り出し季節を限定する法令さえ出されており、初物に対する関心は古くから高かった。

つまり初物嗜好は、決して新しいものではないが、とくに初鰹の場合には、一種の社会的な流行現象となり、むしろ味よりも高値を競うこと自体に、格別な意義を見いだすような風潮を生み出した。天明三（一七八三）年刊の黄表紙『作意妖恐懼感心（みたてばけものおそろしかんしん）』には、江戸の繁昌は、高い初鰹を

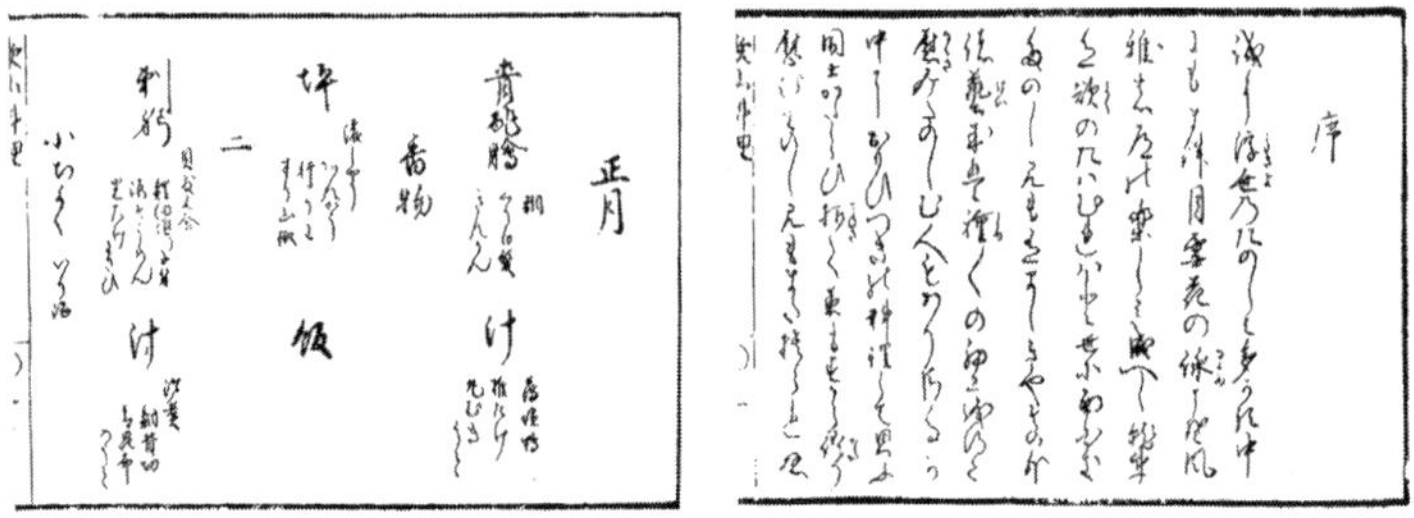

図２ 『料理歌仙の組糸』（寛延元年刊／同前）

競って食べるところにあり、「吝ひ目から見ては、銭の刺身を食ふやうに見ゆるなり。しかし此高ひのでなければ初鰹ではござらぬ」とまで記されている。

つまり味そのものよりも、食べ物に対する付加価値を楽しむという感覚が、一部の人々の間で共有されていた。さらには、そうした〝遊び〟としての食を取り巻くものとして、贅を尽くした料理屋やさまざまな飲食店が、天明期の江戸や大坂の市中には、軒を競っていたという状況があったのである。

やや時代は下がるが、天保末（一八四四）年頃に浅草の札差であった伊勢屋宗三郎が記した『貴賤上下考』には、享和年間から文化〜文政期頃（一八〇一〜三〇）までのこととして、次のような話が収められている。江戸の料理屋では、有名な料理人を抱えて高給を払っていたが、それは客が料理人を名指して、誰それを食べに行く、と称していたためだという。料理の内容はともかく、まず料理人を認知するという行為から、食を楽しむためには、観念が先行する必要があったことが窺われる。

さらに、文化〜文政期には、食における質よりも量を競うという遊びも行われていた。いわゆる大飲大食の会で、酒をどれだけ飲んだか、何をどれだけ食べたかを争う会で、江戸のみならず、地方でも開かれていたことが知られる。これは、完全に食を〝遊び〟として楽しむという嗜好以外の何物でもないが、そうした食における観念の優位性が、江戸時代後期の社会に確立していた。もちろん大量の飢餓者を出した天明の飢餓や天保の飢饉という惨事も同時進行しており、必ずしも近世社会全体が裕福な状況にあったわけではないが、大都市の一部では、こうした料理文化の爛熟が見られたのである。

このような食における観念の先行は、すでに述べたように、天明二（一七八二）年の『豆腐百珍』が大きな契機となるが、それまでにも、そうした雰囲気が皆無なわけではなかった。ここでは、しばらく『豆腐百珍』以前の料理本について検討しておきたい。食を観念的に楽しもうとする料理本の嚆矢は、寛延元（一七四八）年の『料理歌仙の組糸』であろう（図2）。同書は一巻一冊か

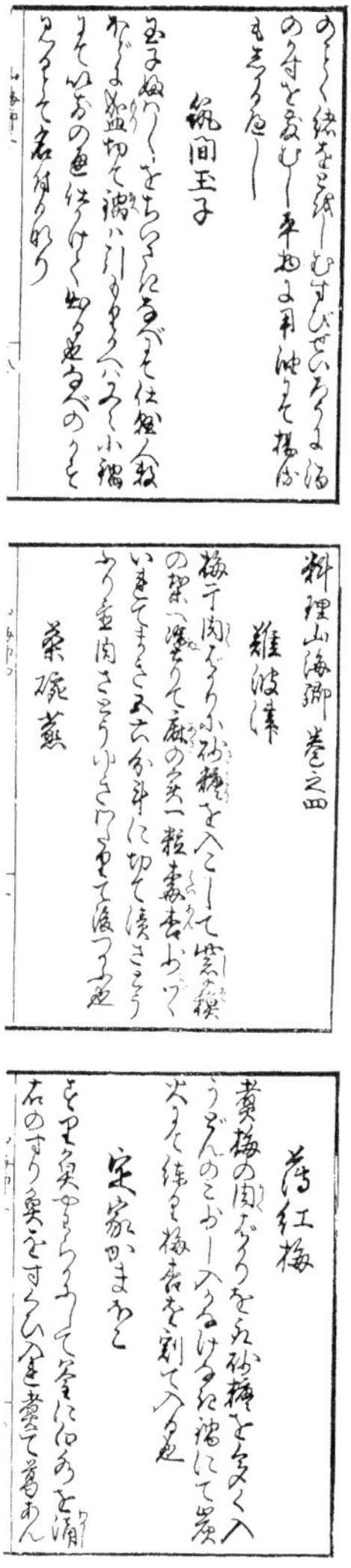

図３　『料理山海郷』（寛延３年刊／同前）

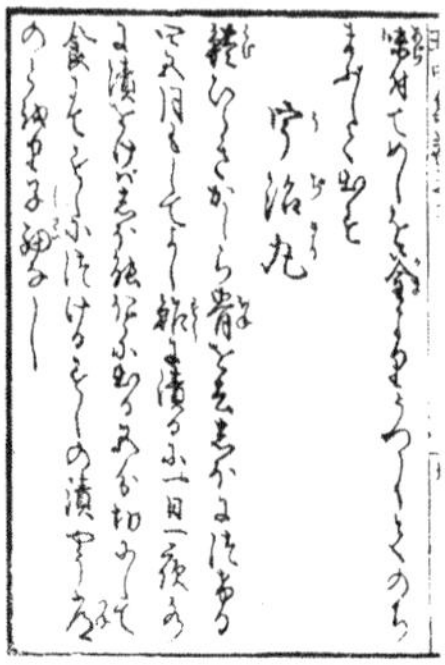

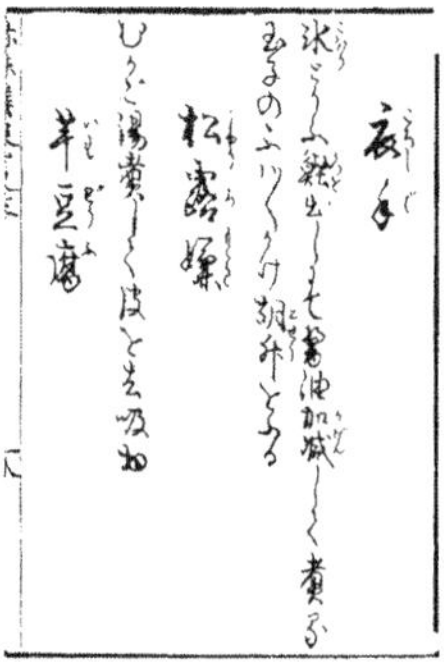

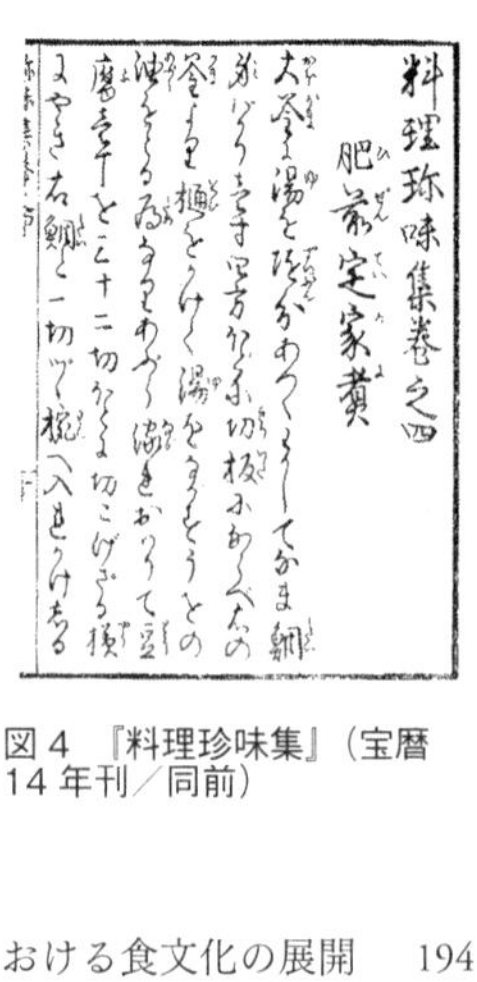

図4 『料理珍味集』（宝暦14年刊／同前）

らなり、それまでの大部な料理書とは異なって、『豆腐百珍』と同じコンパクトな構成で、料理における専門知識の取得よりも、料理そのものを楽しむことに重点が置かれている。そして何よりも注目すべきは、その序文で、「誠に浮世のたのしみ多かる中にも、まづ雪月花の詠（ながめ）こそ風雅の道の楽しみ成べし……さるが中におもひつきの料理して、思ふ同士かたらひ招て、夜もすがら語り慰むたのしみもまた捨られぬ物ぞかし」としている。

ここでは料理よりは、〝浮世の楽しみ〟が問題となっており、伝統的な雪月花の歌こそが風雅の道の楽しみであることを、まず最初に強調している。そのなかで料理をしたり、それを食しながら語り合うことが、捨てることのできない楽しみだという。料理＝楽しみという認識の下に、風雅の道を尽くそうという態度の背後には、風流を解するための知識を深めたり、それを披瀝し合ったりすること自体が、楽しみだとする論理がある。つまり風雅とは、伝統的な美意識の共有を前提とするもので、そこには古典的な知識の有無が問題となる。

いうまでもなく『料理歌仙の組糸』の「歌仙」は、三十六歌仙を意味するもので、同書の眼目は、二汁七菜の料理献立を、一月から一二月まで各例ずつ三六例並べたことにある。すなわち献立を歌人に準えたものに過ぎず、料理本としての内容自体には、ほとんど見るべきものはない。むしろ風流味を越えた読み物を目指したものであるが、こうした料理本が刊行されたことに大きな意義があり、料理と古典知識との間に、一種の関連が認められる点に注目すべきだろう。

さらに寛延三（宝暦元＝一七五〇）年に出版された『料理山海郷』と、宝暦最後の一四年（一七六三）に刊行された『料理珍味集』は、ともに博望子なる人物によって書かれたもので、両者は正続もしくは姉妹編の関係にある（図3・図4）。いずれも五巻五冊の構成を採り、各巻四六種、つまりそれぞれが二三〇種ずつ、計四六〇種の料理法を紹介しただけのものである。書名の山海郷は、もちろん古代中国の地理書『山海経』にかけたもので、珍味集には〝山海の珍味〟を集めたという意味が秘められており、『料理珍味集』は『料理山海郷』を承けた命名と考えられる。都合四六〇種に及ぶ料理のなかには、全国の地名を付したものや、中国およびオランダを意識したと思しきものもある。

これらの料理法には、奇を衒ったただけのものも多く、料理本としての価値は低いが、地方の料理や特産物を扱った点や、料理の命名法に興味深いものがある。しかし、必ずしも地方料理そのものではなく、例えば「那智鰹」は、鰹が滝に打たれる姿を見せるだけで、その滝を那智滝に見立てているに過ぎない。また「宇治丸」も、ウナギを用いただけの料理で、鰻が宇治の特産であるという知識を前提としている。

さらにはゆで卵の白身を、イカの刺身に見立てるだけで「早烏賊」と名付けたり、炊飯時の余熱を利用して調理した梅を、やはり「早梅」と称するなど、他愛もないものがほとんどである。しかし全体に共通するのは、一般に流布している知識を動員させて、〝見立て〟というレトリックを用い、料理に命名するという態度である。これらの料理名には、当時の通俗的知識がなければ、理解不可能というものが多い。

しかも名を付した料理が目立ち、例えば、「ふき上・千鳥・菊閉・琴の音・雪みどり・観音経・竜田川・浅茅・磤馭盧島・隠れ里吸物・定家飯・衣手・源氏柿・吉野川・花霞・春の雪・浪寄・筑間玉子」といったものが登場するが、この料理名から内容を想像するのは不可能である。

このうち「竜田川」は、大和芋を紅葉形に切って梅酢で着色しただけで、紅葉の名所である竜田川を連想させる、といった類に過ぎない。また「隠れ里吸物」は、饅頭状のものを入れただけの吸物であるが、これを崩すとなかの赤味噌が現れて味噌汁になる、という趣向だけである。

さらに「筑間玉子」は、当時好まれていた「玉子ふわふわ」という料理を、単に小鍋立てとしたものであるが、近江国坂田郡の筑摩村に伝わる奇祭の鍋祭、つまり女性が関係した男性の数だけ鍋を被って踊ることに因む。

『料理山海郷』『料理珍味集』に一貫する〝見立て〟は、当時の古典的教養や通俗的知識の共有を前提としたもので、いわば言葉遊びの延長を出るものではない。しかし、こうした態度には、料理に教養や知識を加味することで、その楽しみを倍増させようとする志向性が認められよう。先の『料理歌仙の組糸』とも共通する姿勢であり、一八世紀後半の料理文化は、古典的素養の蓄積をふまえて料理を楽しむことが、風雅の道に通ずるという認識に達していたことを示している。

さらに同じ時期の宝暦一〇（一七五九）年に刊行された『献立筌』も、なかなか興味深い料理本で、大坂在住の無尺舎主人念夢を称した山川下物という人物の手になる（図5）。ただし彼は料理人ではない。料理は専門家に任せればよい、ただ献立を楽しむための料理本として、同書を編んだと、その凡例に記している。

同書は独自なスタイルを有し、古典的教養と知的な想像力を必要とするような見立て献立が並ぶ。「年わすれ能番組献立」では、実盛・船弁慶・邯鄲、「同浄瑠璃会のこんだて」では、清和源氏三の切・千本桜四の中・祝言松島八景、「同伊勢参宮献立」では、松坂・目川・勢多・伏見といった具合に、演題や地名が料理献立に盛られている。そして、料理そのものも、それぞれのシーンを連想させるような盛付や構成が主体となる。

同書の凡例には「献立は珍しくする事を好（このむ）が当流の姿なり」とあるが、このほかにも下物は、さまざまなアイデアを示し、古典的教養に基づいた知的好奇心を総動員して、料理本『献立筌』を著した。のちに明治の文豪・幸田露伴をして、「洒落たる人の集ひには一寸した料理の上にもなかなかに数寄を尽くし風雅を極めしものなり」と評せしめたほどであった［幸田：一九〇二］。

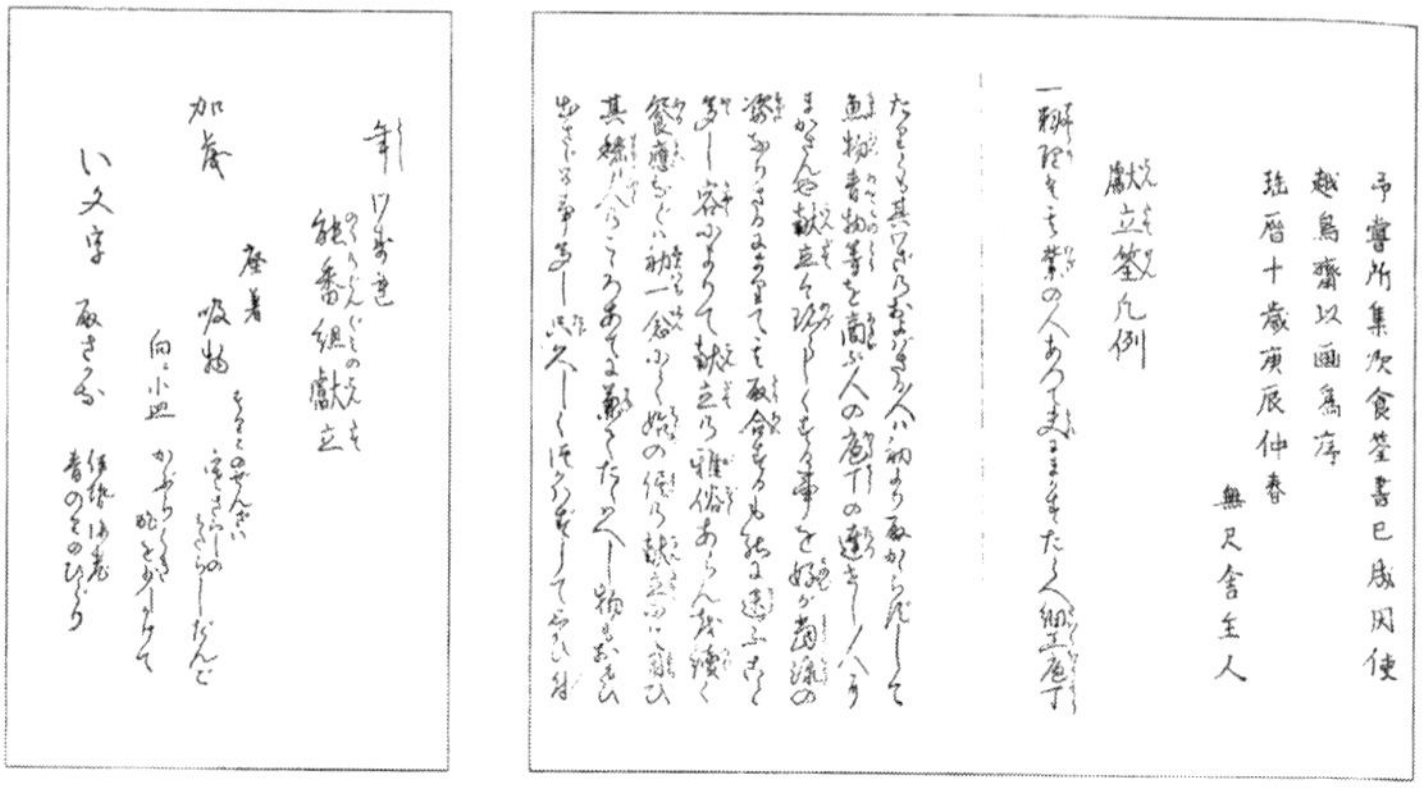

図5 『献立筌』（宝暦10年刊／同前）

こうしてみると『料理歌仙の組糸』から、『料理山海郷』『料理珍味集』および『献立筌』へと至る流れは、高い知的レベルを有した『豆腐百珍』の出現を準備するもので、料理に風雅を求め、想像力を駆使して〝見立て〟を楽しむという嗜好を持つものであった。もはや味覚というレベルを超えて、視覚に訴えるだけではなく、知覚による満足を求めつつ料理を観念的に楽しもうとしていたことが窺われる。

したがって、『豆腐百珍』を構想した文人の頭の片隅に、伝統的かつ通俗的な教養であった百人一首のイメージがあったことに、ほぼ疑いはないだろう。しかし『豆腐百珍』の知的レベルは、『料理山海郷』『料理珍味集』を著した博望子の教養をはるかに凌ぐものであった。このため、通俗的な古典である百人一首に着想を借りながらも、漢学の知識を加えて、本邦の伝統の域を超えた新たなタイプの料理本が出現したのだといえよう。

四、百人一首と食の周辺

先にも述べたように、料理本そのもので、百人一首を標榜したものはないが、俳諧書には、すでに享保元年（一七一六）の奥書をもつ蘭台編『豆腐百韻』がある。ただし単なる連句集で、「青豆」「白衣」といった表現はあるが、豆腐そのものを吟じた句はない。ところが料理そのものではないが、食の周辺にまで対象を広げれば、百首あるいは百人一首に関わる著作が存在する。

もちろん花鳥風月の風情や人生の機微を語る文学ではなく、ともすれば対極と見なされがちな食という分野との関連からすれば、和歌という表現方法は、非常に不釣り合いなものとなる。むしろ斜に構えた狂歌という手段が、最も相応しい組合せとなろう。そこで、食そのものではなく、その周辺に位置する煙草と〝負〟の食ともいうべき飢饉という分野まで見渡したとき、狂歌という和歌から派生した表現手段と出会って、百人一首と食という世界が初めて直接に結び付くことになる。

まず煙草から見ていけば、弘化三（一八四六）年に、江戸の煙草商人であった三河屋彌平次が刊行した『狂歌烟草百首』なる狂歌集がある（図6）。ただし同書は、彌平次が先代の二十三回忌に出版したもので、著者は先代彌平次、つまり刊行にあたった彌平次の父の遺著であった。著者の彌平次は、狂歌を好んだ才人で、同書には文政三（一八二〇）年の大田南畝の序があるが、彼自身が上梓するには至らなかった。それを子の彌平次が、父の菩提を弔うために、いくつかの誤り

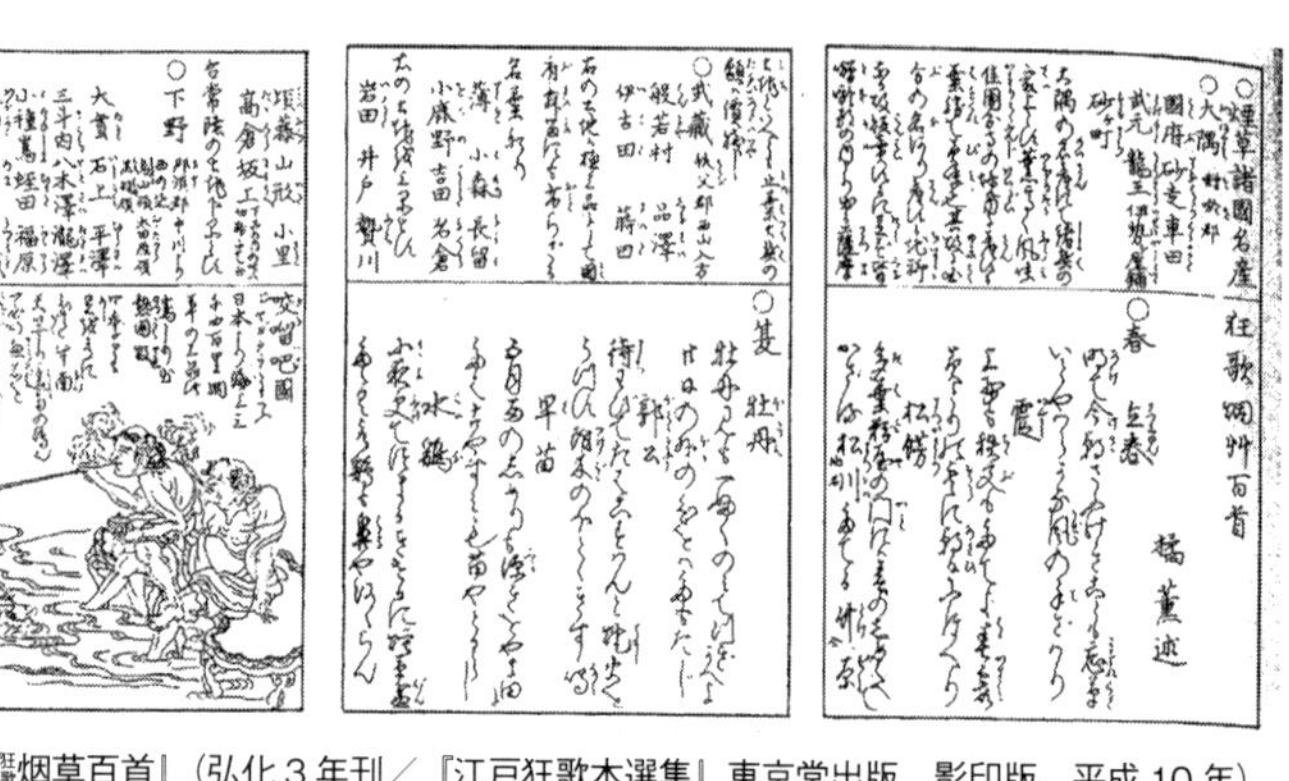

図６　『狂歌烟草百首』（弘化３年刊／『江戸狂歌本選集』東京堂出版、影印版、平成 10 年）

に気づきつつも、そのまま板行することとした旨が、跋文に記されている。

著者の彌平次は、大田南畝と親交のあった風流人で、狂歌をよくして橘薫を雅号に用いた。ちなみに根っからの遊び好きであった南畝ではあるが、『一話一言』四巻四二話「煙戒」では煙草の害を多方面から論じ、「凡飲食も多中に火煙、以慰とする事末法悪世の印也」と記している。さらに、喫煙者を自己中心的な人間と見なし、「あさましき愚人と云つべし」の厳しい批判を浴びせていることからも、煙草嫌いだったことが窺われる。

それゆえ南畝は、『狂歌烟草百首』の序文においても、自分は吸わないので煙草のことは分からないと断った上で、煙草は渡来して二〇〇年の間に天下の好むところとなったことや、その商売上の彌平次の心がけが良いこと、その狂歌としての価値も同じであることなどを記している。

『狂歌烟草百首』は、橘薫つまり三河屋彌平次による狂歌百首が主体ではあるが、頭注や本文中にかなりのスペースを割いて、煙草の名産地やその評価、煙草の来歴や功罪、異国における喫煙の風習などを、部分的に図解を施しながら記述している。『豆腐百珍』とは趣向を異にするが、煙草へのこだわりは極めて強く、諸書からの引用なども行いつつ、煙草に関する知識を羅列しており、煙草百科的な性格を併せ持つ点で共通している。

もちろん形式は、百人一首ならぬ彌平次による一人百首の体裁を採り、狂歌全体を、春・夏・秋・冬・恋・雑の六部に分かち、それぞれ一九・一六・一六・一六・一三・二〇の計一〇〇首が収められている。そのおもなものを示せば、

春　桜狩
桜見に花盗人はとらへねど火縄をもちてきせる括れり

夏　白雨
雲の峯崩たばこもしめりよき一山わけてみれる夕立

秋　稲妻
賤の男か煙(たばこ)のまんとすり火打うちにも光る軒の稲妻

冬　火桶
薬喰するよりもまづ火桶にてたばこを吸むけだものゝ炭

恋　初恋

暗やみに逢ふ夜もふける煙の火あからむ顔を見るぞ嬉しき

雑　祝

賑ひし民の竈のけぶりくさきせるも高き屋にさがりにて

といったところで、若干の風刺もあるが、諧謔性は乏しく、基本的には煙草に関わる雑詠という性格が強い。橘薫の他の狂歌については未検討であるが、少なくとも『狂歌烟草百首』に関する限り、煙草に深い愛着を抱いた風流人の狂歌と見なすことができる。自らの商売の対象が、まさに趣味の世界と一体となった事例で、食の周辺に位置する嗜好品への趣向を、一人百首という形で実現したものといえよう。

最後に飢饉という異常事態を、百人一首という通俗的古典を借りて、風刺的に惨状を訴えたものに、天明飢饉の際に記された「百人一笑和歌」と『天保飢饉百人一首』とがある。いわゆる近世三大飢饉としては、寛永・天明・天保の飢饉が知られており、これに元禄・享保のそれを加えて五大飢饉と呼ぶこともあるが、天明・天保の飢饉の惨状には、極めて厳しいものがあった。

順に天明期の「百人一笑和歌」から見ていけば、これは明らかに典雅な世界の象徴である百人一首を皮肉ったものである。ただ刊行には至らず、何人かの手によって書き写されたという特徴を持つ。高橋凡仙の解題によれば、同書は金一彌氏が所蔵する『天明飢饉之落首』の一部で、これを謄写した宮城県庁本のほかにも、岩手県・宮城県に、いくつか写本が存在するが、原本の確定や写本の系統については明らかではないという［高橋：一九七七ａ］。

同書は、単純に狂歌が並べられただけの構成で、計四四首しか見当たらない。原本の確認が出来ない以上、もともと一〇〇首あったかどうかも定かではない。ただ題名を「百人一笑和歌」としており、百人一首を念頭においたことに疑いはないだろう。また著者については、泥心考（あるいは泥心房）とあるだけで、高橋は「肝煎或は寺子屋師匠でもあろうか」と記し、「村に於ける知識人」と推定している［高橋：一九七七ａ］。つまり在地において、村社会の現状をつぶさに観察した人物に他ならない。冒頭の一首は、

御蔵へも入らぬ級（窮の意カ）地場心からは今一度の御恵またなん

というもので、小倉百人一首のうち、貞信公・藤原忠平の和歌「小倉山峯のもみぢ葉心あらば今ひとたびのみゆき持たなむ」をもじったものであるが、ほかには模倣が見当たらず、これ以外は飢饉の窮状を訴えた、次のような狂歌が並べられている。

御料理や御能拝見せすもよしこりやお土産に一歩給われ

御能など止めて軽き者共に御恵あらはなみたこほさん

老人はあらすとも知れす御土産はがし（餓死）がいつくるあてこともなし

などといった類で、意味が取りにくいものも少なくはないが、飢餓状態のなかでの素直な心情表現が目立つ。なお第四四首目は、

はし（恥）かしやまわ（回）らぬした（舌）も朝夕のくるしき上の小言とはしれ

という作となっており、あるいはこれが批判のすべてで、最後の苦しい小言として、精一杯の批判であった可能性も考えられる。つまり四四首で終わっていることの意味を、狂歌の内容から推察すべきなのかもしれない。

　全体に狂歌としての諧謔味よりも、飢饉への無策を放置する藩政の責任者である武士や、僧侶・神主・儒者などに対する直截的な皮肉・苦言といった傾向が強く、村レベルにおける生々しい声を、三十一文字で表現したという印象が感じられる。小倉百人一首の模倣が、第一首のみであるのも、そうした批判を完成度の高い比喩へと仕立て上げる余裕がなかったことの表れ、と考えられよう。

　いずれにしても、名もない村の知識層が、優雅な貴族階級の文化様式を借りて、飢饉に振り回

される農村社会の窮状を訴えたものであった。そして、それが農民たちの間に、強い共感を呼ぶものであったがゆえに、いくつかの写本として、東北の村々で書き写され、広く伝えられたものと思われる。

次の『天保飢饉百人一首』は、あくまでも狂歌集として見た場合、「百人一笑和歌」とは比べものにならないほど充実した内容を有している。天保の飢饉は、天保三（一八三二）年から同九年（一八三八）まで続いたが、同書の刊行は、洪水による被害が大きかったものの、豊作であったことから小康を得た天保五年で、陸奥盛岡藩での前年における飢饉の惨状を狂歌に託したものである。

作者については、「大日本盛岡粥腹先生」とあり、書肆が同じく盛岡の「三慶亭粥成」、「地本問屋　一文字大豆助」の扱いとなっている。ただし現存するのは、盛岡高等農林学校図書館所蔵の写本を写したもののみに過ぎず［高橋、一九七七b］、あるいは書肆および地本問屋が架空のもので、もともと刊行されていなかった可能性も皆無ではない。

所収写本の作成者である一ノ倉則文の見解を承けた高橋凡仙の解題によれば、同書の著者・岩井平之丞佳包は、盛岡茅町在住の源吾鍛冶と呼ばれる鍛冶師で、狂歌や書をよくして鎚廼音成と号した。鍛冶師としても優れ、藩に献上した鉄製硯が、さらに幕府へと献上されたことから、鉄硯舎音成とも称したとされている。また地方の狂歌師としても著名で、いくつかの作品を残し、墓地のある盛岡北山教浄寺には、狂歌句碑も建てられているという［高橋：一九七七a］。

同書は、完全に小倉百人一首を模倣したもので、紫式部と入道前太政大臣を欠くが、それ以外は天智天皇から順徳院まで、九八名の歌人の作品に擬した狂歌を順に並べている。例えば、冒頭の天智天皇および持統天臭の歌は、

秋の田の刈想に稲の実かなくてわか手まわりをいかがすごさん

春すぎて夏の気候のあしければ五穀は出来ず頭かく山

であり、その他、以下のような狂歌が見られる。

稗の粉をふりかけ見れはかす(滓)はかり米粒少し入れもせすかも　喜撰法師

このたびは糠も取りあへず黒かゆの粟稗まじへ米のまにまに　菅家

食はざれは腹へるものと知りながらなほうらめしき朝のかゆかな

あの山も又この山のするまでもところわらびをほりつくしける　藤原道信朝臣

かてに切る大根などは夕暮にきぬたの様に鳴り渡るなり　大弐三位

人もうしわれもうらめし小豆なし米思ふゆゑに粥思ふ身は　従二位家隆

後鳥羽院

『天保飢饉百人一首』は、本歌取りの狂歌としても巧みで、たっぷりとした諧謔味があり、完成度の高い作品となっている。しかも盛岡藩内における飢饉の惨状を、かなり正確に見極め、みごとに狂歌に託した点は高く評価されよう。

ただ作者・岩井平之丞は、天保の飢饉を実際に見聞していても、身分的には安定した社会的地位にあり、あくまでも狂歌師という立場から、『天保飢饉百人一首』を編んでいるに過ぎない。こうしてみると、同じく通俗的古典である百人一首のスタイルを借りて、飢饉の惨状を訴えた「百人一笑和歌」と『天保飢饉百人一首』は、さまざまな意味において際だった対照をなす作品といえよう。

五、おわりに

江戸時代の後期、日本の料理文化は、高度な発展を示し、宝暦〜天明期にかなりの成熟を見せ、文化〜文政期に爛熟期に入った。素材の利用法や調理法などの料理技術、料理の取り合わせや盛り付け方など、ほとんどが頂点に達していた。そうしたなかで料理を、より豊かに楽しもうとすると、古典知識を以て素材や料理を論じたり、周知の伝統的知識を料理に反映させるなど、いわば〝知的〟な情報を動員する必要があった。

そのため『料理山海郷』『料理珍味集』『献立筌』などの料理本には、料理法に関する記述のみならず、通俗的な古典知識を前提として、料理そのものを、著名な歌枕や能番組などの地名やシーンに見立てたり、古典に因む料理名を付けることで、観念によって料理を楽しもうとする傾向がみられた。そして、こうした料理本の最頂点に、『豆腐百珍』があり、豆腐に関するレベルの高い古典知識を提供している。

なお『料理歌仙の組糸』が、三十六歌仙を前提としたことは明らかで、そうした料理における知的楽しみの原点の一つに、日本の重要な文化伝統である和歌がある。百人一首そのものが料理本の構成に組み入れられることはなかったが、料理の命名や内容構成などに古典的な素養としての百人一首を意識したことに疑いはないだろう。そして直截に百人一首を標榜しなくとも、それが『豆腐百珍』を初めとする〝百珍物〟に、大きな影響を与えたものと思われる。

ただ料理そのものを、百人一首という短詩型文学で表現することは難しい。それはおそらく、食そのもののうちに、食欲という動物的本能が内在することから、人間的な知識欲の頂点である正統的な和歌という文学形式に収まりきれないためだろう。それゆえ嗜好品である煙草の世界に『狂歌烟草百首』があり、飢饉という食の非常事態を扱った「百人一笑和歌」と『天保飢饉百人一首』があった。これらは表現手段として、和歌という正統的な文学ではなく、やや斜に構えた狂歌というジャンルを借りて、為政者や体制的知識人を批判したり、風刺として笑い飛ばしながら、飢饉の惨状を訴えるなどした点が興味深い。

第11章　文人社会と料理文化

一、結社と飲食

文人と呼ばれる知識人に限らず人間は、自己形成を遂げるにあたって、家族や私塾もしくは学校といった集団社会のなかで、基本となる知識を身につけていく。そして、いわゆる文人たちは、それなりに名をなしたのちも、それぞれの研鑽の過程で、さまざまな知識人たちとの交流を保ちながら、情報を収集するとともに、知識を広め教養を深めていく、という道筋をたどる。

それゆえ、しだいに文人仲間ができたり、場合によっては結社をつくったり、研究会を開いたりする、という事情は、近世でも同じであった。ところが中世においては、知識の伝達が、家業と密接に結びつき、古今伝授というかたちがとられたため、個人の意思や自由な交流が介在する余地は少なかった。それが近世社会にはいると、いくつかの壁はあっても、人や集団の交流は比較的自由となり、出版という知識入手形態が確立されてくることから、身分を超えて学問の自由が芽生え、彼ら同士の交流が活発化した。

　こうした傾向は、近世後期にとくに著しくなるが、その実態については、中村真一郎の三部作の小説『頼山陽とその時代』『蛎崎波響の生涯』『木村蒹葭堂のサロン』（中村：一九七一・一九八九・二〇〇〇年）に、じつに豊かに、しかもビビッドに描かれている。歴史家の詩人、政治家である画家、商人にして博物学者が、男女や出自を問わず、自由な交流をおこなって、さまざまな情報を交換し、お互いに切磋琢磨し合いながら、それぞれの学問や芸術を完成へと近づけていったのである。

　中村が取り上げた文人は、当時第一級の部類に属するが、実際にはさまざまなレベルで、じつに多くの文人たちが、中央のみならず地方でも同じようなスタイルの集まりをもっていた。そして彼らは、四六時中、学問論や芸術論などの論議にのみ明け暮れていたわけではない。正式な議論が終われば、料理を味わい、酒を楽しみながら、再び論談を繰り返したり、あるいは何かにこと寄せて、飲食のみを目的とした会を催したりしていた。そうした交流に、料理や酒は不可欠かつ重要な要素であった。

　もともと中世でも、連歌などの会に飲食が供されていた。大和国山辺郡の染田天神社（奈良県宇陀市室生区染田）では、郡内の在地領主層によって天神講が組まれていたが、講中によって連歌千句がおこなわれる三日間には、汁・菜付きの朝粥、小汁に菜七〜八種の昼飯、菜四〜五種の夕飯のほか、菓子・茶子と索麺・饂飩・餅などの点心が用意されている［安田：一九八二］。地方の武士たちが連歌という文芸に興じるとともに、そうした会で飲食が楽しまれていたことがうかがえる。

こうした伝統は、近世にはいり俳句が成立してからもおこなわれていた。芭蕉の門人・各務支考の『笈日記』（元禄八〈一六九五〉年序）には、大坂の新清水寺坂下にあった浮瀬と思われる茶店に、和田泥足たち一二人が集まって遊吟した旨がみえる。そして、この店に芭蕉から送られたという「松風の軒をめぐって秋暮れぬ」の句があることから、毎年、蕉門の衆が浮瀬に集まって、松風の会が催されたという。

また俳人・横井也有の『鶉衣』には、元文元（一七三六）年の俳席の規定がおさめられている。そこでは、飯は奈良茶飯とし、菜は一つで、魚鳥ならばあるものとし、なければ豆腐か茄子などとすべきだ、と説いている。これは俳席に飲食がともなうためで、句会の奈良茶飯を三石もこなすほどでなければ上達しない、という芭蕉の言にこと寄せて、その食事がだんだんと贅沢になったことを戒めるものであった。

かつて中世においては、一味神水という儀式があり、集団行動を起こす際に、一致団結を誓って起請文を記した。そして、これを神前で焼き、その灰を神水に浮かべて全員で飲んだ。これは結婚式における三三九度と同じで、志や思いを同じくする人びとが、同時に同じものを体内に採り入れるという行為は、基本的に「心」を同じくすることに繋がる［勝俣：一九八二・原田：一九八四］。

今日でも、俳人たちの吟行の際には、飲食がともなうことが多いが、俳句に限らず、どのような会の集まりでも、そのあとには、必ずといってよいほど、楽しみとしての飲食が行われる。こうした集団単位の共食は、その仲間意識・結社意識の高揚のためでもあった。

二、『豆腐百珍』と混沌詩社

日本の料理文化は、室町期にほぼ完成期を迎え、江戸時代にはいると、社会的な展開を遂げ、広く庶民層へと浸透していった［原田：一九八九］。なかでも宝暦〜天明期に、料理文化は新たな局面を迎えて、その柱となる料理本も大きく内容を変化させた。それまでは、料理人を対象としたもので、素材の取合せや料理法に重点があったが、この時期を境に、読んで楽しむ料理本へと変身を遂げた。

その嚆矢（こうし）ともいうべき代表作が、大飢饉が始まる天明二（一七八二）年に、大坂で出版された『豆腐百珍』である。かなりの好評を博したところから、翌天明三（一七八三）年に『豆腐百珍続編』が出され、さらに同四年には『豆腐百珍余録』が刊行されている。このうち『豆腐百珍余録』は、『豆腐百珍』刊行直後に、江戸で出版された『豆華集（とうか）』の版権を買い、改題して出版したもので、豆腐知識に関する付録類がない点で、前二者とは若干性格を異にしている。

ここでは『豆腐百珍』正続に限ってみていくこととしたい。この料理本の特徴は、従来のものと違って、素材を豆腐一品に絞り、その料理法一〇〇種類を示すというもので、かつ大きさや厚さもコンパクトなものであった。しかも巻頭に詩文や書・図を掲げ、巻末には、「豆腐集説」（正編）または「豆腐雑話」（続編）などと題して、豆腐に関する中国と日本の文献や和歌・俳句を網羅的に引用するなど、かなり高度な知識を披瀝しつつ、食べ物としての「豆腐」を論じている点がユニークである。

また『豆腐百珍』は、専門料理人の手になるものではなかった。そこで著者の問題から考えてみよう。同書には、「浪華　醒狂道人何必醇（せいきょうどうじんかひつじゅん）　輯」とあるが、もとよりペンネームで、この二冊以外に著書が見当らない「何必醇」の正体は不明である。ただ大坂本屋仲間の出版許可控帳である『享保以後大阪出版書籍目録』には、正編・続編とも著者は「浅野松蘿坊（しょうらぼう）」となっているが、これもペンネームにすぎない。また同じく、版元は「藤屋善七」で、著者・版元とも高麗橋一丁目の住所となっている。

これに関して、すでに森銑三は『豆腐百珍』の著者を、無窮（むきゅう）会神習文庫蔵の『典籍作者便覧』を論拠に、篆刻（てんこく）家の学川（がくせん）・曾谷忠介（そだにただすけ）としている［森：一九七一］。また水田紀久も、住吉大社御文庫蔵の『曼陀羅（まんだら）稿』などを詳細に検討して、書体などさまざまな角度から、同じく曾谷学川の著作と判断して、ほぼ間違いないとしている［水田：一九八一］。この間の事情については、かつて論じたことがあるので詳論は省くが［原田：一九八〇］、結論としては、従来の高説どおり、曾谷学川と考えてよいだろう。

なお『豆腐百珍』の版元・藤屋善七は、書肆・星文堂の主人である藤屋弥兵衛のことと思われる。藤屋弥兵衛の本名は浅野弘篤で、彼は、曾谷学川に大坂に来るよう促し、その息子・林蔵を学川の娘婿としている。したがって、先の浅野松蘿坊は、婿の実父の姓を借りた学川か、もしくは浅野弘篤のペンネームと考えられるし、さらには二人の合作である可能性も高い。ただいずれにしても、『豆腐百珍』という著作の中心に、曾谷学川がいたことは確実である。

そうしてみると、『豆腐百珍』そのものに「醒狂道人何必醇輯」とあるのは、何必醇つまり曾谷学川が、さまざまな豆腐料理法と、豆腐に関する知識や文芸作品を、ことごとく収集して一書としたことを意味しよう。おそらく学川は、自らの読書体験のほかに、文人仲間からも広く情報を集めたものと思われる。そこで学川の師弟および交友関係をみておく必要があるだろう。

学川は、もともと儒家であったが、印刻に優れ、高芙蓉門下の篆刻家として知られるようになった。詩文を片山北海・細合半斎に師事し、北海が盟主となっていた漢詩人の結社である混沌詩社のメンバーたちと幅広い交流があった。詩社は、一一世紀頃の中国で、詩人たちが定期的に集まって、詩作を競うための組織であったが、日本でも、漢詩が流行した江戸中期から明治期にかけて、多くの詩社がつくられた。北海が大坂につくった混沌詩社は、そのもっとも早い例に属し、たくさんの漢詩人を輩出した。

片山北海は、儒学と詩文の教授で身を立てた儒者で、いわゆる折衷学派に属し、寛政異学の禁の際には、猛反対の態度を示した。儒学の系統では、尾藤二洲の師にあたるが、二洲はやがて朱子学に転じた。同じ朱子学の古賀精里も、若い頃の大坂滞在中に、北海との交流をもっており、詩文関係では、菅茶山も北海と親しかった。また博識で知られる木村蒹葭堂が、北海に漢詩文を学んだほか、懐徳堂二代学主となった中井竹山も、北海の主催する混沌詩社の成員と親交を結んだ。

このほか混沌詩社のメンバーとしては、頼春水や細合半斎がおり、幕末に大坂随一の名士と謳われた篠崎小竹の養父・篠崎三島も有力な一員であった。まぎれもなく混沌詩社は、宝暦〜天明期の大坂漢詩文学界を代表する結社であり〔頼：一九六二〜六五〕、ここに曾谷学川や浅野弘篤が出入りして、さまざまな知識人たちと深い交流をもっていた。こうした当代一流の文人結社の学殖に支えられてはじめて、学川は『豆腐百珍』を著すことができたのだ、といえよう。混沌詩社のメンバーたちも、詩会や研究会などのあとで、おおいに仲間内の飲食を楽しみ、同志的な連帯意識を育んだものと思われる。

三、文人と料理文化

宝暦〜天明期に大きな展開を遂げた料理文化は、化政期には最高潮に達するところとなるが、これをもっとも基本的な部分で支えたのが文人たちであった。この時期はまた、料理屋が林立し始めて、名を競い合った時代でもあったが、文人たちは仲間内で料理屋に集まり、おおいに酒と料理を楽しんだ。

彼らは、随筆類に食べ物や料理屋の話を好んで残しており、例えば山東京山は、『蜘蛛の糸巻』に、深川洲崎の升屋を紹介したあとで、通人が遊ぶ料理茶屋として、葛西太郎・大黒屋孫四郎・甲子屋・四季庵・二軒茶屋・百川などの名前をあげてある。当代随一の才人として知られる大田南畝は、このうち冒頭の升屋を好み、しばしば遊んだ。升屋は、室内に贅をつくし数寄を凝らした高級料亭で、松平不昧の父で出雲南海公と称された松平宗衍の筆になる扁額「望太欄」を掲げて、望太欄の異名でも知られた。

京山の『蜘蛛の糸巻』には落ちているが、中洲の樽三も升屋と肩を並べた料亭で、南畝は『一話一言』巻五に、名高き庖丁人・樽三の死を弔う文章を残している。しかし南畝は、どちらかといえば升屋びいきであった。南畝が四方赤良の名で発表した黄表紙『料理献立頭てん天口有』では、由井正雪の乱をモデルに、「宇治のじょうおく」を升屋、「さるさぶ秋夜」を樽三に見立てて、両者の料理合戦をテーマとしている。同書は、このほか有名料理店を参加させるなどサービス精神に富むもので、両者の勝敗は不明なままに終わるが、南畝は明らかに升屋に味方している。宝暦～天明期の料理文化は、寛政の改革で打撃を受けるが、化政期には息を吹き返し、再び料理屋ブームとなった。この時期、もっとも著名な高級料亭が、浅草山谷の八百善であった。数人で茶漬けを頼んで一両二分の代金を請求されたり、五〇両の料理切手が使われたり、何かと話題の多い八百善であるが、ここにも南畝をはじめとする多くの文人墨客が訪れ、しばしば酒と料理を楽しんだ。

八百善四代目を自称する主人・栗山善四郎は、なかなかの商売人で、さまざまなメディアミックスを試みている。善四郎は、有力書肆であった和泉屋市兵衛と組んで、『江戸流行料理通』全四冊を出版しているが、これは料理屋が出した最初の料理本として注目される。さらに、その広告文である引き札を、売っ子コピーライターの柳亭種彦に書かせたり、店の暖簾の前に並ぶ三美人の浮世絵を描かせたりしたほか、八百善の起こし絵（立版古）を和泉屋に印刷させ土産として販売している。

『江戸流行料理通』に描かれた鍬形蕙斉の八百善の文人宴会図。左より大窪詩仏、酒井抱一、亀田鵬斎、大田南畝。

なかでも『江戸流行料理通』は、非常に洒落た豪華本で、ここには、さまざまな文人たちが登場する。初編は、酒井抱一の彩色版画、亀田鵬斎と大田南畝の自筆序文、谷文晁の蔬菜図、大窪詩仏の五言絶句、鍬形蕙斎の八百善図で飾られている。また二編には、葛飾北斎・渓斎英泉の挿画が載り、さらに三編では石川雅望の跋文、四編では菊池五山の序文などが加えられている。

また初編には、卓袱料理を囲む四人の文人を描いた鍬形蕙斎の挿画がある。手前の僧形が下戸の酒井抱一、横でグラスを手にしているのが酒豪の大田南畝、正面の面長の人物が亀田鵬斎、これと中国式の拇拳をしているのが、谷文晁か大窪詩仏と推定されている［浜田：一九七九、杉村：一九八〇］。これらの『江戸流行料理通』の画文から、当代一流の文人たちが八百善に遊んでいたことがうかがわれるが、そうした著名人たちを善四郎は、積極的に利用したのである。

こうした文芸面のみならず、固苦しいイメージの強い学芸の分野でも、学者たちに酒や料理が楽しまれた。とくに異国の学問を志した蘭学者たちは、当然のことながら西洋の料理に関心をいだいた。大槻玄沢は、長崎留学中に、オランダ通詞の吉雄耕牛宅で食したオランダ料理のメニューを持ち帰っており、それが森島中良の『紅毛雑話』におさめられている。スープやコトレットおよびヤギやシカの丸焼きなどのほか、カステラやタルト・スイートアップルといった菓子が並べられており、蘭学者たちが長崎で西洋料理を味わっていたことがわかる。

そして寛政六年閏一一月一一日は、西暦で一七九五年一月一日にあたるが、この日、玄沢は、江戸京橋に構えた自らの私塾・芝蘭堂で、正月の祝宴を催し新元会と称して、前野良沢・桂川甫周・大黒屋光太夫などといった文人たちを招待した。「芝蘭堂新元会図」によれば、西洋料理やワインなどが出されているが、以後この会は恒例となって、オランダ正月の通称で知られるようになった。彼らもまた、一つの結社をかたちづくっており、こうした西洋料理の会をとおして、強い紐帯を結んでいたのである［村岡：一九八四］。

四、文人と大酒大食の会

先にも述べたように、江戸の料理文化は、文化・文政年間に爛熟期を迎えたが、そこでは食を遊びとして楽しむ傾向が強くみられた。その最たるものが、大酒大食の会であろう。もともと大酒の会については、酒の飲み較べということで、すでに歴史があった。戦乱の余韻がおさまりかけた慶安二（一六四九）年三月、江戸大塚の酒豪・茨木春朔樽次と、武州橘樹郡大師河原村の池上太郎左衛門行種とのあいだで、酒合戦がおこなわれた。

この話は、樽次が菱川師宣の挿絵を得て、明暦元（一六五五）年に刊行した仮名草子『水鳥記』に詳しい。水鳥とは酒の偏と旁を意味するが、同書は『酒戦記』『楽機嫌上戸』などと名前を変えて出版されつづけ、江戸時代を通じて読み継がれていた。それゆえ酒合戦は、江戸の酒飲みたちのあいだでは、広く知られた話であった。

この酒合戦から一六六年たった文化一二（一八一五）年一〇月二一日、日光街道千住宿の問屋場を務めた中屋六右衛門は、自らの還暦を記念して、都下の酒客をその隠居所に招き、酒合戦を大々的に催した。そして、当時著名な文人たちにもお声がかかり、記録役を務める結果となった。そのときの模様については、大田南畝の観戦記『続水鳥記』に詳しいが、このとき、南畝は出席できず、これを伝聞で書いたという〔揖斐：一九八七〕。

この『続水鳥記』に加え、谷文晁・文一親子が合作で、そのときの様子を絵筆にとどめ、狩野素川が会で使用した大盃図を書き、大窪詩仏が「題酒戦図」という七言排律の詩を寄せ、亀田鵬斎の序、市河寛斎の跋を付して、『高陽闘飲』という本を仕立て上げた。同書は、『闘飲図巻』とも呼ばれて人気を博したが、ほかにも「千住酒戦の図」や「酒戦会番付」といった一枚物が売り出されるなど、千住の酒合戦は江戸で大評判となったという［杉村：一九八五］。

鵬斎や文晁のほか下戸の抱一といった文人たちは、賓客として招かれ、盃を傾けつつ緋毛氈の特別席で、一〇〇名におよぶ酒客の健闘を見守った。酒戦といっても、たんに量を競うのではなく、それぞれの酒量を聞いておいて、それに見合った大きさの盃で飲むというスタイルが採られた。用意されたのは、五合入りの江ノ島盃をはじめ、鎌倉盃（七合）、宮島盃（一升）、万寿無量盃（一升五合）、緑毛亀盃（二升五合）、丹頂鶴盃（三升）の六種で、すべて蒔絵細工が施されていた。

酒肴は、カラスミ・花塩・さざれ梅・蟹と鶉の焼き鳥、羹は鯉にハタ子をそえたもので、歌姫四人が酌をとった。その成績は、六二歳の新吉原の伊勢屋言慶が三升五合余、千住の松勘がすべての盃を飲み干し、下野小山の左兵衛が七升五合で、料理人の太助が終日茶碗酒をあおったうえに丹頂鶴盃を飲み干したという。他にも記録はあるが、興味深いのは女性の参加で、五郎左衛門妻の天満屋みよ女が万寿無量盃を傾けて酔った顔をみせず、菊屋おすみが緑毛亀盃を飲み干し、酌取り女たちも江ノ島盃・鎌倉盃で終日酒をあおったという。

この会のために、酒はふんだんに用意され、御供の者や近所の衆にも振る舞われたほか、駕籠かきたちまでもが酔いつぶれて、帰り客を送れない始末であったという。また入り口には、南畝の筆になる「悪客・下戸・理屈庵門に入るを許さず」の立て札が掲げられた。これは禅寺の門のかたわらにおかれている「葷章酒山門に入るを許さず」を逆手にとったもので、酒を解せぬ輩や理屈を並べる酒癖の悪い客を締め出すというユーモアがあった。このためか『後水鳥記』は、「終日しづかにして乱におよばず、また礼儀をうしなはざりし」という状況だったと記している。

平戸藩主を退き江戸に隠棲していた松浦静山は、こうした催しを知って、『甲子夜話』巻一一―一七話に「世に不益のこと多かるも、天の異行なるべし」と評しながらも、酒戦の結果や鵬斎・南畝の詩文を写しとどめている。この大酒の会に招かれた文人たちは、先にもみたように八百善に集うメンバーであったが、彼らは冷静な政治家とは対照的に、千住の粋人の遊びに付き合って、心底楽しむとともに、そのPR役を買ってでたのである。

さらに、この大酒の会から約一年半後の一八一七年三月二三日に、今度は領国柳橋の萬屋八郎兵衛方で、酒を含めた大食の会が興行された。この会は、それぞれ得意とする食べ物の組に分かれて、その量を競い合うものであった。酒組では、六八歳の小田原町堺屋忠蔵が三升入りの盃で三杯、三十歳の芝口の鯉屋利兵衛が同じく六杯半で、七三歳の小石川天堀屋七右衛門は五升入りの丼鉢で一杯半飲み、ただちに帰ったが湯島聖堂の土手で明け方まで打ち伏したという。

このほか菓子組では、五六歳の神田丸屋勘右衛門が饅頭五〇・羊羹七棹・薄皮餅三〇の茶一九杯、六五歳の八丁堀伊予屋清兵衛が饅頭三〇・鶯餅八〇・松風煎餅三〇・沢庵漬五本。飯組は、普通の茶碗に万年味噌の茶漬とし、七三歳の和泉屋吉蔵が五四杯に唐辛子五八、四九歳の小日向上総屋茂左衛門が四七杯、四一歳の三河島の三右衛門が六八杯に醤油二合。鰻組では、代金にして一両二分を七五歳の本郷吉野屋幾左衛門が、同じく一両一分二朱を五一歳の深川萬屋吉兵衛が平らげ、蕎麦組では、二八蕎麦の並盛を、四二歳の新吉原桐屋惣左衛門が五七杯、四九歳の浅草鍵屋長介が四九杯、三八歳の池之端山口屋吉兵衛が六八杯を胃袋におさめたと記録されている。

この話は、やはり榊原文翠によって『大酒大喰会絵巻』に仕立て上げられたほか、多くの文人たちが競って記録に残した。滝沢馬琴編『兎園小説』、大郷信斎『道聴塗説』、宮崎成身『視聴草』、作者未詳『文化秘筆』といった随筆類で知ることができるが、おそらく、これをはるかに上回る数の写が作成されたものと思われる。これについて『兎園小説』は、「いと疑わきまでなり」と記しながら、大食いの人の目撃談を踏まえて「大食大飲の人は、腸胃おのづから異なるところありやしらず」と結んでいる。

また『文化秘筆』では、「其後承候へば虚説の由」と記しており、先の大酒の会に想を借りた可能性もあながち否定できない。しかし一八二七（文政一〇）年に没した福山藩の儒者で詩人の菅茶山『筆のすさび』には、「いつのころか備後福山に、大食会といふことをはじめしものあり、其社の人皆夭折せり」とある。地方においても大食の会が話題となり、結社を組んで催されたという事実は、化政期の料理文化が、徹底的に遊びの精神を楽しみつくしたことの象徴ともいえよう。文人たちが、自ら大酒大食の会を開いたかどうかは別としても、彼らもまた、そうした会の存在や結果を、知的興味の対象として楽しんだのである。

第12章　江戸の小さな旅と食——雑司ヶ谷鬼子母神を中心に

一、はじめに

江戸時代は、一般の庶民が、比較的自由に旅をした時代である。とくに一九世紀前半の文化・文政期以降になると、社会的な余裕も生まれ、旅の情報も豊かになって、人々が各地に盛んに出歩くようになる。しかし、この時代の旅は、輸送手段が未発達で、部分的に船や馬も用いられたが、基本的には徒歩であった。それゆえ旅は、決して楽ではなく、それなりの日数と費用を要した。そこで江戸の人々は、大がかりの旅ではなく、日帰りできる程度の距離にある遊興地に出向いて、小さな旅を楽しんでいた。

ここでいう小さな旅とは、数時間をかけて寺社参詣に赴き、そこで酒や料理もしくは女色を楽しみ、基本的には、その日のうちに、我が家へと帰る遊興を意味する。厳密には、これを旅という範疇に含めるには、異空間で一夜を過ごす宿泊という過程を省くことが多い点で、やや問題も残る。しかし、現代の日帰り旅行が、すでに江戸時代に成立していたことになろう。

本章で扱う小さな旅は、江戸時代における旅の基本要素を満たすものと判断される。つまり近世における旅は、役向きや商用などを別とすれば、社寺参詣・巡礼・代参などが基本で、民間信仰に基礎をおいたものであった。その代表例は、伊勢参りであるが、その他にも、さまざまな講が組まれ、数多くの人々が、各地の宗教的な施設への参詣を行っていた。こうした寺社参詣は、当人および当人が属する集団の「幸福」を願うもので、何よりも「御利益」が重視される。その情報源は、村ごとに残る伊勢道中記などのほか、名所記といった書物であった。人々は「願掛け」のため、遠路に足を運んだが、そこには「楽しみ」がなければならない。「お遍路」のような精神性を表に出した巡礼などを別とすれば、一般に道中および目的地での「楽しみ」が、旅の重要な構成要素だったのである。

しかし庶民にとって、本格的な旅の実現は難しく、講を組んで出かけたとしても、それは長年の貯蓄の成果であり、ましてや家長以外が、自由に望めるようなものではなかった。それゆえ、手軽な日帰り程度の小さな旅が、男女を問わず多くの都市民や農民に希求されていたといえよう。例えば、こうした小さな旅の究極の形は、浅間信仰における富士塚に求めることができる。これは住居地の近辺に富士山を模した四、五メートル程度の塚を築いて、その途中にいくつかの祠堂模型を配したもので、富士参詣がたちどころに実現する仕掛けである。

しかし、これではミニチュア過ぎて、「御利益」は確保されたとしても、旅の楽しさはカットされてしまう。そこで江戸近郊における「御利益」の多い民間信仰的な施設が、観光地となり、小さな旅の目的地となった。そうした場所として、第三節で見るように、一九世紀前半の江戸には、浅草や深川、亀戸や王子、さらには雑司ヶ谷・堀之内・目黒といった盛り場があった。これらの地は、いずれも江戸市中から、ほぼ一〇キロメートル以内に収まる地点で、そこに願掛けを行う宗教施設があり、加えて酒色つまり食欲と性欲（セクシャルな雰囲気＃セックス）を満たす遊興施設を伴っていた点が重要である。

つまり江戸の小さな旅には、祈願・食・性という三つの要素について、徒歩片道二〜三時間以内で満たされることが、必要十分条件だったのである。本章では、代表的事例として、雑司ヶ谷鬼子母神の場合を取り上げ、これを分析の対象とする。また時代的には、江戸の庶民が盛んに旅をするようになり、その関連史料が最も豊富に残る文化〜文政期を中心に扱いたい。

二、江戸の行楽と情報――その一年と『東都歳事記』

まず文化〜文政期に、どのような小さな旅があったのかを見ておこう。江戸庶民は、江戸およびその近郊の宗教施設などを、しばしば訪れて楽しんでいたが、そうした行楽には、一種の季節的サイクルがあった。つまり四季折々に、訪れる場所が異なり、その時々の風物を楽しんだり、願掛けや御利益を目的とした寺社の参詣においても、特定の日時に集中的に人々が参拝するとい

表１　江戸の代表的行楽一覧

月	行事	内容	場所	備考
正月	初詣	元旦参詣	浅草寺・神田明神・川崎大師	
	七福神参り	元旦～７日までに参詣	浅草七福神（浅草寺・待乳山聖天・鷲神社など９寺社）	初詣に娯楽の要素が加わる
2月	初午	稲荷信仰とセット	赤坂豊川稲荷など	
3月	花見	桜を見ながら飲食	寛永寺・道灌山・飛鳥山・隅田堤・御殿山	吉宗が江戸に花見場所を設定
	潮干狩り	磯遊び＝野外で飲食	品川海岸・深川洲崎	
3～5月	出開帳	成田山等が江戸で開帳	本所回向院・深川永代寺・湯島天神・深川浄心寺	江戸で著名寺社への代理参詣
5月	納涼・船遊山	涼を求めて川遊び	両国より浅草川	
	両国川開き・花火	霊の供養と水難防止	5/28～8/28 両国	船宿・料理茶屋が花火代を負担
6月	蓮見	水辺で蓮を楽しむ	上野不忍池	
	山王祭	神輿は江戸城へ	赤坂日吉神社（別称：御用祭・天下祭）	神田祭と隔年交替で実施
7月	虫聞	松虫聞きの名所	道灌山（鶯谷～日暮里）	買った虫を盆前に放生する
	四万六千日	功徳の多い縁日	7/9 観世音参詣：浅草金龍山・芝愛宕神社	雷除赤玉蜀黍・ほおずき市
	川施餓鬼	川辺で餓鬼に供養	本所羅漢寺・回向院・隅田川施餓鬼（鎌倉妙法寺より出張）	灯籠流し
	二十六夜待	最も遅い月待ち行事	7/26 品川海辺・高輪台などで夜半の月見	
8月	八幡宮祭礼	八幡信仰	深川富岡八幡	深川洲崎に料亭多し
9月	菊見・菊人形	菊細工の見せ物	駒込・巣鴨の菊作り・菊人形（菊細工）＝染井の植木職人	もとは麻布狸穴
	神田祭	神輿は江戸城へ	神田明神社（別称：御用祭・天下祭）	山王祭と隔年交替で実施
10月	紅葉狩	春の桜に次ぐ花見	上野寛永寺・谷中天王寺・滝野川・根津権現・品川東海寺	
	お十夜	浄土宗の十夜法要	浄土宗 10/10：芝増上寺	
	御会式	日蓮の追恩法会	池上本門寺・堀之内妙法寺・雑司ヶ谷法妙寺鬼子母神	日蓮宗寺院の重要行事
	勧進相撲	プロによる相撲工業	深川富岡八幡、のち本所回向院	
11月	三芝居顔見世	新顔ぶれによる初興行	浅草：市村座・森田座・中村座	劇場年中行事のうちの最大興行
	酉の市	大鳥神社の祭礼市	浅草：鷲神社（吉原裏）	鷲＝大鳥は大取で商売の繁栄の意
12月	年の市	毎月の定期市の最後	15日深川八幡・17～18日浅草寺・19～20日神田明神	年末商戦
	王子の狐火	大晦日の狐火で吉凶占	31日王子稲荷	飛鳥橋の料理屋：扇屋・海老屋

うシステムが成立していた。

そこで江戸の行楽の一年を通じたサイクルを、一覧してみると表1の如くになる。江戸のどこかで、毎月に一度以上は、大きなイベントがあり、江戸市民の多くが、これに出かけた。この表から明らかなように、そのほとんどが、寺社参詣の形をとっている。また宗教には無関係にみえる花見にも、寺社が登場するのは、その場所の公共性ゆえで、当然ながら整備された境内などには、人々を和ませるために桜などが植えられていたことから、そこが花見の名所となった。

もともと桜の名所は上野の寛永寺で、その時期には大勢の市民が訪れ、酒食や遊興にふけって騒いでいたが、なにしろ寛永寺は将軍家の廟所であった。そこで騒がれては困るので、将軍・吉宗は、王子の飛鳥山と浅草の奥田さらには品川の御殿山に、桜の計画的な植樹を行い、桜の名所とした。上野寛永寺付近で問題が起きないようにと、庶民の遊楽の地を、江戸の市街周辺部に設けたのである。

花見以外の行楽で、宗教と無関係ながらも人出の多かったのは、三芝居顔見世番付狂言だろう。劇場界の新年にあたる一一月一日は、新しい顔ぶれで最大の歌舞伎興行が行われる初日で、この時に演じられる特別な狂言を顔見世狂言といい、これに伴って顔見世番付が発行された。劇場関係者は、裃あるいは羽織袴で祝儀を述べ、三日間は雑煮で祝うなどするが、この時には、観客も前夜から徹夜で入場するのを常とした。

こうした歌舞伎の江戸三座として人気を集めたのが、堺町の中村座・葺屋(ふきや)町の市村座・木挽町の森田座で、その周辺一帯は芝居町としても賑わいをみせていた。なかでも堺町・葺屋町は、現在の日本橋人形町付近で、古くから人形芝居や雑芸師などの見世物・小屋が並ぶとともに、飲食店や屋台が集まり、江戸随一の盛り場として、大勢の人々が芝居を見物し、帰りに飲食を楽しむという光景がみられた。なお天保の改革の際に、この江戸三座は、風俗紊乱を理由に、浅草に一括移転させられて、その後の浅草繁栄の大きな要素の一つともなった［竹内：二〇〇〇］。

このほか潮干狩りや納涼・菊見・紅葉狩りを除けば、これらの行楽のほとんどは、何らかの形で宗教と関係し、社寺参詣というスタイルをとっている。ただ稲荷信仰や八幡信仰さらには日蓮宗寺院、あるいは特定の有名寺社という限定が付いているようにみえるが、現実には、宗教・宗派にとらわれるものではなく、どこでも良かった。人々は、特定の信仰心に基づいて、これらの寺社に出かけたのではない。

庶民にとっては現世利益が最も大切で、原理原則よりも現実の生活面で、どういう効能があるのか、が非常に重要であった。もともと寺社参詣は、霊験あらたかな遠方の有名寺社へ祈願の旅を指すものであった。村であれば、お伊勢参りのように、村人たちが資金を出し合い、農閑期に出資者が順番で伊勢神宮へ代参し、村として豊饒を共同祈願すると同時に、代参者が旅を楽しんだ。しかし村のような共同体をもたない大都市の庶民は、自ら出かける個人祈願の形で、現世利益を得ようとした。

神仏からの利益を得るには、さまざま事態に対処する願掛けと、有名寺社の秘仏の効能に預かるため特定の公開に押しかける開帳とがあった。願掛けは、特定の神仏からの力を得て、治病や安産・繁昌などの請願を成就するための寺杜参詣で、個人の発意で行われた。それぞれが、効能の高い寺社に頼むためには、願掛けに関する情報が必要で、大坂の例ではあるが、文化年間に二種類の『願掛重宝記』が出版されている〔宮本：一九七七〕。

文化一一（一八一四）年の二世・並木五瓶作のものと、同一三年の浜松歌国作のものがあり、ともに願掛けの場所・その内容・願掛け行為・御礼参りの仕方などが、詳しく記されて、願掛け専門のガイドブックとなっている。ただ、この願掛けには集団性はなく、また著名な大寺社よりも小祠が多いため、個人的な小旅行に過ぎなかった。むしろ、たくさんの人出が見込まれたのは、開帳という定期的行事であった。

そもそも寺社には、境内にいくつかの小さな堂社が建てられ、さまざまな神仏が勧請されている。例えば、浅草寺には、日光二荒山の奥にある荒沢不動を勧請した荒沢不動堂がある。不動については、代々成田屋を名乗る市川団十郎による、強い成田不動信仰と不動尊霊験記の上演もあって、目黒をはじめとする五色不動などとともに、江戸庶民の間に根強い不動信仰が広まっていた。このため成田不動の江戸出開帳が人気を呼んだことなどもあり、荒沢不動の境内勧請は、浅草寺が不動信仰の浸透に対応したものといえよう〔比留間：一九七七〕。

この浅草寺荒沢不動も、江戸時代に四回ほど居開帳が行われているが、これによって奥日光の荒沢不動にお参りしたのと、ほぼ同様な御利益を得ることが可能となる。本所深川の回向院（えこういん）は、そうした江戸における出開帳の場として知られるが、有名諸仏の境内勧請と江戸への出開帳は、庶民に御利益を振る舞うにあたって、遠路の旅を必要とせずに、まさしく小さな旅で代用させるというサービスを提供したのである。

また回向院の境内では、天明期以来、勧進相撲が興行され、明治から昭和にかけての国技館は、ここに設けられていた。さらに見世物興行も催され、両国橋東詰に位置した、その門前には、多くの参詣客が集まり、浅草寺と肩を並べる盛り場として繁昌をみせた。回向院にしても、浅草寺にしても、そこは信仰空間であると同時に、遊興空間でもあった。聖と俗の混淆するところにこそ、多くの人々を惹きつける魔力があり、そこへの小さな旅を江戸庶民は楽しんだのである。

こうした小さな遊楽の旅は、先に見た願掛けなどの場合とは若干異なり、定期的な非日常への誘いを基本としていた。つまり何時でも良いのではなく、特定の日に繰り返されることによって、ほどよい免罪符と楽しみが付加されることになる。江戸内外の寺社には、それぞれのスケジュールがあり、そこに参詣する人々は、前もってどの日にどこへ出かけるかを、予め計画しておく必要があった。

そうした情報を入手する手段は、さまざまあったであろうが、その最たるものは『東都歳事記』であった。同書は、三〇年余の歳月を費やした名所図会の代表作『江戸名所図会』を刊行した斎藤月岑が、その四年後の天保九（一八三八）年に前編のみを出版した年中行事書で、すでに文政年間には浄書本が出来上がっていた。その特色は、江戸および江戸近郊の年中行事を月順に概要を略述した点にある。

『江戸名所図会』が風俗地誌として、江戸における名所旧跡・寺社仏閣などの来歴や現況を空間ごとに記したものとするなら、『東都歳事記』は毎年の時間軸に沿って、江戸の歳事を網羅しようとした本格的ガイドブックといえよう。今、正月の五日までを除いて、六日から八日までの記事を示せば、次の如くである。

六日　○江戸ならびに遠国の寺社僧徒社人山伏御礼登城〈五つ時、先規によりて献上物あり〉。

○良賤年越を祝ふ〈六日年越といふ〉。今夕門松を取り納む〈承応の頃までは十五日に納めしとなり、古来は十五日に爆竹ありしが、国禁によって今なし〉。

産土神参〈今夜七種菜をはやす、厄払ひ来る〉。

(毎月) 神田三島町毘沙門参、十六日二十六日もあり、いづれも夕方より賑へり。

(毎月) 四谷新宿後正受院脱衣婆参、百万遍修行。十六日ならびに二十六日も参詣あり。

七日　○若菜〈人日〉御祝儀、諸侯御登城。今朝貴賤七種菜粥食す。

○亀戸天満宮若菜餅の神供、御食に若菜をそへて奉る、十五日には粥を献る。

○王子権現牛王加持、牛王宝印をもて坊中の頭に押す事あり、禰宜等これを勤む。(毎月) 本所羅漢寺らかん供養。(毎月) 霊岸島越前家御中屋敷湯尾峠嫡子社参詣。

八日〈毎月〉薬師参。茅場町〈別当知泉院、当所ことに参詣多し。縁日毎に夕方より商人多く、また盆栽の草木庭木等を售（あきな）ふ事夥し。ゆゑに坂本町の辺りを植木店といふ。すべて近来盆種の草木世に行れて、縁日毎に商ふ内にも当所を首とす〉。

本郷四丁目真光寺。浅草新堀端東漸寺〈正五九月開帳〉。本所二つ目弥勒寺〈川上やくし〉。本所番場東江寺〈多田のやくし〉。木下川（きねがわ）浄光寺、愛宕下真福寺。麹町八丁日常仙寺〈寅やくし、毎月十二日大般若〉。四谷北寺町真福寺〈朝日やくし〉。伊皿子（いさらご）福昌寺。目黒成就院〈蛸薬師〉。木挽町六丁目河岸。新井村梅照院〈毎月〉〈小日向大日坂妙足院大日参〉。

〈毎月〉鬼子母神参。雑司ヶ谷〈大行院常に百度参あり〉。入谷喜宝院。本所出村本仏寺〈千巻陀羅尼修行、十八日二十八日もあり〉。目黒正覚寺〈常に参詣あり、正五九月、八日、十八日、二十八日には千巻陀羅尼修行あり〉。三田〈三丁目〉蓮乗寺。

六日の僧徒・社人などの江戸城への登城や、七日に七草粥を食べる習俗も記されているが、ここでは六日の神田三島町毘沙門参や四谷新宿正受院百万遍修行のように、一六日・二六日に、しかも毎月行われるという記載が重要だろう。また八日の薬師参であれば、これも毎月であるが、茅場町知泉院の薬師をはじめ、浅草でも本所でも、あるいは愛宕のほか麹町・四谷・目黒など、どこの寺院に薬師があるかを、さまざまな情報とともに書き記している。のちに触れる鬼子母神も同じで、雑司ヶ谷のほか入谷・目黒・三田でも、鬼子母神参が可能であることが一目で分かる。

それぞれの寺院や自分の家の宗派とは無関係に、江戸の人々たちは、さまざまに寺社が勧請した境内の諸神諸仏に詣でて、いろいろな祈願成就を期待しながら、それらの神社仏閣をしばしば訪れたのである。まさに、そうした民間信仰レベルの年中行事に関する情報の集大成として、『東都歳事記』が成立をみたのである。そして、その背景には、聖なる空間への遊興を伴う小さな旅を、心から楽しみにしていた江戸庶民の姿があったのだといえよう。

三、小さな旅の様相――『十方庵遊歴雑記』と『世事見聞録』

文化~文政期において、江戸近郊を歩き回った小さな旅の記録に、『十方庵遊歴雑記』があり、当時の江戸庶民の風俗を詳細に記したものに、『世事見聞録』がある。いずれも個人の旅行記もしくは見聞記録であるが、それぞれに江戸近郊の様子と庶民生活の実態について、事細かに記した貴重な史料となっている。まず、この両書を中心に、どのようなところに人々が集まり、何を見て、どんな楽しみ方をしていたのかを、検討しておこう。

『十方庵遊歴雑記』は、江戸は小石川小日向水道町にあった本法寺の住持で子院・廓然(かくねん)寺に住した大浄・津田敬順の紀行文である。敬順は、十方庵とも称し、文化九(一八一二)年に五一歳で隠居して、余生を江戸近郊の散策と、常陸・下総・安房・武蔵・相模・伊豆・駿河・遠江・三河・尾張へと小旅行に出向いて暮らした。

そうした小さな旅は、文政一二（一八二九）年に、六八歳まで続けられ、その記録である『十方庵遊歴雑記』は、全五編一五冊に及び、計九五九話が収められている。彼は、携帯コンロと煎茶道具を持ち歩いて、随所で野点を行いつつ、それぞれの土地をこまごまと観察して、その印象を連綿と書き綴った。

ここで敬順の小さな旅を、事細かに紹介する余裕はないが、同書からは、文化〜文政期に小旅行をサポートするための飲食店が、あちこちの街道沿いに立ち並んでいた様子を窺い知ることができる。文政四（一八二一）年に成った第四編巻之下第一八話「烏山村の酒楼豊倉の林泉の鮎」には、八王子方面に出向いた時の街道事情が記されている。内藤新宿から八王子までは、一〇里（四〇キロメートル）余で、旅宿が置かれたのは、府中と八王子のみであった。基本的に一日、何かが生じても二日あれば、充分にたどり着ける行程である。

しかし小休止や食事を取るための立場つまりドライブインのような酒楼食店が、街道の各所に設けられており、その数は数十ヶ所に及んだという。例えば、荻窪には港屋五兵衛・萬屋太郎右衛門・萬屋善兵衛といった店があり、下高井戸には鈴木屋・中田屋、上高井戸にも武蔵野・升屋・油屋などといった飲食店があった。

いずれの店も間数が多く、庭なども立派に作って良く見せているが、敬順にとっては、なかなか口に合う料理を出す店がない、と嘆いている。それぞれに趣向を凝らして、客を引こうとしているが料理が今ひとつ、というのが敬順の評であった。

そうしたなかで敬順は、烏山の豊倉平吉の酒楼だけを絶賛している。平吉は、烏山の問屋場を務めた家柄らしく、その店のしつらえは、間口数十間、奥行き四〇間と広く、庭には清流を引いて、鮎のほか鮒や鯉を飼っていた。店構えのみならず、料理を盛る器も非常に綺麗で、その取り合わせも素晴らしく、もちろん料理の手際も見事で味付けも申すに及ばず、江戸の料理屋で飲食を楽しんでいるようだ、と褒めちぎっている。

この時に敬順が連れの三人と当地の名産という鮎を所望したところ、六、七寸（一八～二一センチメートル）もある見事な鮎の甘露煮が、呉須の器に一五、六匹も出された。敬順は大いに満足し、次に高尾に来るときにも、是非また立ち寄りたいと記している。

こうして文化～文政期には、あちこちで飲食を楽しみながら、小さな旅を実現しうるようなインフラの整備がなされていたことが窺われる。江戸から二～三泊で、八王子や高尾を見物して帰るような小さな旅は、すでにちょっとした江戸庶民のなしうるところであり、その途中の酒楼食店で、適宜飲食を楽しんでいた。

すなわち、かなりの人々が往来していたことから、江戸～八王子間に、数十軒ものドライブイン的な飲食店が立ち並んでいたのである。表向きは高尾のような宗教施設の訪問とはいえ、もともと遊興を目的とした小さな旅であれば、多少の千鳥足でも、そうした飲食店での楽しみが、小さな旅に大きな比重を占めていた、と考えてよいだろう。

ここで紹介した八王子・高尾の場合であれば、最低二～三泊は必要としたが、江戸近郊なら、日帰り程度の小さな旅は、はるかに容易な遊興であった。そこで次に、江戸の庶民が、近郊のどのような所を、日帰りで訪れたのかを検討してみよう。

武陽隠士著『世事見聞録』は、文化一三（一八一六）年に成った記録で、一八世紀末の天明期から寛政期さらには文化期が観察の対象となっている。江戸時代のうちで最も消費経済が美徳とされた時代で、その奔放な社会の世相が、トータルな視点で観察されている。つまり武士・農民・町人・僧侶をはじめ、遊女や穢多・非人に至るまで、さまざまな社会階層の有様を克明に記録しており、ここから日本における萌芽的な市民社会の様相を知ることができる。

著者は、序文に武陽隠士とあるだけで、その正体は分からない。旗本もしくは御三家・親藩の浪人、あるいは公事（＝法務）に関わった人物とも考えられているが、推論の域をでない。いずれにしても江戸を中心に見聞を重ねたかなりの知識人で、裕福な生活を営んでいたと内容から判断される。

全般に筆致は厳しく、序文に「静謐の御代なれは、善事も有り……その善きはいふに及はされは、ひたすらに、当時の悪しき事のみを記す也」とあるように、社会批判に満ちあふれた書となっている。それゆえ過大に誇張した部分もあるが、逆に当時の世相の有様が浮き彫りにされている点が興味深い。

本書については、後に江戸庶民の遊興を論ずる際に、改めて取り上げることとしたい。ここでは、とりあえず文化年間頃に、どのような場所が江戸の盛り場となっていたのかを、『世事見聞録』から見ておこう。同書は、江戸の人々が物見遊山や参詣に訪れる場所として、「雑司ヶ谷・堀の内・目黒・亀井戸・王子・深川・すみ田川・梅若」を挙げている。

このうち、雑司ヶ谷には鬼子母神、堀の内にも祖師があり、目黒には不動、亀戸には天神、王子には稲荷、深川には富岡八幡、隅田川には浅草寺、梅若には木母寺梅若塚があり、それぞれ古くから知られた宗教施設があった。これらの地への小さな旅は、そうした宗教施設への参詣が表向きの理由であり、また民間信仰的な御利益が得られた。

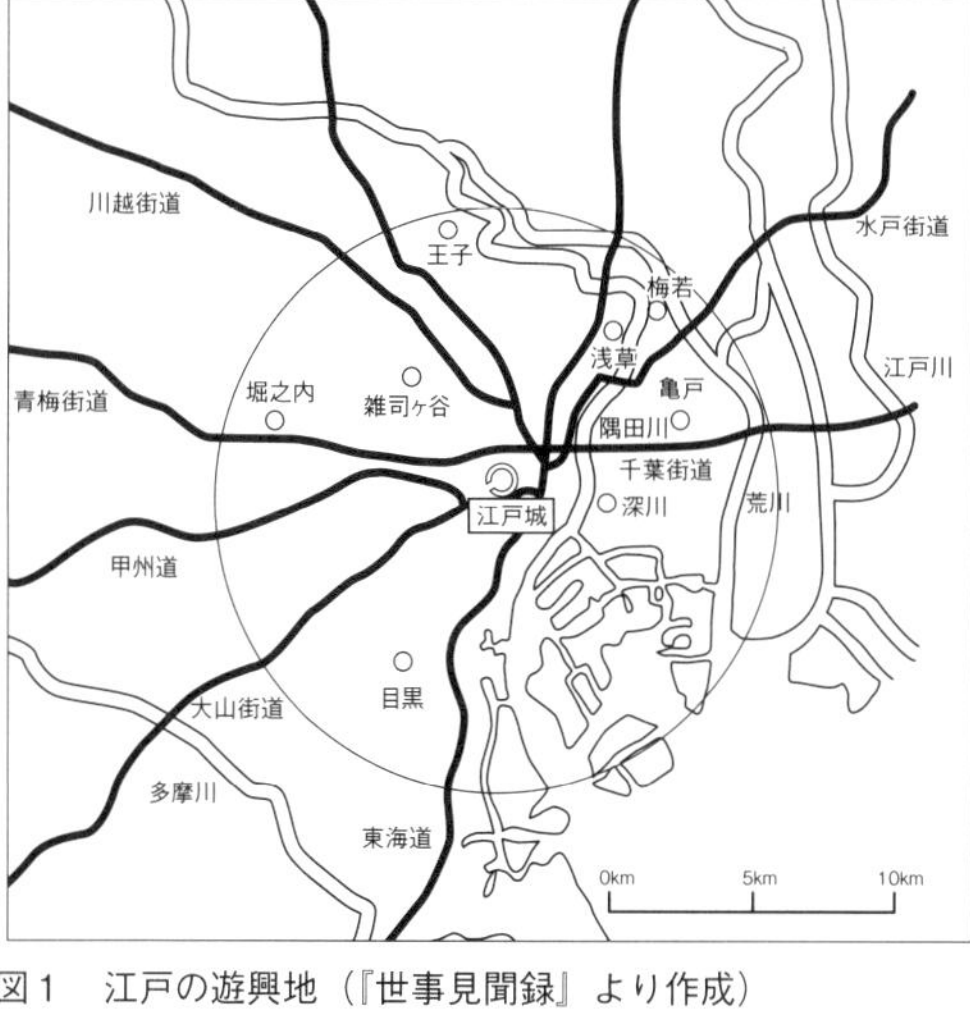

図1　江戸の遊興地（『世事見聞録』より作成）

しかし、単なる祈願ばかりではなく、『世事見聞録』は、先の記事に続けて、「此道筋、近来料理茶屋水茶屋の類、沢山に出来たる」と記している。つまり、こうした「願掛け」の対象である宗教施設の周辺には、料理茶屋・水茶屋があり、そこで料理や酒といった飲食のほか、その接待を女性が行うなど、遊蕩的な雰囲気に溢れており、それなりに食欲や性的興味を、そこそこに満足させる遊興施設が伴っていた。

まさしく江戸の盛り場とは、そうしたさまざまな願望を実現しうるような場であったがために、そこに吸い付けられるように多くの人々が集まったのである［竹内：二〇〇〇］。そこで、『世事見聞録』に載った盛り場を、地図に落として、江戸城を中心に同心円を描いてみたのが、図1である。

ここから、この文化〜文政期には、手近な浅草や深川・亀戸のみならず、多少離れた雑司ヶ谷・堀の内・目黒・王子などといった場所まで、足を延ばしていたことが分かる。しかし、それらはいずれも江戸城からほぼ一〇キロメートル以内に収まっており、中山道・川越街道・青梅街道・東海道といった主往還の近くに位置して、江戸のみならず近隣からも訪れやすい位置にあった。

江戸にしたところで、一〇キロメートル以内といえば、一日で充分に往復できる距離であり、雑司ヶ谷・堀の内・目黒・王子などは、まさに小さな旅として、多くの老若男女が出かけうる地理的な条件を有していた所でもあった。こうした江戸周辺の盛り場の発展は、近世後期のことであるが、本章では、江戸から少し離れた宗教施設を伴う遊楽地を、郊外型盛り場と規定して、以下その成立事情や実態について触れていきたい。

四、郊外型盛り場の形成と繁栄――雑司ヶ谷の沿革

こうした小さな旅の目的地である神社仏閣と、その盛り場の具体的な様相を見ていくため、ここでは郊外型盛り場の一例として、雑司ヶ谷の鬼子母神の場合を検討してみよう。こうした郊外型盛り場は、もともとは単なる江戸の近郊農村であったが、寺社の勧請などによって名所化し、基本的には近世後期頃から、江戸内外の人々が参詣・遊楽に訪れるようになって、盛り場としての繁栄を遂げていくようになる。

近世初頭の雑司ヶ谷村は、武蔵国豊島郡に属し、一七世紀中葉の実態を示す『武蔵田園簿』に、村高二五七石余うち田方六四石余・畠方一九三石と見える。つまり水田よりも畠地が圧倒的に多い、典型的な関東農村の一つであった。その後、一九世紀前半の『新編武蔵風土記稿』によれば、鬼子母神の付近は、昔は陸田であったが、化政期には雑木が繁茂する小丘となっていたとされている。すでに戦国期の永禄二（一五五九）年の成立とされる『小田原衆所領役帳』に、江戸衆「太田新六郎知行……拾弐貫五百文　江戸　雑司谷　中村二郎右衛門」とあり、太田康資の寄子である中村二郎右衛門が支配する地であったが、その直後の永禄四（一五六一）年に、農民が土中から掘り出した鬼子母神を祀ったのが、雑司ヶ谷鬼子母神の始まりと伝えられている。

その後、鬼子母神に参詣する人々が夥しく、天正六（一五七八）年五月三日の棟札から、本地堂を建てて、神像を安置したことが分かるが（『新編武蔵風土記稿』）、雑司ヶ谷の繁栄は、威光山法

明寺によってもたらされた。法明寺は、古くは真言宗の寺院であったが、鎌倉期に日蓮宗に転じ、高祖を祀る祖師堂を建立したことから、寺領一〇石を与えられて広く宗徒の信仰を集めた。その中心となる塔頭・大行院が、鬼子母神堂の別当を務めた。

やがて鬼子母神は雑司ヶ谷村の鎮守となり、日蓮宗法明寺などとともに、その門前の一部が賑わうようになり、徐々に町としての体裁を整えていった。化政期の段階において雑司ヶ谷地区は、雑司ヶ谷村・雑司ヶ谷町・雑司ヶ谷鬼子母神門前・雑司ヶ谷本浄寺門前・雑司ヶ谷本染寺門前の五つの空間からなっていた。

この化政期に、全国規模で官撰地誌の編纂が行われたが、雑司ヶ谷地区にも文政九(一八二六)年五月に提出された四地区の「地誌御調書上」が現存している。この雑司ヶ谷分によれば、旧来の雑司ヶ谷村は、総反別五一町五畝余で、このうちに四つの町場が存在していた。

まず雑司ヶ谷町は、田口平次左衛門を名主とし、町方居屋敷分三町七反余で、町高三七石余、総町家数一五二軒、うち家持三六軒・家守九軒・地借五軒・店借六六軒・空店三六軒で、延亨三(一七四六)年に町方支配となり、村内の道路沿いの町屋部分を、雑司ヶ谷町と称したことが分かる。なお鬼子母神名物の子供手遊風車・麦藁角兵衛獅子・川口屋飴は、この雑司ヶ谷町のものであった。

このほか雑司ヶ谷本浄寺門前・本染寺門前は、それぞれの境内にある町屋からなり、同じ名主が兼任し、前者が家主一軒・店借九軒、後者が家主一軒・地借一軒・店借一五軒となっている。

また雑司ヶ谷鬼子母神門前の方が大きく、名主は太郎兵衛が務め、家数一一軒のうち家持八軒・店借三軒で、その書上には次のような興味深い記述がある。

一、門前の儀は、往古雑司ヶ谷村に之れ有候処、天正六寅年中社地門前に住居の百姓弐三軒も之れ有候処、田地も之れ無者は水茶屋にて渡世罷在り致し、追々家作も出来致、其後は宝永七寅年中、寺社御奉行鳥井伊賀守様へ家作奉願上候処、御役人角田次郎右衛門殿御見分役人野崎次左衛門殿・清水金吾右衛門殿御越にて御見分相済、商売家にて渡世罷在り致し、其後延享二丑年閏十二月中右門前町御奉行島長門守様・能勢肥後守様御勤役中町御支配に仰付られ、夫より雑司ヶ谷鬼子母神門前と唱申候、

つまり鬼子母神堂が出来た天正年間には、門前に住む農民は二〜三軒で、田地を持たない者が、水茶屋を営んで生活していたが、やがて徐々に家が増えていった。そして宝永七（一七一〇）年に、商売店が認知されて門前町屋となり、延享二（一七四五）年閏一二月に町立となり、鬼子母神門前と呼ばれるようになったという。おそらく参詣客の集まる鬼子母神門前の参詣道の両側に、しだいに町屋が広がり雑司ヶ谷町が成立したのであろう。

すでに寛政一〇（一七九八）年には成稿を終え、天保四（一八三三）年に板行された『江戸名所図会』には、

この地は遙かに都下を離るるといへども、鬼子母神の霊験著(いちじるしく)明(あきらけ)く、諸願あやまたず協給(かなへ)ふか故に、常に詣人絶えず。よつて門前の左右には貨食店(りょうりや)軒端を連ねたり。

とあり、鬼子母神は、江戸城下から離れていても、大勢の参詣客を集めて、門前には料理屋が軒を連ねていた様子が記されている。

しかし雑司ヶ谷鬼子母神も、江戸時代を通じて賑わいを見せていたわけではなく、化政期の『続飛鳥川』には、「明和の頃までは、鬼子母神至て繁昌せり。恭(つつしんで)按(あんずる)に安永の末ニも猶賑なりし」と見え、一時期、繁栄が廃れたとしている。また文化一一（一八一四）年成立の小川顕道『塵塚談』も、「雑司ヶ谷鬼子母神予が若年の比は、夥しき参詣にてありしが、近頃に至り殊の外淋しくなり、只堀の内のみ参詣多し、仏神にも盛衰あり」と記している。津田敬順の『十方庵遊歴雑記』五編第二の二七話には、「明和の末、安永の中頃より、堀内村（杉並堀ノ内）妙法寺の祖師不図(ふと)せし事より天行出して、昔にくらぶれば雑司ヶ谷は鎖尾(さび)たりといふべし」とあるように、杉並堀ノ内の妙法寺のこととすべきだろう。いずれにしても一八世紀末から一九世紀初頭に、鬼子母神の一時的な凋落があった点に注目しておきたい。

ところで谷中の日蓮宗感応寺は、宗派上の問題から天台宗となり東叡山の管轄であったが、天保七（一八三六）年、雑司ヶ谷に確立され、池上本門寺から本尊が引越し、翌年には朱印三〇石が与えられた。この感応寺は雑司ヶ谷村の北西部に位置し、江戸在郷の人々が個人や講中で押し寄せた。『寝ぬ夜のすさび』は、総門の内外に「茶売る店はもとよりにて、酒うる家、飯うる家、料理や、蕎麦など出来て、あらたにみな家作せしなり」と記して、高田馬場北の高田四ツ家町まで町続きになるとの噂も広がり、古屋を改築して飯屋にする農民もいたとしている。

しかし『事々録』には、この感応寺建立が、日蓮宗に信心深い大奥の局の念願であった旨が記されており、おそらく大御所・家斉の強い意向が働いたため、と思われる。それゆえ五年後の天保一二年に家斉が死去すると、朱印の取り上げが決定した。先の『寝ぬ夜のすさび』によれば、寺社奉行の役人が一〇月に雑司ヶ谷を訪れ、感応寺のみならず、門前の商人屋も全て取り換す旨が申し渡されて、翌一三年の春には跡形もない原野に戻ったという。

いずれにしても、信心深い人々を集める著名な宗教施設の存在が、近世の盛り場にとっては、最も重要な発展の要素で、これに伴って水茶屋や料理茶屋が軒を並べた。しかし、こうした神社仏閣を中心とする盛り場は、その時々のさまざまな要素で、思いのほか栄枯盛衰が激しかったことに留意すべきだろう。そうしたなかで、雑司ヶ谷鬼子母神は、紆余曲折はあったものの、近世前期を通じて町場化が進み、後期には化政期を頂点に、郊外型盛り場として全盛を迎えていたのである。

五、郊外型盛り場の様相と遊興――雑司ヶ谷の実態

では雑司ヶ谷鬼子母神一帯を中心とする郊外型盛り場の実態は、どのようなものであったのだろうか。江戸前期には、煮売・焼売などが店を構えていたが、出火を理由に、これらが禁じられていることから（『御触書寛保集成』二〇五八・二〇六〇号）、大部分が葭簀（よしず）張りなどの簡便なものであったことが窺われる。

弘化四（一八四七）年に斎藤彦麿が著した『神代余波（かみよのなごり）』に、「堀の内、雑司ヶ谷なとも葭簀張りの麁略なる茶屋なりしを、今は目黒と等し並になりたり……目黒不動の辺……今は都会に等しき酒店多数出来たり」とある。これらの郊外型盛り場は、葭簀張りの粗末な茶屋から、次第に江戸の町と同様な酒屋が並ぶようになった、と見て良いだろう。すでに享保二〇（一七三五）年刊とされる菊岡沾涼『続江戸砂子温故名勝志』（『拾遺続江戸砂子』）巻一「江府名産飲食」に、「雑司谷蕎麦切　そうしかや鬼子母神、門前茶屋。同所藪の蕎麦切　社地の東の方、茶屋町を離れて藪の中に一軒有」と見える。このうち門前茶屋が後に触れる橘屋で、藪の中の茶屋が戸張喜惣次であると考えられている［海老澤：一九五八］。少なくとも一八世紀初期には、鬼子母神門前に、それなりの茶屋町が形成されていたことが窺われる。

さらに一八世紀後半になると、『天明記聞』天明二（一七八二）年には、次のような記事がある。

十月雑司ヶ谷鬼子母神にて会式の節、武家の方皆々参会され、茶屋の二階より参詣の女の衣類を見とめ、悉く人を以て住処姓名を尋られ、それを懐紙に認め即点景物有り。当意即妙の趣向にて珍敷興也と世上に云はやせり。

「茶屋の二階」とあるところから、かなりの構造を有した茶屋の存在が窺われるほか、文政一〇（一八二七）年板の『江戸名所花暦』には、「雑司ヶ谷　鬼子母神の境内貨食屋の奥庭あるいは茶屋植木屋はいうもさらなり。みなよく菊を養い造りて、十月八日より会式なれは、その参詣の群集をまつなり」と見える。雑司ヶ谷の料理茶屋には、菊を造るほどの奥庭があったことが知られる。

一八世紀中乗に生を受け、長く雑司ヶ谷に住んだ金子直徳は、文化八（一八一一）年以降に、当地域の地誌『若葉抄』を著し、雑司ヶ谷の料理屋についても紹介している。まず大門を通って参道付近には、橘屋忠兵衛および小茗荷仲右衛門と蝶屋があったという。橘屋は元源助といい、並木の間で団子などを売り出し、煎茶を出したりした後に、蕎麦を打って有名となった。

さらに小茗荷屋と蝶屋は、この地に住みついた人で、茶屋として繁昌したという。また和泉屋六兵衛という商人は、蹴鞠・楊弓・生け花の名人にして、儒学にも長けた才人で、耕向亭（向耕亭）という店を出したとしている。これに関しては、文政七（一八二四）年序の『江戸買物独案内』には、「雑司ヶ谷　御料理」として、「御成先御用宿・紀州御本陣　橘屋忠兵衛」とあり、紀州家の御成があったことが窺われるほか、「即席・会席　耕向亭源助」の二店が紹介されている。
その後、弘化三（一八四六）年成立の『江戸風俗惣まくり』には、

> 雑司ヶ谷法明寺の鬼子母神は、文化度までは参詣も多く、向耕亭の宴席、藪と呼るゝ蕎麦店頭頗賑はひ……又文政度より茗荷やといへる料理屋始り、高田通ひの客殿原も折々は通ひ来てより、向耕亭も藪そはもいつの程にか跡なくうせ、天保度には何となく参詣のたゆむ

という記述があり、耕向亭や藪蕎麦が衰退して、茗荷屋が新たに進出してきた様子が窺われる。さらに先の『十方庵遊歴雑記』初編一三話には、「然れ共茶屋さびれて、耕向亭も名のみにて、今只酒食をひさき客の絶ざる小茗荷やのみなり。其外は風味粗悪の上、懸売して食ふべからず」と見えるほか、『武江年表』文政年間記事にも、「雑司ヶ谷向耕亭は古き料理屋なりしが、これも文政中に絶たり」とある。

こうして雑司ヶ谷で著名な料理屋は茗荷屋のみとなったが、津田敬順は『十方庵遊歴雑記』四編五一話に、その座敷に上がった時の様子を、次のように記している。

> 頓て小茗荷伊右衛門か酒楼に飲宴しける。これは愚老か壮年の頃迄は鬼子母神の花表（とりい）前に、大茗荷やとて時めき名たゝる酒楼ありしか、家衰へ滅却して今只出見世のみと也しかは、一入家

さかえ住居広く、追々家作して間毎〳〵綺麗に、日々もろ〳〵の鮮魚を貯へ、調理又めつらしく手を尽せは彼王子村のえひや・あふきやの弐軒にならびて、当時盛んに時めけり。依て此土地に若干の酒楼軒をならふといへとも、小茗荷に対すへき茶やなけれは、誰の人もみな仲右衛門か宅に飲食する程に、いよ〳〵栄へます〳〵繁昌せり。殊更参会無尽名広め書画の会なと、みな此家にて興行し、片鄙なから一箇の酒楼と賞すへし。

図２　雑司ヶ谷茗荷屋『江戸高名会亭尽』

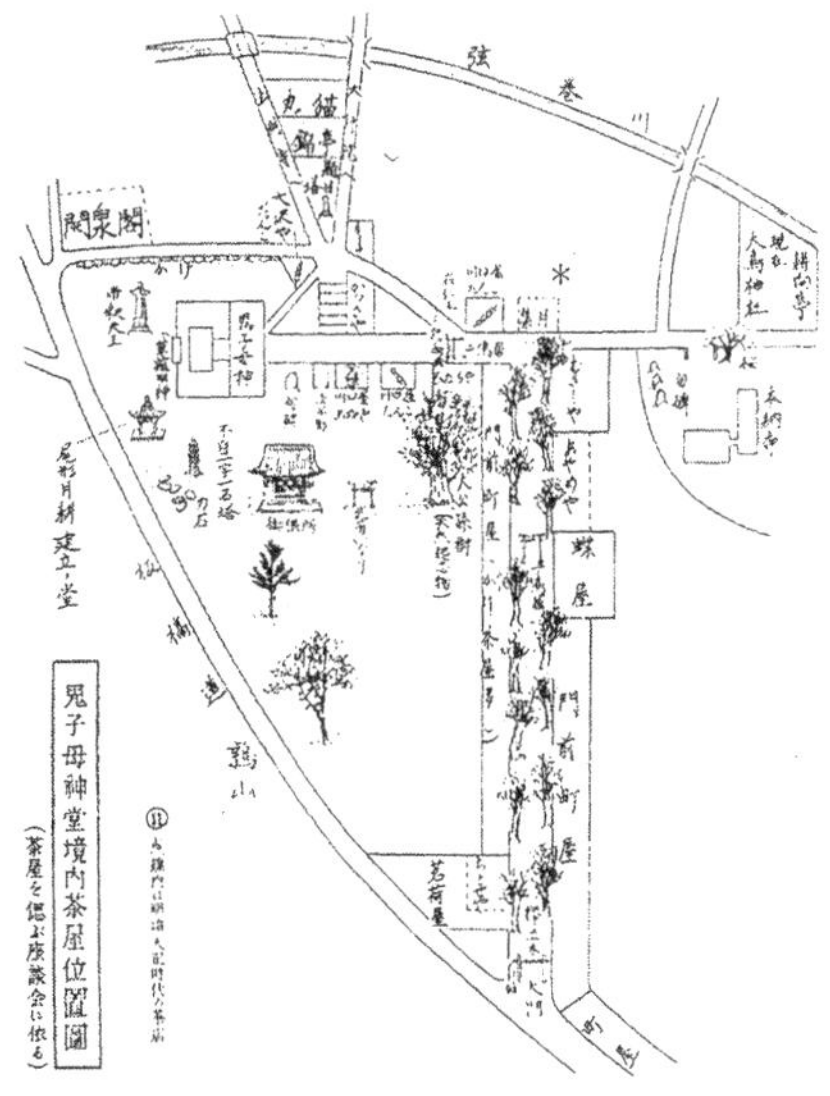

図３　門前茶屋の位置の復元（なお＊印は明治・大正期の茶屋）［海老澤：1958］

この記述からは、料理屋の内部はかなり広く、それぞれの座敷ごとに美しい装飾がなされ、さまざまな鮮魚を揃えて、手間暇をかけた珍しい料理が供されていたことが分かる。しかも、こうした料理屋が王子村にも一軒あり、郊外型盛り場にも、いくつか高級料亭があり、そこで書画の会などが催されていた様子が窺われる。

この小茗荷屋は、天保年間に、初代・歌川広重が描いた『江戸高名会亭尽』にも登場する（図2）。なお、こうした著名な料亭の場所については、昭和三一（一九五六）年に「茶屋を偲ぶ会」が、明治期から昭和期にかけての門前茶席の位置を復原した図3がある［海老澤：一九五八］。これら小茗荷屋（茗荷屋）・蝶屋・耕向亭の位置は、江戸時代と大きく変わらないと思われる。ただ大茗荷屋と橘屋に関しては場所が特定されていないが、欅並木の奥にあったと推定されている。

これら高級料理屋のほか、葭簀張りの茶店も含めて雑多な料理茶屋が並んでいたと思われ、天保九（一八三八）年板の『東都歳事記』雑司ヶ谷法明寺の項に、「茶店拍戸櫓（りょうりやのき）をつらね、行客を停めて酔をすすむ」とある。いずれにしても雑司ヶ谷鬼子母神の周辺には、さまざまな茶店や料理屋が連なり、どこでも酒と料理が出されていたと考えてよいだろう。

こうして鬼子母神には、人々が日常的に祈願に訪れたが、当然のことながら定例の祭日に、参拝客が最も集中するところとなる。

まず『東都歳事記』から、鬼子母神の祭日を一覧してみると、表2の如くである。これに見られるように、一五回の定まった祭日のほか、月ごとの定例茶を合わせると、年間五〇回以上の祭礼が催されており、かなりの頻度で鬼子母神界隈に、人々が寄り集っていたことが分かる。このうちでも最も著名な祭礼は、一〇月の会式であった。

日蓮宗で会式（えしき）とは、一〇月一三日が日蓮の忌日にあたることから、その節目に重要な法会が営まれる。法明寺の場合には、六日から会式花市が立ち、八日から始まって一八日まで法会・開帳が行われ、この間の人出は相当なものであったという。天保末年成立の戸張苗堅『櫨楓（はじもみじ）』によれば、この会式は、近来一五、六年は二三日まで行われるようになったといい、その理由については、「度々御成あるひは御殿方御参詣にて、延びさせられけるにより例のごとく成けり。諸高家御大名御殿方日々数軒の茶屋幕とださる日なし……誠他国にも江都にも又なき賑ひなり」としている。つまり将軍や大名が訪れるほど賑わうので、それらの都合に合わせて会式が延びたのだという。

また先に見た『若葉抄』四には、

大名・小名の入らせらるゝは、雑司ヶ谷の茶屋のみ。故に古来より遊女体の者、甚禁す。将軍家御代々御成仰出さるの尊社は当社にかきり、諸大名御奥方・御殿尊貴の御方まて雑司ヶや参詣は御公儀仰達らるも済よし。

表2　雑司ヶ谷祭礼表（『東都歳時記』より）

月日	場所	行事	備考
(毎日)亥日	玄浄院	摩利支天開帳	正月・5月・9月には千巻陀羅尼修行
(毎月)8日	鬼子母神	鬼子母神参	大行院常に百度参あり
(毎月)13日	法妙寺	祖師参	
正月16日	玄浄院	閻魔参	
正月16日	鬼子母神	奉射祭	近年絶えて、法華経を読誦するのみ
4月8日	鬼子母神	更科	
4月25日	鬼子母神	内拝	年一度、常経講中のため
5月18日	鬼子母神	万巻陀羅尼修行	千部28日まで修行
5月24日	宝城寺	千巻陀羅尼説法	
6月15日	鬼子母神	草薙の神事	近辺の納付、社辺の草を刈り払う、近年なし
7月15日	鬼子母神	更科	
7月15日	法明寺	相撲	18日まで
8月朔日	鷺明神	祭礼	疱瘡の守護神なり
9月18日	鬼子母神	万巻陀羅尼修行	
10月6日	法明寺	会式花市	8日まで市立つ
10月8日	法明寺	法会・開帳	茶店・料理屋軒を連ね、行客を停めて酔いを勧む
10月8日	鬼子母神	更科	
10月23日	宝城寺	説法	

と記されている。すなわち雑司ヶ谷には、大名・小名のみならず、その奥方たちも参詣し、貴人が茶屋の客となっているため、遊女のような輩は禁ぜられていたという。しかし遊女の問題については、簡単ではなかった。一般に水茶屋が増えてくると、給仕女に美人を雇って客を引く店や、飲食を提供するよりも売春を目的とする茶屋も目立つようになる。

幕府は、そうした茶屋での売春を禁じたが、やがて茶屋遊びが遊女買いと同義となり、茶屋町が色町を意味するに至った。『十方庵遊歴雑記』初編一三話には、雑司ヶ谷の描写として「茶や町には両側の店先へ女達集ひ、口々にヲハインナセ〳〵オヨンナヘ〳〵と、同音に幾人となく呼立る声又喧し」とある。これが色町としての情景を語るものかどうか判断は難しいが、宝暦・明和頃から化政期にかけての風俗を記した『続飛鳥川』には、雑司ヶ谷の会式に出回る歌比丘尼の様子が記されている。「歌比丘尼、うりひくに、歌ひくには、雑司ヶ谷会式に茶屋〱を廻る……売ひくには、二人つゝ屋敷を廻る遊女也」とある。仮に『十方庵遊歴雑記』の茶屋女が遊女ではなかったとしても、歌比丘尼・売比丘尼が群衆の集まる会式などの際に、雑司ヶ谷に出向いて色を鬻（ひさ）いでいたことは明らかであろう。

いずれにしても『十方庵遊歴雑記』四編巻五一話に、毎年会式には「都鄙の男女群集して……茶や〱も閙（いそが）しく」とあるように、雑司ヶ谷に、多くの人々が密集したことに疑いはない。江戸やその郊外から、さらには『南向茶語 付追考』に「其辺〈雑司ヶ谷〉茶屋あり……近郷の百姓集り角力（すもう）興行するなり」と記されたように、もちろん雑司ヶ谷近郷からも、祭日には実にさまざまな人々が鬼子母神を訪れ、茶屋が相当な賑わいを見せていたことが知られる。

六、おわりに

さらに化政期に至ると、細民の女性達も盛んに出て歩き、茶屋などで飲食をおこなうようになる。先に第三節で引いた『世事見聞録』の前後には、実に興味深い記述があるので、やや長くなるが引用しておきたい。

今軽き裏店のもの、其日稼のものとものの体を見るに、親は辛き渡世を送るに、娘は髪化粧能き衣類を着て遊芸又は男狂ひなし、また夫は未明より草り（履）にて棒手振（ぼてふり）の家業に出るに、妻は夫の留守を幸に近所合壁の女房同志寄集り、己か夫を不甲斐性ものに申なし、互に身の蕩楽なる事を咄し合、又紋かるためくり等いふ小博奕をいたし、或は若き男を相手に酒を給へ、或は芝居見物其外遊山物参り等に同道いたし、雑司ヶ谷……等へ参り、又此道筋近来料理茶屋水茶屋の類沢山に出来たる故、右等の所へ立入、又は二階等へ上り金銭を費すして緩々（ゆるゆる）休息し、又晩に及んて夫の帰りし時終日の務をも厭遣（いとひや）らす、却て水を汲せ煮焚くを致させ夫を誑（だま）し賺（すか）て使ふを手柄とし、女房は主人の如く夫は下人の如く也。

この記述は、女性が次第に強くなりつつある現実を嘆いたもので、かなりの主観が混じるとともに誇張も多く、そのまま一般化することは出来まい。しかし少なくとも化政期には、都会の女性達がじっと家に閉じこもることもなく、諸所に出向いて飲食を行うようになっていたことは事実であろう。

雑司ヶ谷鬼子母神の事例で見たように、上は大名から下は細民まで男女を問わず、実にさまざまな階層の人々が、こうした郊外型盛り場などの茶屋の客となっていた。このように一九世紀には、江戸の小さな旅が、極めて多くの人々に楽しまれていたのである。

Ⅳ　和食文化の周辺

第13章　アイヌ民族の肉食文化――「肉」の確保と保存・調理を中心に

一、問題の所在

われわれ〝日本人〟には、実態は別としても肉を食べないという禁忌を、長いこともちつづけてきた歴史がある。しかし、この場合の〝日本人〟とは、北海道と沖縄および山間部に住む人びとを除いたことになる。いわゆる、〝和人〟とは、古代律令国家以来の米を中心とした食事体系を理想としてきた人々を指すとすべきだろう。すなわち細長い日本列島の両極に位置するアイヌ社会と琉球王国には、こうした〝和人〟とは全く異なる生活体系が確立されていた。

さらにはハイランドに住むマタギなどの山の民や社会体制の最下層に追いやられた被差別部落の人々の間に、肉食の技術と文化が残った。このうち地域的な広がりをもつ先の二者においては、再生産活動に不可欠な食料の確保の仕方に、それぞれの文化の位相が大きな比重をもって示されることになる。本章では、とくに米、すなわち水田稲作に異常なまでに固執した〝和人〟から離れ、なかでもアイヌ民族における肉食文化のあり方を検討することで、日本社会の特質を考える参考に供したいと思う。

もともと、かつて蝦夷とよばれたアイヌの人びとは、〝和人〟の律令国家には基本的に服属せず、独自の民族文化を形成してきた。もちろん断るまでもなくアイヌ民族は日本人の一部で、アイヌ文化も、いわゆる〝日本文化〟と歴史的にも深い関係にある。しかし同時に、そのおもな居住地である北海道や千島・樺太は、地理的にも気候的にも北東アジアの一角に位置することから、古くから地域的な交流がさかんで、アイヌ文化は北東アジアの諸民族のそれとも、いくつかの共通性を有している。

ここではアイヌ民族における肉食文化のあり方を検討するが、以上のような事情から、どうしても北東アジアの肉食文化について概観しておく必要が生ずる。この場合に肉食とは、いわゆる四足獣にとどまらず、鳥類や魚類および海獣類をふくむものとする。また、ここでいう北東アジアとは、北海道・サハリン（樺太）・クリル（千島）のほか、アムール川を中心とするユーラシア大陸北部およびカムチャツカ半島・アリューシャン列島などをイメージしている。

これらの地域の歴史的な特性としては、一五、一六世紀の大航海時代ののちに展開された植民地の争奪戦を経て、一八世紀に調査・探検が行なわれた地域であり、それまでは海図もなく、その具体的な地理関係も明確ではなかった。著名なところでは、デンマーク生まれでロシア海軍に属したベーリングが、一七四一年にカムチャツカに派遣されている。さまざまな探検家が、この頃さかんに北東アジアの地に出没したのは西欧列強の帝国主義的政策によるものであった。やや遅れはしたが、文化六（一八〇九）年における間宮海峡の発見も、そうした国際情勢下における幕府の対応の成果の一つであった。

つまり北東アジアは、いわば列強による最後の争奪戦が繰り広げられた地であった。そして、そこでは、いくつかの少数民族が、古くから厳しい自然環境のもとでさまざまな生業を営み、独自の肉食文化を育んでいた。しかし、一八、一九世紀にかけて、突然の侵略者である。〝文明人〟によって先住民族は、その数をいちじるしく減少させられたのである［河野：一九六二］。アイヌ民族もまた、〝和人〟によって同様の運命にさらされたが、彼らの豊かな生活文化の痕跡は、わずかながら記録や伝承の世界にとどめられているので、これらを手がかりに彼らの肉食文化の位相を検討してみたい。

二、北東アジアの肉食文化

北海道の気候は、だいたい日高山脈以西・以南は夏緑広葉樹林で落葉樹が多く、基本的には東北日本の延長上にあるが、日高山脈を越えると亜寒帯針葉樹林が広がる。いわゆる日本的な温帯性気候とは異なり、さらに北東アジアにいたると寒さが厳しく、針葉樹林や凍原、すなわちタイガやツンドラといったきわめて寒冷な気候条件が待ち受けている。こうした自然環境のもとで、農耕はもちろん冬は採集生活もむずかしくなるため、食料の生産活動を行なわない野生のサルは、海峡という障害もあって、自活の北限が下北半島にとどまらざるをえないことになる。当然のことながら、農耕も季節を限定されるが、さらにツンドラなどにいたれば、植物の種類も激減するため、狩猟・漁撈の比重が相対的に増す結果となる。

すなわち北に行けば行くほど〝肉〟は非常に重要な食物となるのである。それゆえ動物の捕獲のみならず、その保存や調理法にもさまざまな工夫が加えられている。こうした食生活の最も典型的な例が、アラスカやカナダの北極海沿岸などに暮らす採集狩猟民で、アルゴンキン系インディアンのアブナキ語の「生肉を食べる人」の意から、エスキモーとよばれた。また中央アジアの草原とも異なって、北東アジアでは遊牧もむずかしい環境にあるが、こうした北東アジアの少数民族のうちには、中央アジアに出自をもつと考えられる、かつての遊牧民も存在する。しかしステップ地帯とは異なって、寒冷で牧草に恵まれないため、代わりにコケ類をも食するトナカイなどの家畜を飼ったりしている。

さらに北東アジアでは、生産力に恵まれない大地の代わりに、川や海が重要な食料補給源となる。アムール川はオホーツク海に流氷をもたらすが、冬には一面に凍る海や川であっても、ここにはアザラシをはじめトドやオットセイ、さらにはラッコなどの海獣類が棲息している。これらは重要な狩猟獣として、彼らの食生活に重要な意義を有しており、毛皮用のラッコは臭みから敬遠されることもあるが、いずれにしても貴重な食肉であることに変わりはない。こうして、狩猟・漁撈・牧畜という再生産活動を基本とする北東アジアでは〝肉〟とのかかわりが深く、植物性食料よりも動物性食料のほうが、はるかに重要な位置を占めることになる。それゆえ北東アジアにおいては、農耕民のものとは異なる独自の肉食文化が存在するのである。

こうした北東アジアの諸民族の分布は図1のごとくであり、その生業の地域的な広がりを示し

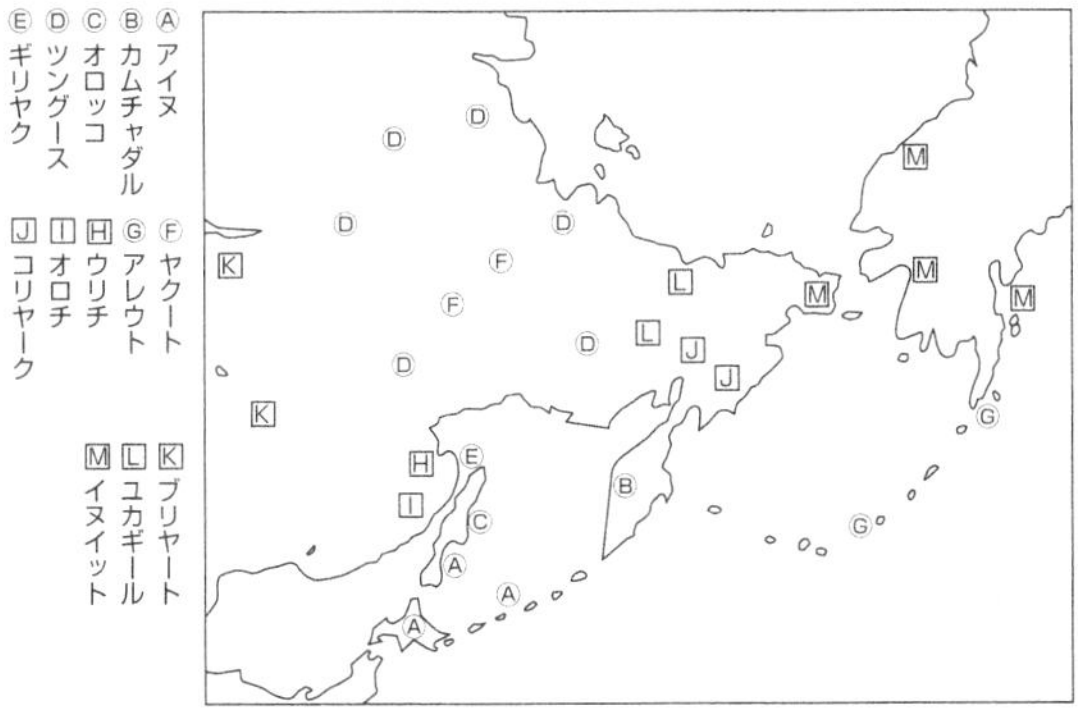

Ⓐアイヌ
Ⓑカムチャダル
Ⓒオロッコ
Ⓓツングース
Ⓔギリヤク
Ⓕヤクート
Ⓖアレウト
Ⓗウリチ
Ⓘオロチ
Ⓙコリヤーク
Ⓚブリヤート
Ⓛユカギール
Ⓜイヌイット

図1　北東アジアの諸民族
〔北海道立北方民族博物館：1993a, p.13 より〕

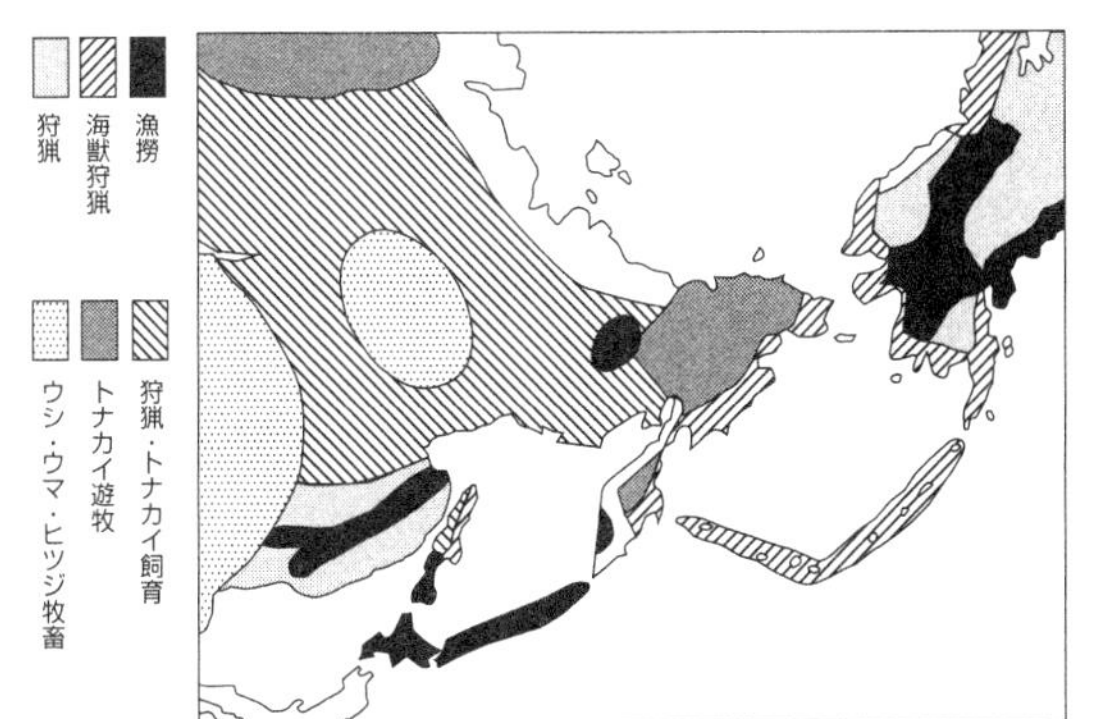

図2　北東アジアの諸民族の生業（18 ～ 19 世紀）
〔北海道立北方民族博物館：1993b, p.7 の原図をリライト〕

たのが図2である〔北海道立北方民族博物館：一九九三a・b〕。以下順次、これらの諸民族における肉食文化の様相について、おもに加藤九祚の研究により〔加藤：一九八六〕、具体的にみていくこととしたい。なお、それぞれの民族の呼称に関しては、自称や他称が入り交じっている。とくに後者については、さまざまな言語で特徴を表わす呼び名が付されており、非常に複雑で紛らわしい。そこで呼称を統一するため、同じく加藤の「北東アジア民族名考」に従う〔加藤：一九八六〕。

まずアレウト（アリュート）族は、アリューシャン列島に住む海洋狩猟民でオヒョウ・タラ・カレイ・ニシンそしてサケなどの魚類を食料とする。魚類を乾燥させて保存し、鯨や海獣捕獲の対象とするが、とくにその油を重要な食物とする。タラ以外は生で食べるが、石を利用した蒸し焼き法などで調理する。またブタやニワトリなどの家畜も飼い、木の実やユリの根などの草根や海草も食する。

つぎにカムチャダル族は、イテリメンともよばれるカムチャツカ半島の先住民で、狩猟・漁撈を生業とする。魚鳥獣肉を食料とし、夏に捕獲し乾燥させて、冬の貯えとする。ウシを飼い牛乳も利用するが、これはロシア化した結果と考えられる。やはり魚や油が大切な食料で、サケを乾燥させたユカラが主食物で、燻製にもするが、発酵といった方法も行ない、魚卵も好まれる。なお海獣の狩猟には、アイヌ民族と同じ毒矢を用いる。

また東部シベリアの先住民であるヤクート族は、もともとバイカル湖付近に住む遊牧民で、ウシやウマを飼っているが、ほかに農耕も行なっていた。それゆえ彼らの富は家畜で、牛馬の肉を食料としたり、馬乳酒などの乳製品をつくったりする。しかし彼らにとっては、狩猟・漁撈も重要な生業のひとつで、土器づくりも行なっている。おもな食料は、乳製品や獣肉であるが、松の木などの甘皮を細かく刻んで、煮込んでから松脂を抜き、麦の粉などを混ぜたものも食べる。さらに東部シベリアからロシア沿海州および旧満州（中国東北部）にかけては、エヴェンキやエヴェンなどのツングース族をはじめとして、ツングース語を話す諸民族が住んでいる。彼らは農耕も行なうが、おもに狩猟とトナカイ飼養に従事し、トナカイをもたず狩猟や漁撈を行なう部族もある。肉は、発酵させたり塩漬けにしたりすることはなく、軽く煮たり焼いたりして食べる。調味料は使わないが、血やミルクを料理などに用いるほか、腸詰めにしたり燻製にしたりする。

ギリヤク族はニブフ・スメレンクルなどともよばれ、アムール川下流域とサハリンに住む民族で、海獣の狩猟も行なうが、魚を非常によく好んで食料とする。海獣のうちでもアザラシなどを煮て食べるが、最も豊富で重要な魚はサケで、干したものを魚油もしくは海獣の油に浸して食べる。トナカイの代わりにイヌを飼い、狩猟民ではないが、リスやテンやキツネなどを捕り毛皮などとして利用する。またアイヌとほぼ同様の熊祭を行ない、熊の肉は最高のご馳走とされる。このギリヤクに関しては、北海道の北東部にオホーツク文化をもたらした民族とする有力な見解がある［菊池：一九九五］。

なおウィルタとも称するオロッコ族は、サハリンに住む少数民族であるが、一七世紀以前に大陸部アムール川下流左岸の支流域にあたるアムグニからサハリンに移住したという。その呼称は

「トナカイの民」の意にちなむが、彼らはトナカイをおもに運送に用い、食肉や乳用とはせずに、むしろ日常的には海産物を食料とする。海獣猟・漁撈・海岸での採集がおもな食料獲得の手段で、カラフトマスを大量に干し魚とするほか、魚類を層に重ねて塩漬けにもする。魚は煮たり焼いたりするが、生魚も食べ、昆布と煮ることもある。北東アジアでは、それぞれの民族が、こうした生業を営んでいたが、やはり気候や地形などに規定されて、肉食文化のあり方も微妙に異なっていた。しかし大局的にみれば、トナカイなどを飼う場合もあるが、基本的には狩猟・漁撈に重きがおかれていた。

なかでも沿海部では、アザラシ・オットセイ・トドなどの海獣を捕獲し、その肉を食料にあてるケースが多い。毛皮として珍重されるラッコは、食用に供される例が少ないが、長年ラッコ猟に従事したH・J・スノーは、『千島列島黎明記』において、千島アイヌが好んでラッコの肉を食べていたことを報告している。こうした海獣は、氷上での捕獲が可能で、食肉とする部分も多いため、オホーツクでは重要な食料として用いられたのである。

ほかに狩猟の対象としては、クマやシカさらには野生トナカイなどの陸獣、およびウサギやキツネなどといった小動物が貴重な動物性食料であったが、やはり海や川に面した地域では、漁撈が最も主要な生業となった。とくに栄養分の豊かなサケ・マスは、貴重な食料であると同時に、その皮は衣服や靴などにも利用された。

北東アジアでは、植物成育のための気候条件が厳しく、農耕に不向きであるところから、食料の確保・保存には、さまざまな努力と工夫が積み重ねられた。たとえば、魚をふくむ肉類は、乾燥・燻製・発酵という処理によって、長期間の保存に耐えられるように加工された。なかでも燻製は腐敗の防止に役立つとともに、虫などが卵を産みつけるのを防ぐ効果もある。さらには寒冷な気候を利用して、肉類を冷凍保存することも行なわれた。こうした北東アジアの技法のうち、アイヌの人びとが伝えたサケの保存法としては、燻製にトバ、冷凍にルイベがある。

また食料の少ない北東アジアでは、動物や魚の遺体は余すところなく利用された。最も貴重でカロリーもあり、さらには調味料などとして重宝されたのは、陸獣や海獣の体内に溜まった油脂や、魚を茹でることによって得られる魚油であった。もちろん内臓や血までも、ことごとく食べつくし、これらをミネラルやビタミンの重要な補給源とした。また骨についても徹底的に利用され、骨髄までが食べられた。日本でも食料の乏しかった縄文や弥生の時期に、骨髄を食べた形跡があるが、北東アジアの諸民族においてはさかんに行なわれており、たとえばアラスカのイヌイットは、割った骨から骨髄を掻き出すための牙製骨髄取り出し具を作成している［北海道立北方民族博物館：一九九三a］。こうした食事用具以外にも、食肉用の動物獲得のために獲物に刺さると銛が分離する回転式離頭銛や複雑な構造をもったヤスなどを利用しており、さまざまな工夫と努力によって、その食生活の安定化がはかられたのである。

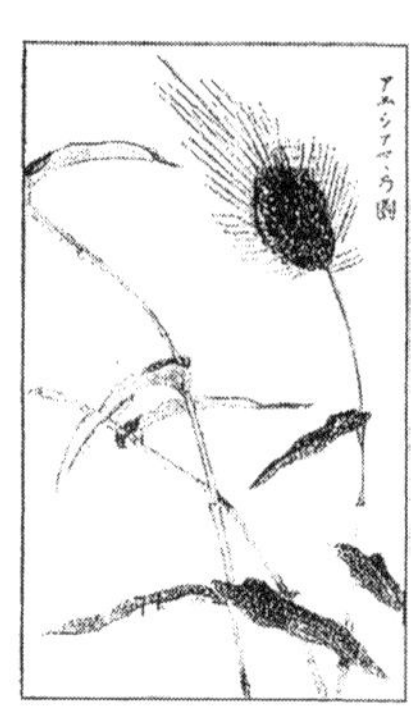

図3　アユシアママ〔『蝦夷常生計図説』より〕

図4　アママジユケ〔『蝦夷生計図説』より〕

三、アイヌ民族の肉食文化

こうした北東アジアの諸民族のうち、最も身近なアイヌ民族の食生活については、考古学上の遺物や文献史料およびアイヌの人びとの伝承などによって、その一端をうかがうことが可能である。古くは『日本書紀』斉明天皇二年（六五六）条や、南北朝期に諏訪円忠が記した『諏訪大明神絵詞』など、古代・中世においても肉を食していた記録は残されているが、ここでは比較的描写の詳しい近世以降の紀行文を中心にみていくこととしたい。まず農耕については、本多利明が、最上徳内著『蝦夷国人情風俗之沙汰』に寄せた序文に、「五穀も生ざれば食物乏しく忽に飢に及(ばん)」と記しており、ロシアのクルーゼンシテルン『クルウゼンシュテルン日本紀行』もアイヌについて「我等は、一の農業の形跡をも見ず」という見聞を認(したた)めているが、これは誤りである。

考古学的には、アイヌ文化の前身をなす擦文文化における粟・稗などの栽培が確認されており[石附：一九八六]、近年では縄文時代にまでさかのぼることが指摘されている[吉崎：一九九三]。また江戸時代の文献にも断片的に農耕の事実が記されているほか、民俗事例や民具からも、アイヌの人びとが農耕を行なっていたことに疑いはない[林：一九六九]。たとえば秦檍丸(はたあわきまろ)の『蝦夷生計図説』には「禾穀の類のたえて生ずる事なしといふにあらず」とあり、「アユ(ウ)シアママ乃図」とアユウアママを煮る「アマ、シ(ジ)ユケの図」(図3・図4)が紹介されている。

アユウシアママはトゲのある穀物を指すが、米を〝日本人の穀物〟とよんだのに対して、稗や粟を〝人間の穀物〟つまり〝アイヌの穀物〟と称している点が興味深い[知里：一九五三]。一般に古い文献では〝蝦夷に五穀なし〟といった旨を記したものが多いが、実際にはアイヌの人びとは、このように稗や粟など雑穀類の農耕を行なっていた。また採取活動もさかんで、トゥレップ(オオウバユリ)の根やペカンペ(ヒシ)の実など、山野河海の自生動植物を巧みに利用していた[原田：一九九九b]。したがって、アイヌ民族の食生活に占める植物性食料の位置は、想像以上に高かったと考えざるをえない。

ただ栄養的な観点からすれば、動物性食料の重みは大きく、やはり狩猟や漁撈こそ彼らの生産活動の基本であり、とくにサケに代表される魚類は、食料としても格別な位置を占めていた。寛政五（一七九三）年に完成をみた串原正峯の『夷諺俗言』には、「蝦夷食糧の事は常々おもに魚類を食し……獲たる所の魚を海水を以て煮て食す」「草飯糧に貯ゆるには、能干て臼にて搗はたきて、糟をはかためて餅となし、粉をば水干して葛のことく製し貯置なり。食するには是を丸め、魚油にて食す」などとあり、魚類に重きがおかれ、根菜からつくった餅などを魚油で味つけしていたことがうかがわれる。

魚類はサケやマス・ニシンなどで海藻類も食されたが、大型の海獣に関しては、狂歌師としても知られた平秩東作の『東遊記』に、「海狗、蝦夷人オットセイと呼ぶるのこの物なり……肉は塩に漬て食用となす。味海鰌に異なる事なし」とみえ、先の『蝦夷国人情風俗之沙汰』には、ほかにも「海鹿（アシカ）・水豹（アザラシ）等を活捕る事夥し」とある。オットセイの塩漬の図なども添えられている。さらに寛永一五（一六三八）年頃に成立した俳諧書『毛吹草』は、蝦夷松前の産物としてアザラシやオットセイとともに「炙鯨」をあげている。アイヌの人びとは古くからクジラを食用としており、噴火湾では二〇世紀初頭まで、トリカブトの毒を用いたクジラ猟が行なわれていた［名取：一九四五］。

ただ蝦夷地の〝和人〟は移動に船を用いて海岸線を活動の場としていたため、これらの観察記録には、いわゆる〝海アイヌ〟に関するものが多く、〝山アイヌ〟についての記述は少ない。おそらく内陸部に住むアイヌの人びとは、川を遡上するサケ・マス類のほか、鳥類や陸獣などの肉を貴重なタンパク源としていたものと思われる。なお明治中期に刊行された村尾元長の『あいぬ風俗略志』は、食用とする獣類について、「熊・鹿・兎・狐等を山野に獲」と記し、同じく鳥類に関しては、「鳥類は捕獲すれば皆食用に充つれとも、其類甚た多からず、其種類は梟・雁・鶉其他小鳥なり」としている。

こうしたアイヌの人びとの食事について、同じように肉食に対する禁忌をもたなかった西洋人の観察記録をみておこう。長年、二風谷でアイヌ民族と生活を共にした英人ジョン＝バチュラーの『アイヌの伝承と民俗』には、つぎのような記述がある。

新鮮なサケ・タラ・シカの肉・クマの肉・豆・栗・ジャガイモ・エンドウ豆は、正しい仕方で料理されると、それ自体はすべておいしい……彼らは、よく乾燥していない魚で強い味つけをしたシチューが大好きだ。ほとんどあらゆる種類の食べ物はシチュー鍋に投込まれ（る）……魚はときどき火のまえであぶられ、ジャガイモは炉の灰のなかで焼かれる……彼らは、サケ・マス・若いサメ・メカジキ・クジラが非常に好きだ。また肉については、クマの脂肪と骨髄、シカの腰の肉、ウマか去勢した牡ウシの内臓を含むあらゆる部分が好きである……他方、ライチョウ・野生のガチョウおよびアヒルは、猟の獲物である。

さすがに肉食を日常的に行なっていた民族の一員だけあって、近世の日本人の観察とは較べものにならないほど詳しい。

同書の刊行は明治三四（一九〇一）年のことであるが、新たにもたらされたジャガイモも利用されている。また獣類の脂肪や骨髄さらには内臓まで食べつくしている点に注目すべきであるが、逆に魚類については記述が簡単で、おそらく魚油の利用については見落としたものと思われる。なおアイヌの調理法については、鍋でスープ状にするのが一般的であったようで、米人ヒッチコックも『アイヌ人とその文化――明治中期のアイヌの村から』に同様な観察記録を残している。また澳（オーストリア）人ハインリッヒ＝シーボルトも『小シーボルト蝦夷見聞記』に、アイヌの人びとが揚物料理を行ない、その油に「鰯の一種の油・または鹿や熊の脂」を利用する旨を記している。

こうしたアイヌ民族の肉食文化の伝統が、どのようなかたちで現在に受け継がれてきたかについては『聞き書 アイヌの食事』に詳しく、浦河地方の浦川タレさんからの伝承を要約すれば以下のようになる［萩中他：一九九二］。

陸獣でも海獣でも、新鮮なうちは刺身やタタキにして食べるが、クマやシカもしくはトドなどの大型獣の場合には、肝臓・心臓・腎臓を取り出して刺身とし、なにもつけずにそのまま食べる。また眼球の水晶液や舌の中の軟骨も生で食べるが、量が少ないため口にできるのは捕獲した男だけである。なおウサギやタヌキなどの中型獣になると、腎臓は無理で、肝臓と心臓を刺身とするが、ほかに生で食べられるのは眼球くらいだという。もちろん薬効があるとして血液も飲む。

またタタキは、最高の神として崇められるクマが最上で、頭に付着する筋肉を刻み、これに脳漿を混ぜ合わせて食べる。このほか、食道・気管・甲状腺・肺・頸動脈・頸静脈などの食べにくい部分もタタキとし、同様に脳漿を入れる。ほかにシカの場合は、気管を中心とし、ウサギは心臓・肝臓・胆嚢を除く内臓を用い、これに耳などを混ぜてタタキをつくる。このほか、リスや鳥類もタタキとするが、ササ身と心臓だけは刺身にして食べる。また余った場合には、汁に入れてダシとしたり、そのままあるいは潰して丸めたりして汁の具とする。もちろん肉は、これとは別に乾燥などの手段で保存し、煮物などに用いるなど貴重な食料となっている。

こうした内臓の処理法などに明らかなように、アイヌ民族には優れた肉食文化が存在していたのである。

四、比較史的考察

これまでみてきたように、アイヌ民族の肉食文化は生活環境が似通っていることから、北東アジアの諸民族と共通する部分が多い。さきにあげた肉の確保の問題でみれば、オホーツク海沿岸では、オットセイ・トド・アザラシ・ラッコ・クジラなどの海獣狩猟がさかんに行なわれており、食肉用のみならず衣類や生活用品の素材とされている。この場合の狩猟方法や狩猟用具、すなわちキテとよばれる回転式離頭銛とトリカブトの毒矢の使用［萱野：一九七八］、さらには大型獣であるクジラの狩猟チームの編成単位、また海獣の部位ごとの利用法など、北東の諸民族の間には、実に多くの共通点のあることが指摘されている［渡部：一九九二］。

アイヌ民族におけるトリカブト毒矢の使用については、すでに空海の漢詩文集『性霊集』に「毛人」の「骨毒の矢」がみえるのを初めとして、いくつかの中世の文献にも登場しており、かなり古くから利用されていたことがわかる。このトリカブトの毒は、北方諸民族でも用いられているが、もともとはヒマラヤ原産で、おそらく中国経由で北方に伝えられ、これがアイヌの人びとにも採用されたとも考えられている［石川：一九六三］。また、これを利用した仕掛け弓であるアマックは［萱野：一九七八］、アムール地方のものと共通しているが、これももともとは中国南部で考案されたもので、北方経由でアイヌへ伝えられた可能性が高い［大林：一九九一］。

ところでアイヌ民族の場合には、狩猟・漁撈をおもな再生産活動としており〝肉〟を重要視したことの象徴として、熊送りや鮭送りの儀礼が整っている点が特徴とされている。とくに熊送りについて、最上徳内は『蝦夷国人情風俗之沙汰』に、「飼赤熊の殺礼の事」としてイヨマンテ（図5）の詳細を記し、「祝儀の大酒宴あり。赤熊の肉を肴とし次に鹿肉、狐肉、魚肉沢山にして終日終夜にぎはう也……年中海上にて漁猟を無難にする祝儀なりといふ。日本の太古、即斯の如し。其法遺り農民の秋祭り是也」と結んでおり、細部の認識には問題もあるが、これを〝秋祭り〟に比したところは、やはり農耕を主体とする〝日本人〟の視点と評すべきだろう。

この熊送りも北方諸民族に広く認められ、狩猟したクマを送る場合と飼いグマを送る場合とがあるが、アイヌ民族のイヨマンテは後者に属するもので、これは農耕を行なうなど比較的食料の供給性の高い社会での儀礼、と考えられている〔大林：一九九一〕。また熊送りは、鮭送りと共通する点が多く、人間の獲物となる動物が、肉や皮を人間に与えて歓待されたのち〝送り〟儀式によって霊が故郷に戻され、再び動物の姿で山や海に戻ってくる、という北方系狩猟・漁撈民の世界観に基づくもの、とみなされている〔渡邉：一九九三〕。

図5　熊祭〔『蝦夷島奇観』より〕（東京国立博物館蔵）

また熊送りの儀式では、邪気を払い身体を強健にするため、クマの血が飲まれるが〔伊福部：一九六九〕、血を食用とする文化は、一般に和人社会には稀薄であった。むしろ血を用いた料理は、日本ではアイヌの人びとのほかに沖縄や山の民などの間に残った〔原田：一九九五〕。これらは、いずれも豊かな肉食文化を有した部分で、いわば米文化の対極に位置している。このため北海道・沖縄は、近代まで異国もしくは異域とみなされた地域であり、奥深い山々もまた異界と考えられていたのである。

このうち、日本の北端に形成されたアイヌ文化のなかには、言語も含め和人の文化と基層的に共通するものも多い［八幡：一九五六］。縄文時代以降の流れのなかでは、確かに和人社会と深い関連をもったが、こと肉食文化に関しては、自然の環境条件が作用するところが大きく、気候的にも似通い、距離的にも近い北東アジアの影響が大きかったとすべきであろう。

第14章　琉球弧の食文化

一、はじめに

北海道の対極に位置する琉球弧は、気候的には亜熱帯に属し、高温多湿な上、しばしば台風に見舞われる。この地域は、古くから米文化に覆われて肉食を忌避した日本とは異なり、北のアイヌ文化と同様に肉の文化が広がっていたが、南の琉球弧では、北に較べればはるかに高度な農耕も行われた地域で、琉球王国という国家を成立させた。アイヌの人々が国家を持ち得なかったこととは大きく異なる。そこで本章では、琉球弧の食文化をトータルな観点から考えてみたい。

まず琉球弧とは、九州の南から台湾へと連なる弧状の島々のことで、南西諸島とも称されている。沖縄列島という呼称で表現することも可能であろうが、この語は辞書類に登録されておらず、一般に沖縄諸島といった場合には、沖縄本島および周辺の島々を指すことになるので、これも誤解を生みやすい。琉球諸島という呼び方もあり、これには沖縄諸島と先島諸島も含まれるが、通例では薩南諸島・奄美諸島が除かれてしまう。だからといって南西諸島といってしまうと、いかにも日本の南西の島々という印象が強く、その地域的独自性が薄められてしまう。

そこで琉球弧を使用することとするが、この琉球という語も、古代中国が記録したこの島々の呼称で、しかも台湾との混同も考えられることから、沖縄のことを大琉球、台湾のことを小琉球として区別する場合もある。そもそも沖縄は「ウチナー」という自らの呼称によるものであるが、琉球王国という独自の国家を創り上げ、中国への冊封を行ってきた。しかし沖縄という名称が公的に用いられたのは、日本の支配下に入った近代以降のことであった。それゆえ本章では、こうした地域の歴史性と気候や地形といった地理的状況を考慮した上で、琉球弧という語を用いることとする。

そして、この範疇には、北から薩南諸島・奄美諸島・沖縄諸島・先島諸島（宮古諸島・八重山諸島）のほか南北大東島も含まれる。ただ紙幅の関係から、琉球弧全体の食文化を意識しつつも、沖縄諸島を中心とした記述となることは避けられない。しかし琉球弧は、歴史・空間的な偏差を有しつつも、琉球王国をベースとした琉球文化が展開し、基本的には共通の食文化に覆われた地域と考えてよいだろう。そこで、まず地形的な特色を押さえた上で、琉球史の概略を食文化の観点から見ていくこととしたい。

亜熱帯に属する沖縄は、大小一六〇余の島嶼からなるが、これらの島々は、高島と低島に分かれる。沖縄本島や八重山などの高島は、沈降山脈の名残りで、いくつかの山々を抱え、小規模ながらも河川を有する。これに対して久米島や宮古島などの低島は、珊瑚礁が隆起したもので起伏は少なく、河川には恵まれない代わりに珊瑚礁と岩盤との間に地下水が貯えられることがある。双方の島で生活が営まれるが、そのうち有人島は三〇％に過ぎない。しかしその地の利を活かして、中国や日本そして南方との交流を通じて独自の食文化を営んできたという特徴があり、これによって沖縄県は長いこと全国一の長寿県として知られてもきた〔尚：一九八八a〕。

二、食文化の歴史的特質

まず琉球弧における食文化の歴史的背景から見ていこう。地形的に見て、石灰岩というアルカリ土壌が主体となる琉球弧は、動物や人間の骨が、酸性土壌が多い日本本土に比してはるかに残りやすく、港川人など旧石器時代人の人骨が出土している。この港川人については、従来縄文人の祖先で南中国系の古モンゴロイドとされてきたが、最近ではオーストラリア原住民やニューギニアの人々に近いと考えられており、南洋系の要素が琉球弧の原型にあったことが窺われる。

そして港川に近い南城市のサキタリ洞遺跡からは、世界最古ともされる約二万三〇〇〇年前の貝製の釣り針が発見されている。この遺跡は港川海岸に注ぐ雄樋川沿いにあり、ブダイ科の魚やオオウナギなどの骨が出土しているところから、もちろん狩猟・採集活動も行われていたであろうが、琉球弧の旧石器時代人の生活に、海岸や河川での漁撈活動が重要な役割を果たしていたことが窺われる。琉球弧の旧石器時代人については、島の食環境には耐えきれず絶滅したとする説もあるが〔高宮：二〇〇五〕、その後に住み着いた人々にとっては、海という存在が持つ意味は大きかった。

旧石器の次の時代にあたる貝塚時代は、その前期が縄文時代、後期が弥生時代から平安時代初期に相当する。そして奄美諸島や沖縄諸島などでは、縄文文化の影響を受けた土器文化が展開したが、先島諸島には及ばず、ここでは局部磨製石器を用いた南アジア系先史文化が根付いていた。同じく海洋に広がる琉球弧といっても、地域性が強かったことが窺われる。

ただいずれにしても、貝塚という言葉に象徴されるように、琉球弧では海岸部が主要な食料供給源となった。とくに島々の周囲に形成されるリーフと呼ばれる珊瑚礁は、比較的平らな浅瀬で歩くこともできて、そこには貝類・甲殻類などが棲息するほか、引き潮になると魚類が取り残されるなど捕獲も容易であった。これを裏付けるように、それゆえ貝塚時代人の人骨は、下肢骨が発達しているが、これは体型が珊瑚礁での活動に適合した結果と考えられる。

このため貝塚時代の遺跡立地としては、そうしたリーフを臨んで小さな森林のある場所が選ばれ、水と植物性食料も確保されることになる。その後、貝塚時代後期も一〇世紀後半頃になると、貝細工に不可欠なヤコウガイが盛んにヤマトへ輸出されるようになり、食料を含む交易が盛んであったことが想像される。そうしたヤマトとの交流は、琉球弧に農耕という技術を、奄美諸島経由で受容させるところとなり、再生産活動が活発化した。そのため農耕による高い社会的剰余が蓄積され、各地に小さな王が生まれ、階層社会が出現をみた。

その結果、一一世紀後半には、按司と呼ばれる豪族が各地に出現して、丘陵地や台地部分にグスクが築かれ、いわゆるグスク時代を迎えた。さらに大型グスクが登場するなどこの時代には、農耕の発達とともに、東アジアを含む広汎な交易の展開によって、奄美・沖縄・先島諸島に新たな富がもたらされるようになった。たとえば北九州で作成された滑石製石鍋や徳之島で生産されたカムィヤキあるいは中国製陶磁器が、それぞれの島々で出土しており、琉球弧として共通性をもつ文化圏が形成されたことがわかる。

しかも、この時代には多くの和人が訪れ、ヤマト中世人の南下が始まって、貝塚時代人との混血によって、それまでとは異なるグスク時代人という同一の沖縄人集団が形成されたとされている［安東他：二〇一二］。もともと琉球弧は、亜熱帯に属し気候的には恵まれてはいたが、台風も多く、しばしば旱魃にも見舞われた。さらに地形的にみれば、珊瑚礁の島々はアルカリ土壌で石灰岩が多く、沖縄本島には国頭（山原）地方の扇状地に水田もあるが、海岸部では塩害などで水田化が難しかった。そうじて琉球弧の耕地は、狭隘で沃土は少なく、沖縄県が近代初頭において土地面積に占めた水田比率は、全国的に見てもかなり低かった。

確かに問題はあったが、やはり農耕が有する力は絶大で、これに地の利を活かした交易が盛んであったところから、経済的発達をみたグスク時代を通じて、地域の統一化が進み、沖縄本島には北山・中山・南山という三つの王朝が誕生した。そして、これを中山が統一して、琉球王朝が成立し、その版図を奄美諸島・先島諸島へと広げ、琉球弧を勢力下に収めた。しかも三山の各王朝も、その後の琉球王国も中国への朝貢を行って、冊封体制下に組み込まれていた。こうして、もともとは魚介を中心とした採取活動による南洋的食文化に、農耕をベースとするヤマト的な食文化が加わり、さらに冊封関係によって中国的な要素が採り入れられるようになった。

こうした各地域との交流によって、重層的な食文化が形成されるようになり、それは王国支配下の琉球弧に及んだ。そして近世に入ると、江戸幕府の容認を得て薩摩が琉球に侵攻し従属せしめた。いっぽうで王朝と中国との冊封関係も継続されており、中国皇帝から与えられた衣冠と年号を用いていたが、年貢をはじめとする経済関係などは実質的に日本の支配下に置かれた。ただし奄美諸島ではこの体制は近世を通じて維持され、今日に至る琉球弧の食文化の原型が形作られたが、近代に入ると廃藩置県の後の琉球処分によって、正式に琉球弧は日本の一部となった。しかしその後、太平洋戦争の末期に、国内で唯一の戦場となり、敗戦後もアメリカの統治下に置かれて、アメリカの食文化の影響も受けたという特色がある。

三、食文化の様相

琉球の歴史と地理については、新井白石の『南島志』に詳しい。まず主要な農作物に関しては、その土は、稲・粱・粟・禾・黍・麻・大豆・小豆・豌豆・黒豆に適するが、田は僅少で良好とは言いがたく五穀も多くは収穫が望めないとしている。そして野菜や根菜については、一九世紀前半にブロッサム号で来琉したビーチーが『ブロッサム号来琉記』で、甘藷・トウモロコシ・馬鈴薯・キャベツ・カブ・サトウキビ・茶・タロ芋・キュウリ・ココナッツ・人参・レタス・タマネギ・バナナ・ザクロ・ミカンなどが畑で栽培されたのをみたとしている。とくにこのうち甘藷の生産量が高く、根も葉も食料とするとしている。

これに関しては、一七世紀後半に冊封使として訪れた王楫の『使琉球雑録』巻四に、「米はただ国君及び諸巨族のみ常に食するを得、小民は則ち皆、番薯を食す」とあるように、少ない米は上流階級の主食とされたが、民衆にとって重要な食料だったのは、米よりも甘藷であったことが窺われる。もともと一三〜一七世紀の神歌を集めた『おもろさうし』にも米を詠ったものは少なく、米の社会的比重は決して高くはなかった。ちなみに米の酒である泡盛については、製法はタイなどの東南アジアから伝えられたもので、今でも原料にはタイ米が用いられているが、発酵スターターには日本系の黒麹菌を用いた点に特徴があり、王府付近の首里などで良質なものが造られた。

さらに明治一七年に起稿された河原田盛美の『沖縄物産志』には、穀類の冒頭に米が挙げられている、「島民は常食甘藷なれば米穀を作ること甚だ少く」としており、アワは宮古島・粟国島に多いが、本島では、これらの島々から輸送しており、ムギとともに生産量は多くはなく、ヒエも少なくソバに至っては作るものがいないという。なおダイズ・アヅキ・エンドウ・ササゲなどの豆類も粗悪で少ないが、熱帯系のルソンマメ（呂宋豆）が江戸後期に伝えられ、豆腐や味噌・煮豆などにして佳味であったとしている。

そもそも甘藷は、近世初頭に野国総官が中国から持ち帰ったもので、その増殖法を儀間真常が考案して栽培が広まった。また儀間は、サトウキビも移入し砂糖製造を国中に広めたが、王府が砂糖を専売としたため作付け面積は増加し、食料の生産を圧迫したことから、農民たちは甘藷を主食として、サトウキビに収入を求めたのである［嘉手納：一九八七］。なお数多く自生し毒素を有するソテツも、葉を食用としたほか、芯からはデンプン粉を作って貴重な保存食ともしてきた［上江洲：一九八七］。

ところで一九世紀中期に刊行されたシーボルトの『日本』第一三編「琉球諸島」では、食器は日本と同じで、調理法も日本的であり酒・酢・大豆および味噌が用いられているとしている。さらに同時期の『ゴンチャローフ日本渡航記』も、食物も日本人と同じものだが、日本より粗末で素朴だとし、貧民階級は豆その他の野菜を食べている旨を記している。

たしかに食文化の基本的ベースは、農耕を伝え、民間レベルでの交流が盛んであった日本に近いものがあった。しかし大きく異なるのは、畜肉の利用にあり、動物性油脂の摂取にあった。かつてはイノシシやシカの狩猟も行われたが、伊江島などでは弥生相当期の小型のイノシシの頭骨が発見されており、イノシシ飼育の可能性もあるが、その形跡は途絶えてしまう。やがて一四世紀の中国への進貢を契機に、いわゆる閩人三六姓の移住に伴って彼らがブタとヤギとを伝え、その飼育・食用が広まったとされている［島袋：一九八八］。

とくにブタはフールと呼ばれる人糞を利用した小屋で飼育されてきた。育てられたブタは換金される場合もあったが、家々でウヮークルシという屠殺が行われ、特に正月の屠殺行事が最大であり、ブタ肉は正月の御馳走としてもてはやされた。またヤギは、野草のみで育つところから、自家用のタンパク源および薬用として簡単な小屋で飼育されていた。これらの解体法は、もちろん家々に伝わり、ブタにしても、ラフテーやソーキのような精肉のほか、テビチ（豚足煮）やナカミ汁（小腸の汁）・ミミガー（耳）さらには血イリチー（血の炒め物）といった内臓や血を用いた豚肉料理があり、脂を用いた油味噌も料理に多用されるなど、成熟した肉食文化が根付いていた。

またジュゴンなどの海獣も食用とされており、海産物は重要な位置を占めていたが、意外に漁業は著しい発達をみていない。本島南部の糸満などでは遠海漁業が営まれ、追込み漁や延縄漁などが行われているが、基本的には一本釣りや突き魚漁など小規模な漁業が多い。これは捕獲が容易であった珊瑚礁の負の側面で、透明な海に囲まれていることから、海水に養分が少なく、魚が大量に棲息しにくい環境が存在するためである。また暖流に囲まれることから、ブダイやグルクンなどといった魚もあるが、魚類そのものの種類は少なく、イカやエビなどの甲殻類の方が特徴的である。さらに海藻類も種類は少ないが、モズク・アーサー・ヒジキ・海ブドウなども食用とされている。

ただカツオに関しては、漁獲量が多く、かつてはカツオブシの生産も盛んで、現在でも消費量もかなり高い。ちなみに太平洋戦争期には、日本が領土としたサイパンなどに南洋興発という会社が進出し、沖縄県民などが出向いて砂糖生産のほかカツオ漁を盛んに行った。またカツオブシと並んで出汁の基本となるコンブについても、沖縄は消費量がきわめて高い。これは近世における薩摩藩の支配下において、王国からは砂糖が大阪に運ばれたことと関係する。大阪には日本海運で、蝦夷地から大量のコンブが移入されており、琉球からの船は、これを積んで帰ったために、いわゆるコンブロードによって、蝦夷地からコンブが伝えられた［大石：一九八九］。こうしてコンブは沖縄で、クーブイリチー（コンブの炒め物）や豚足などとともに煮込んだオデンなど日常的な料理に多用されたためである。

基本的には琉球弧の食文化は、初源的には狩猟・採集による動植物とリーフなどで獲れる海産物をベースとし、南下した日本文化の影響を受けていたが、琉球王国の成立によって本格的に中国の冊封体制下に組み込まれた。このため王の交代のたびに冊封使が訪れると、御冠船（うかんせん）料理と呼ばれる中国料理でもてなした。たしかに農耕は日本から伝わったが、そのまま米文化を受け容れたわけではないから、琉球弧には肉食の禁忌が浸透しておらず、肉や脂を多用する中国料理の受容に障害はなかった。また冊封以前においても、海域を超えた各地との交流は盛んで、さまざまな食文化が混じり合っている。

チャンプルーという沖縄料理は、さまざまな具材を混ぜ合わせるというのが語義とされているが、これは炒め物で油を必要とする。日本では近世に発達した天ぷらを除けば、伝統的に油類の使用が少ない。沖縄における油脂の多用は中国からの影響であり、インドネシアにもナシチャンプルーという混ぜご飯料理があり、料理法や名称に南洋との共通性も伺うことが出来る。もちろん日本についても、『聞き書 沖縄の食事』によれば、薩摩の琉球侵攻以後は、那覇に薩摩藩の在番奉行所が置かれ、奉行人たちへの接待の必要から、料理人が日本料理を学ぶために薩摩に出向いたとされている〔尚他編：一九八八b〕。いずれにしても従来の地域的な特性を基礎としつつも、外来の要素が加わって、独自の食文化が形成されたのである。

四、食文化の変容

そして明治維新を機に、琉球王国は蝦夷地とともに正式に日本に組み入れられた。いわゆる琉球処分で、武力を背景として昌泰王に首里城を明け渡させ、中国との関係の精算を迫った。アメリカを仲介とした交渉の過程では、先島諸島を中国領とする案も示されたが、最終的には琉球弧全てが日本の支配下に入った。一部には中国への帰属を主張する琉球人もいたが、やがて日清戦争での中国の敗北により勢力を失った。いずれにしても琉球処分後には、日本への皇民化政策が採られ言語など生活文化の同化が進行した。そうしたなかで、今日の琉球弧の食文化が成熟をみたが、とくに戦後に大きな変化をもたらしたのは、アメリカの食文化であった。

沖縄は太平洋戦争で、唯一国内の戦場となった地で、激戦の末にアメリカは占領に成功した。

膨大な代償を支払ったが、それ以上に重要なアメリカの極東戦略の地政学上の要点となった。このため一九五一年のサンフランシスコ条約締結に際し、日本から連合国軍を撤退させる代わりに、奄美諸島を除く琉球弧ではアメリカ軍の占領状態が続いた。今日でも沖縄のアメリカ軍基地は、日本全体の七四パーセントが集中する状態で、その面積は県全体の一〇パーセントをこえており、基地の存在は地方経済にも少なからぬ比重を占めている。そして二万六〇〇〇近いアメリカ軍人の存在は、その食文化に大きな変容をもたらした。

そうした沖縄では免税措置が施され、牛肉やウィスキーなどには関税がかからず、米兵は安く食することができた。その影響を受けて、これらが琉球弧の食文化のなかに強く根付くところとなった。那覇などの市内には、ステーキ専門店が多いが、これは牛肉の食用が盛んになったことを物語っている。もちろん、この前提には、伝統的な肉食文化の存在があるが、経済的な枠組みも大きな役割を果たしたことが窺われる。

さらにアメリカ軍が持ち込んで食文化のなかに入り込んだものに、ポークスパムがある。これは成形されたブタ肉の缶詰で、非常に安価で簡便なところから家庭料理のなかに入り込んでいる。もっともポピュラーなのはポーク玉子という料理で、缶詰のスパムを七〜八ミリくらいの厚さに切って両面を油で焼き、これに卵焼きを添えたにすぎない。これが沖縄の人々には人気で、食堂には必ずポーク玉子定食がある。さらに、コンビニなどでは、このポークと玉子を一緒に挟んで海苔を巻いたオニギリが人気で、数多く販売されている。このほかポークスパムは、チャンプルーなどの炒め物にもブタ肉代わりに多用されている。またトンカツは豚肉であるが、ポークカツにはスパムが用いられる。さらにはスパムは味噌汁の具材としても使われている。

また沖縄の地方料理として有名になったタコライスは、メキシコ料理のタコスからヒントを得て、白飯の上にタコスの中身を盛り、千切りレタスとチーズを添えたものである。これは米軍基地を抱える金武町の食堂で、米兵相手に考案されたものとして知られている。こうして作られたタコライスが、一般の人々の間にも広がり、今や人気メニューの一つとなった。現在の琉球弧の食文化は、アメリカからの影響を抜きに物語ることはできない。

ただし奄美諸島においては、琉球王府の下でブタとヤギの食文化は移入されたが、薩摩の琉球侵攻の結果、薩摩の支配下に入ったために、相対的に琉球弧の一部としての性格は薄められ独自の食文化を形成するところとなった。なお第二次世界大戦後に琉球弧はアメリカの占領下に置かれたが、奄美諸島は一九五四年に日本復帰を果たしたことから、こうしたアメリカの食文化からの影響は少なかった。

最後に近代・現代に急激な発達を遂げたものに沖縄そばがある。沖縄そばにはソバ粉は含まれず小麦粉が原料で、ガジュマルの灰汁を用いて麺とし、ブタ骨とカツオブシで出汁を採ることが多い。その源流は、冊封儀礼の饗応に出された麺料理にある可能性が高いとされており、明治後期頃に那覇などの都市部から始まり地方へも広がったとされている。最初は外食であったが家庭にも入り込んで広く好まれ、海外の沖縄県民移民地でも食されているという。また八重山そば・

宮古そばなどとして先島諸島にも広まったが、戦後早めにアメリカの支配から離れた奄美諸島には、沖縄そばはほとんど受容されていない［西村：二〇〇二］。

もともと南アジア系石器文化の影響をうけた先島諸島と、早くからヤマトの農耕文化を受容していた奄美諸島は、琉球王国成立後に、その版図に入って同一的な食文化が広まったが、その後の歴史過程で、それぞれの政治体制の変化が、それぞれに食文化の変容をもたらした。もし琉球処分時に先島が中国に編入されていたら、中国の食文化圏の一部となっていただろう。琉球弧の食文化を歴史的にみていくと、地域の政治的な支配による相異が、その展開に大きな影響を与えることが理解されよう。

第15章　米文化における朝鮮半島と日本

一、はじめに

日本の古代史は、朝鮮半島（以下：朝鮮）との関わりが深く、中国文明の受容に不可欠の通り道でもあったことから、この地域を無視して物語ることができない。中国南西部からの日本への米文化の伝来については、朝鮮半島経由説・東シナ海渡来説、沖縄経由説などがあったが、近年では朝鮮半島経由説がもっとも有力と考えられている。（補注）この水田稲作という生産性の高い農耕によって、社会的剰余が生まれ、社会的分業が発達をみて、日本における初期国家の形成を促した。

また弥生時代には、この水田稲作技術と金属作成技術を伴って、朝鮮半島から、新モンゴロイド集団が大量に移住してきた。そして縄文時代の古モンゴロイド系の集団との間の混血が進んで、今日の日本人が形成されたと考えられている［埴原：一九九五］。ちなみに日本語と朝鮮語も似た言語構造を有しており、日本列島と朝鮮半島とは、生活文化レベルにおいても、非常に密接な関係にあった。さらに弥生時代に続く古墳時代においても、朝鮮から大量の渡来人が訪れ、さまざまな文化や技術を伝え、日本における古代国家成立のための社会的基礎を整えた。すでに政治史および文化史的な観点からは、朝鮮と日本との間にはさまざまな点で類似性が高く、両者が深い関係があったことが指摘されている［金：一九八五］。

もともと東南アジア・東アジアの温暖湿潤なモンスーンアジアには、次節でみるように米文化が広く展開していた。ただし広大な中国では、こうした米文化は中国南部（揚子江以南）に限られるもので、乾燥寒冷な気候帯が広がる中国北部（揚子江以北）には、シルクロード経由で伝わった麦文化が浸透していた。このうち麦文化圏に、巨大な中国文明が生まれ、朝鮮と日本は、その圧倒的な影響力のもとで、歴史の展開を遂げてきたが、気候的には大陸北部とは異なって、ほとんどがモンスーンアジアの最東端に位置することから、おもに中国南部経由で米文化を受容した。

したがって微妙な地形や気候の違いはあるが、基本的には古代の朝鮮と日本においては、同様な米文化が展開し、似たような食生活が営まれていたことになる。しかし両国の歴史の展開に応じて、食生活にも差異が生じるところとなる。日本では、米を基本として肉食を排除し、代わりに魚食を発達させた。これは日本を統一した古代国家が、米を中心とした租税体系を構築し、米の収奪のために、その生産の障害となる肉食を否定する政策を採用したことによる。これに対して朝鮮では、同じく米を中心としつつも、肉食を受容し雑穀も併用した点が異なる。ここでは双方が独自な歩みを始める七世紀頃の古代国家の性格と政策、なかでも水田稲作と肉食禁忌や動物供犠といった問題を中心に検討してみたい。

二、米文化という共通性

世界の食文化は、主食となる穀物という観点からすれば、米文化と麦文化とに分けられる。寒冷乾燥といった気候に強い麦は、トルコ東部を原産とし、西アジアからヨーロッパに広く展開する。しかも麦作は牧畜と結びついて、乳製品を多く併用する食文化を形成した。ところが温暖湿潤な気候に適した米文化は、東アジア・東南アジアを含むアジアモンスーン地帯に広がる。しかも麦と異なって米は、栽培に大量の水を必要とするから、水田のほか用水源となる河川や湖沼には多くの魚類が棲息している。それゆえ稲作とともに淡水漁業も行って、米と魚を中心とした食文化を創り出した。

なかでも魚は重要な副菜であるが、さらに調味料としても、魚介類に塩を加えて圧縮しアミノ酸発酵を促進してつくる魚醬が食生活に重要な役割を果した。すでに第3章でみたように、これはカンボジアあたりで発生したが、中国南部で魚の代わりに大豆を用いた穀醬に代わり、魚醬と併用する形で中国南部・朝鮮・日本に広まった。ただ日本では、後にも述べるようにショッツル・イシルなどの魚醬も利用されたが、味噌・醬油などの穀醬が卓越したのに対し、中国南部や朝鮮半島では双方が併用されている。例えば朝鮮では、キムチに用いるジョッカルや珍味のチャンジャは魚醤であるが、コチュジャン（辛子味噌）・テンジャン（味噌）・カンジャン（醤油）といった穀醤も用いられている。このほか魚醤の兄弟分で、米飯などで乳酸発酵を起こさせたナレズシも、同じように米文化圏に広がり、韓国のシッケ（魚醢）のほか、日本でもフナズシやカブラズシが知られている［石毛：一九九〇］。

そして、この米文化には簡単に飼育できる動物性タンパク質源としてのブタが加わり、米と魚とブタがセットとなった食文化の体系が、モンスーンアジア地帯に広がっている。この米と魚とブタの組み合わせは、とうぜん中国南部から朝鮮半島南部を経由して、日本にも伝わった。その当初つまり弥生時代には、ブタを飼っていた。ただ日本の考古学では、かつてブタの骨をイノシシの骨と判定していたため、日本ではブタの飼育はなかったとされていた。しかし近年では動物考古学の発達により、弥生時代におけるブタの存在が証明されている［西本：一九九二］。したがって米文化が移入された初源の日本では、東南アジアや中国南部や朝鮮半島と、ほぼ同質の食文化が展開されていたのである。

しかし朝鮮も日本もモンスーンアジアの温帯に位置するとはいえ、それぞれ北部と南部とでは微妙な地形・気候上の差異も存在した。朝鮮は中国に接するが、緯度的には中国北部に属し、その北部には冷涼で稲作に適しない地域も含んでいた。古代朝鮮には、高句麗・新羅・百済という三国が覇を競っており、それぞれが生産性の高い稲作に基礎を置こうとしたが、北東部の高句麗には、気候的にも水田適地が少なく粟作にも注力せざるを得ず、麦作と大豆作も行われていた。

また南東部の新羅も古代には稲作よりも大麦作が盛んであった。これに対して西南部に位置する百済は、大規模な灌漑工事を行って水田を造成するなど、稲作を中心とする農耕を営んでいた[尹：二〇〇五]。

また日本においても、稲作を中心とした弥生文化は、温暖な南西部を中心に広がりをみせたが、冷涼な北東部においては全面的な展開をみせたわけではない。たしかに青森にも砂沢遺跡・田舎館遺跡などの弥生遺跡はあるが、これは面的に南から繋がるものではなく、海路によって点的に伝えられたとすべきだろう。概して東北地方には弥生遺跡は少なく、もちろん冷涼な北海道には及ばなかった。これは日本の古代国家の性格とも深く関係するもので、基本的には米文化を中心とする地域を支配領域とした。朝鮮も日本も米文化を受容したが、こうした地域差を内部に抱えていたことには留意しなければならない。

三、統一国家の成立と米文化

まず朝鮮と日本における古代国家の成立過程についてみておこう。朝鮮では、中国北方文化の影響の強い東北部地域を統一する形で、紀元前一世紀頃に高句麗が成立し、その後、四世紀に西部に百済、東南部に新羅が生まれて、いわゆる三国時代となった。このうち新羅が七世紀中期に三国統一を果たし、中国の律令制度にならった古代国家が成立をみた。いっぽう日本では、朝鮮の三国時代に相当するのが古墳時代で、各地に小さな王権が分立していたが、やがて伊都（北九州）・出雲・吉備・大和などの地域に、かなり有力な勢力が登場してきた。これを六世紀頃に全国的規模で統合し、中央政府的な存在となったのがヤマト政権で、朝鮮半島とも密接な関係をもったが、唐の侵出という緊迫した政治情勢のなかで、七世紀に大化の改新という一種のクーデターを通じて、集権的な国家体制の整備が急がれ強力な古代律令国家が成立をみた。

ここで古代国家の体制と米文化の関係について整理しておけば、前節でも触れたように、朝鮮では百済を別とすれば高句麗・新羅では水田適地が少ないことから、古代中国国家と同じように、租税賦課の対象耕地を水田と畑地の双方を求めた。とくに高句麗は、早くから中国文明の影響を受けたことから鉄器の利用度が高く、鉄製農具によって農業生産力は高められたが、その租税は粟と絹布とされていた。南部では稲作も行われたが、主力は畑作にあった。また新羅も初めは大麦と大豆が農耕の中心で、稲作の展開は七世紀以降のこととされている［尹：二〇〇五］。なお統一新羅の下でも一定の土地を分け与える「丁田制」が一時実施されたが、朝鮮では水田には畓の文字を用い、田は畑地の意味であるから、「丁田」は単に耕地を指すもので水田と畑地の双方があったとすべきだろう。

しかし日本の班田収授法は、田畑双方を課税の対象とする中国の均田制を模範としつつも、畑地を無視して米を租つまり主税と定め、水田を基本とした課税体制を採って、水田稲作を社会的な経済活動の中心に置こうとした。すなわち水田の維持と開発という稲作優先の政策を推し進めた。それゆえ古代国家は、水田稲作が気候的にも地形的にもむかなかった南九州と東北地方については、当初支配の対象とはされていなかった。まさに日本とは、米の生産と消費が行われる世界にほかならず［原田：二〇一七］、そうした米文化を統合するものとして、日本の古代国家が生まれたのだといっても過言ではあるまい。

このことは古代国家の頂点にたった天皇の性格にも強く反映されている。古代国家統合の主体となったヤマト政権の根拠地である大和盆地は、水田稲作に適した地域で、その支配者たちは、水田稲作を重視していた。米という栄養価が高く繁殖性に優れて高い人口支持力と社会的剰余を生む水田稲作は、国家形成に大きな役割を果たした。天皇は、新嘗祭・大嘗祭という日本最大の祭祀の主催者であり、米の豊作感謝と予祝祈願とがもっとも重要な役割であった。こうした古代国家の王権を正当化するための神話からも、似たような事情を読み取ることができる。

朝鮮でも日本でも王権に関わる神話は、天孫降臨によって系譜の正当性が語られる。朝鮮では、天帝である桓因が、その子・桓雄に神勅とともに天符印の三種を与え、さらに子の壇君が国家の創始者となる。そして日本でも、同じく天照大神が、その孫・瓊瓊杵尊（ににぎのみこと）に三種の神器を与え、さらに子孫の神武天皇が国を治めたとしており、両者には類似点が多い。しかし決定的に異なるのが、国家の創始者と米との関係である。とくに日本では、第6章でもみたように、そもそも天照大神が、三種の神器とともに与えた斎庭の神勅では、高天原から伝えた稲穂を生きていく糧とせよ、としている。さらに『古事記』『日本書紀』では、日本の美称を「豊葦原瑞穂国」としているように、瑞穂つまり米こそが国家を象徴する作物だったのである。

さらに、こうした天皇集団の核となる人々が、もともとは朝鮮から水田稲作などの技術を伴って移住してきたという可能性も考えられる。彼らは高天原に住み天津神の系譜を引き稲作を営む人々で、もともと日本に住んでいた国津神から国譲りを受けたとされているが、稲作は朝鮮からの伝来したのであるから、確実な証明は難しいが、この想定は成り立ちえよう。しかも瓊瓊杵尊が天照大神の命によって天孫降臨した場所が日向高千穂山で、その隣には韓国岳があり、『古事記』上の瓊瓊杵尊降臨の条では、「ここは韓国に向き合い」「朝日刺し夕日照る」「甚吉き地」だから、ここに降り立ったとしている。ちなみに天皇と朝鮮との関係は深く、桓武天皇の生母高野新笠は百済武寧王の子孫だとされている。政治的にも百済はヤマト政権と密接な関係にあり、とくに朝鮮三国のなかでも、そこは古くから稲作が卓越した地域であった点も重要である。しかも平安期の京都宮廷人の形質は弥生人と同じ、新モンゴロイドに近いとされている〔埴原：一九九六〕。

いずれにしても朝鮮も日本も、漢字文明を核とした中国の古代国家に範を採って国家システムの形成を遂げたが、その際に日本では、異様に米に執着し、米文化に特化するような古代国家の実現を目指した。少なくとも国家の指導者層の間には、強烈な米志向が根付いており、このことが朝鮮における古代国家と性格を大きく異にするもので、その後の両者の食文化の歴史的展開にも大きな影響を与えたのである。

四、日本の肉食禁忌と食文化

とくに日本の古代国家の政策として注目すべきは肉食の禁止で、天武天皇四（六七五）年四月一七日、いわゆる肉食禁止令が出された（『日本書紀』）。これは四月から九月の稲作期間に限って、ウシ・ウマ・イヌ・ニワトリ・サルの五種の動物の屠殺と肉食を禁じたものであるが、ここには日本人が食用としてきたイノシシとシカを除かれており、肉食一般を禁じたことにはならない。したがって、この法は肉食禁止令ではなく、厳密には殺生禁断令とすべきで、確かに仏教の殺生戒を承けてはいるが、その前後の法令や政策を詳細に検討していくと、この法令の目的が稲作の安定にあったことがわかる〔原田：一九九三〕。

たしかに弥生時代にはブタが飼育され食されていたが、その後、日本ではブタが次第に抜け落ちていき、肉を排して米と魚を中心とする食文化の形成が進んだ、という点が朝鮮半島以西の米文化圏と決定的に異なる。ただ古代国家成立以前にも、すでに肉食を忌む傾向があった。たとえば弥生末から古墳初期にかけての記録である『魏志倭人伝』は、服喪や航海に際して、倭人は肉を遠ざけるとしている。凶事や難事にあたって肉食は、その妨げになると認識されていたことになる。おそらく古代日本の指導者たちの間にも、肉食が稲作の障害になるという観念があり、肉食忌避の習俗を、国家が水田稲作のために政策として打ち出したと理解すべきだろう。

そもそも稲は繊細な植物で栽培が難しいために、さまざまなタブーが東南アジアの稲作地帯に生まれた。マレーシア半島の稲作儀礼を対象とした戦中の研究で、稲を植えに行くときに、動物の死骸をみたり、カラスやヘビなどの動物に出あったら、作付を延期せよなどとする事例が四九一ほど紹介されている。こうしたタブーのうち、一一四例が肉や血に関わるもので、うち一四例に死もしくは肉や血が稲の生長の障害になる事例が認められる［宇野：一九四四］。日本では、先の『魏志』倭人伝以来の、凶事が予想される場合には肉食を避けるという風習が、稲作に対しても適応されたことになる。つまり日本の古代律令国家は、宗教上の理由よりも、耕作時に肉を食べると稲作が失敗すると考えられたことから、経済的な政策として肉食の否定を強要したとすべきだろう。

いずれにしても日本の古代国家は、その後も殺生禁断令を繰り返したが、これと相まって肉食に穢れという観念が付着し、これが次第に強く社会的に浸透するようになっていった。穢れには、死と産と食肉とがあり、基本的には中国の道教における殗穢（えんえ）思想の影響によるものであるが、仏教の浄・不浄という問題とも関わり、日本では神道の穢れ・清めという観念として、とくに九世紀〜一一世紀頃に重視されるようになった。しかも中国では産の穢れが重視されたが、日本においては肉食の穢れが強く意識されたという特色が認められる。

日本の律令は、ほとんどが唐令の模倣であるが、大嘗祭の散斎規定には、日本令独自のものとして、「宍食むことを得じ」とする肉食禁忌が存在している。これは日本では肉食が穢れとされたためで、藤原実資は『小右記』万寿四（一〇二七）年八月条で、穢れは日本独自のことでインドや中国には、これを忌むということがないとしている。これは正確な認識ではないが、日本における穢れ意識の強さを物語るもので、日本社会における肉食忌避は、仏教思想だけではなく、こうした独自の穢れ観念によって強く支えられていた［原田：二〇一八］。

いうまでもなく仏教を受容した朝鮮の古代国家も肉食禁止令を出していた。すでに統一国家成立以前の新羅法興王一六（五二九）年に、仏教思想に基づいて、動物の殺生禁断令が出されている。さらに統一新羅では、先に第8章でみた『梵網経』の説く不殺生戒を強く承けて、「殺生有択」という新羅的死生観が広く浸透し、仏教思想の影響により殺生厳禁の観点から肉食が忌避されるようになった［尹：二〇〇八］。

そして一〇世紀には、朝鮮全土を支配する高麗王朝が成立し、強力な中央集権国家のもとで、仏教重視も継承され、殺生の禁止は続いたが、その後、北方の契丹の侵入やモンゴルの侵略によって肉食の禁忌は緩み、ウシやヒツジなどの牧畜も行われた。さらに儒教を重んじた李氏朝鮮下において肉食文化が発達し、宮廷でもさまざまな肉料理が供されるようになった［尹：二〇〇五］。

また実際には新羅・高麗時代においても、肉食が行われており、とくに農耕に関与しないブタとニワトリが食用とされていたという［任：一九九〇］。仏教の殺生禁断という宗教的な理念からだけでは、肉食禁忌の社会的浸透は難しかったとすべきだろう。いずれにしても朝鮮では、肉食の禁忌を社会的に受容させるような要因が形成されなかった。このため歴史的に肉食禁忌は根付かなかったが、日本では、肉食禁止が農耕の問題と関連していたことに加えて、肉食に穢れという意識が付着したことが大きかった。

もちろん朝鮮半島にも穢れの意識は存在し、祭祀などの際には不浄が忌避され、冷水で身を清め、爪や髪を切り髭を整えるほか、酒・肉（魚）・房事・煙草・屠殺などが固く禁じられているが［朝鮮総督府：一九三七］、肉食が解禁されて宮廷のみならず一般にも広まったことから、肉食の穢れが社会的なレベルで忌避されることはなかったと判断される。ところが日本では、それまで広く食されていたシカやイノシシの肉食までもが穢れの対象となった。鹿食は一〇世紀初頭には『延喜式』で三日の穢れとされたものが、やがて一四世紀頃の『八幡社制』（『続群書類従』三下）では一〇〇日にまで拡大され、穢れると不吉な出来事が予想されるので、その間は宮中への出仕や神社への参詣が禁じられた。

朝鮮半島では古代国家が発した肉食禁忌が次第に緩められたのに対して、日本ではこうした穢れ意識の社会的浸透によって、その後の食文化の在り方を大きく規定した。そして肉の代わりに、動物タンパク源としての需要が魚に求められたことから、米と魚に特化した食文化が日本社会に定着していった。このことは味覚体系の基本を決定する調味料の問題にも大きな影響を与えた。米文化圏の主要な調味料である魚醤と穀醤についても、古代律令国家のもとで独特の変化が生じた。

たとえば魚醤については、魚の代わりに鳥獣の肉を利用しても、同様の調味料が得られることから、日本でも『延喜式』などをみると、魚醬のほかに宍醬・鳥醬が使われていた。そして鹿醢・兎醢などが用いられていたが、これらは生臭さを伴うことから忌避されるようになった。腥葷は清めの対極とされ、取り除かれるべき穢れとなった。こうして律令国家に設けられた大膳職のなかに、未醬などの調味料を管理する醬院が置かれ、国家レベルで穀醬が卓越することとなったのである。現在の日本では、一部に魚醬の伝統も残るが、基本的には穀醬が主要な調味料で、こうした味覚の嗜好傾向の初源は古代律令国家に求められよう。

さらに日本の食文化の基本となる出汁に関しても、同様の事情が働いた。つまり肉食禁止によって、獣肉類や獣脂を遠ざけたことから、世界的にも広く見られる動物性の油脂類やタンパク質に頼らない出汁が考案され、広く浸透をみた。やや遅れて日本料理は、一五・一六世紀の室町期の本膳料理において完成をみたとされるが、これは鎌倉期に中国から伝わった精進料理の技法を承けて、魚類や海藻類のカツオやコンブによる旨み調味料である出汁を料理のベースとしたところにある。

獣肉に由来しないカツオやコンブを用い、独特の発酵技術によって独自の旨み調味料を生み出したのは、古代国家が打ち出した肉食禁止が生み出した最大の成果といえよう。こうした出汁および穀醬を主体とした食生活への志向は、古代律令国家によって決定づけられ、日本料理の特色となったとみてよいだろう。いずれにしても弥生時代に朝鮮半島から移入された米文化は、ブタつまり肉食を欠落させ、魚醬よりも穀醬を重んじるという形で、国家的政策によって日本独自の道を歩み始めたのである。

五、水田稲作と動物供犠の変化

こうした肉食忌避の観念が増大したためか、水田稲作における動物供犠の在り方についても、古代律令国家のもとで大きな変化がみられた。もともと水田稲作への社会的傾斜は、弥生時代に続く三世紀後半〜六世紀頃までの古墳時代に強まった。大土木工事を伴う古墳の築造は、水田開発造成技術とともに朝鮮から伝えられ、これを各地の王たちは競って行った。この時代には、日本は百済と提携し、朝鮮半島との関係を深めたが、これにより最新技術を有する数多くの渡来人が移住して、古墳をはじめとするさまざまな文化や技術を日本に伝えた。

何よりも古墳に伴う土木技術とともに、農耕面で大きな役割を果たしたのが、ウマやウシの移入であった。かつて日本の考古学では、縄文時代や弥生時代にもウマやウシがいたとされてきたが、近年の動物考古学では、五世紀頃にウマ、六世紀頃にウシが朝鮮半島から伝えられて普及したとされている［松井：二〇一〇］。なかでもウマは、はじめ首長層の軍事的威信財として珍重されたが、やがてはウシとともに物資の運搬や農耕労働に重用され、水田稲作の展開に拍車がかかった。

この古墳時代におけるウマやウシの移入に伴って、稲作祭祀の在り方にも大きな変化が生じた。

日本では水田稲作が伝わった弥生時代以来、シカやイノシシといった野獣の動物供犠による稲作祭祀が行われていたが、ウマやウシという貴重な家畜を用いた動物供犠が広く行われるようになった［原田：二〇一八］。なかでも殺牛祭祀に関しては、明らかに朝鮮半島から伝来したものであった。

もともと祭祀にウシを用いることは古代中国に発するもので、雨乞いや軍事の吉凶の占い、健康祈願・死者葬送などの際に、ウシの供犠を行ったことが知られる［佐伯：一九六七］。ただ中国では純色のウシが捧げられたのに対し、一九八〇年代に発見された六世紀頃の鳳坪新羅碑や冷水新羅碑などから古代朝鮮の殺牛祭祀の実態が知られるようになり、そこでは「斑牛（まだら）」が犠牲に用いられたことが判明している［鈴木：一九九二］。

なお八世紀に原型が成立したとされる古代日本の『日本霊異記』中巻第五話にも、新羅系とされる渡来人が、殺牛祭祀を行った話があるが、その牛も「斑牛」だったと推定されている［門田：二〇一一］。しかも、この儀礼は「漢神」の祟りを防ぐためとしていることから、こうした殺牛祭祀は、渡来人によって新羅から伝来されたものと考えて間違いない。

ただ、このような新羅の殺牛祭祀は、古代国家の下で変容を遂げることになる。『日本書紀』によれば、皇極天皇元（六二四）年七月二五日に、「群臣相語りて曰はく、村村の祝部（はふりべ）の所教（おしえるところ）の随（まま）に、或いは牛馬を殺して、諸の社の神を祭る」として、雨乞いのためにウマやウシを殺して祭祀を行っていることが知られる。こうして日本では、殺牛祭祀が主に農耕に関わる雨乞いに利用されたが、ウシのみならずウマも用いられており、いわば殺牛馬祭祀となっている点が異なる。

ところが韓国では、近代においても雨乞いに、ウシとブタやイヌの供犠を行っていた事例は一二二例確認されているが、ウマを用いたケースはなく［朝鮮総督府：一九八三］、古代朝鮮においてもウマは供犠の対象とはならなかったと判断される。しかし日本では、弥生時代からシカやイノシシという野獣による動物供犠が行われていたが、古代朝鮮からウマやウシが移入されて殺牛祭祀も伝わったが、やがてウマを加えた殺牛馬祭祀へと変化した。

おそらく中国と陸続きの朝鮮では、ウシを聖獣とみなして供犠動物とし、ウマを水神とする信仰がそのまま伝わって［石田：一九九四］、殺牛儀礼のみが受容されたが、日本ではウシとウマはほぼ同時期に移入され、そうした牛馬に対する認識が伴わなかったためと思われる。ともに民間レベルでは単に農耕用の貴重な家畜とされたが、一般に動物供犠における供物は、貴重であればあるほど効果があるとみなされる。それゆえ民間レベルでは、こうした供犠における意識がウマに対しても働いたものと思われる。

しかし日本の古代国家は、農耕に有用な牛馬に対する供犠を認めず、『続日本紀』聖武天皇天平一三（七四一）年二月七日条に「詔して曰はく、馬・牛は人に代りて、勤しみ労めて人を養ふ。茲に因りて、先に明き制有りて屠り殺すことを許さず」とあるように、農耕の障害となることから、乞雨のための殺牛馬祭祀を禁止したのである。ただ興味深いことに、先の皇極天皇元年の記事に続けて、殺牛馬祭祀よりも仏教的呪術の方が効力があるが、それ以上に効果があるのは、稲の祭祀を司る天皇の四方拝だとしており、水田稲作祭祀に関する独自の国家的認識を示している。

そして古代律令国家は、延暦一〇（七九一）年九月一六日付の太政官符（『類聚三代格』巻一九）では、「応に牛を殺し祭に用ひて漢神を祭る事を禁制すべし」として、違反すれば殺牛馬の罪に処す旨を命じている。その後も同様の法令を発布しており、古代韓国から伝えられた殺牛祭祀は、殺牛馬祭祀となって広がったが、古代律令国家の禁ずるところとなった。なお高麗王朝も、一〇世紀以降、何度かウシの屠殺を禁ずる法令を出しているが、これは仏教思想を背景として、肉食を節制するよう督促した程度のものにすぎず、殺生慈悲論（殺生作福論）という観念も存在していたことから［尹：二〇〇八］、殺牛祭祀を禁止したものではないと判断することができよう。ここに水田稲作と動物供犠に対する朝鮮と日本の国家レベルでの大きな認識の差異が認められる。

六、おわりに

またウシやウマに限らず、このほかにも古墳時代には食器・食膳具などさまざまな食文化が、朝鮮半島から日本へ伝来した。たとえば食器類では、新たに中国灰陶の系譜を引く須恵器が受容された。これは轆轤を使い窯を用いて高温度で焼成還元された画期的な土器で、陶工集団の移住によってもたらされた。はじめは葬祭献供用であったが、古代国家成立期頃から日用品として使われるようになり、貯蔵や供膳・調理用の土器として普及した。

それまでは弥生系の土師器が用いられ、器形もさまざまで地方性も強かったが、須恵器が移入されると、これを模したものが出現するとともに、器形の共通性が高まる。これはヤマト政権の伸張に伴って須恵器の全国的な受容が進んだためで、とくに新たな地域指導者たちの墳墓である群集墳の献供儀器に用いられた。さらに古代国家の成立に伴って、国衙・郡衙という政治機構のもとで、須恵器を中心とした土器の生産体制が全国的に確立されて、盤・皿・埦・瓶などの供膳用の器種が急増し、須恵器の食器としての画一化が進行した〔田辺：一九七九〕。

また日本では『魏志倭人伝』が語るように、弥生時代には手食が一般的であった。箸は古墳時代末期頃に中国から朝鮮を経由して、匙とセットで移入されたもので、大饗などの儀式や寺院作法において用いられたが、日本では匙は定着せず、箸のみによる食事が一般化した。匙は『倭名類聚抄』厨膳具に「以て飯を取る所也」とあるように、シャモジとしての用法に限定されたが、箸の使用は七世紀ころから始まり、初めは役人層が主であったが、八世紀末頃になって、都の庶民にも普及が進んだとされている〔佐原：一九九二〕。

なお文献的には、『古事記』上巻の須佐男命の「八俣の大蛇」の項に、命が出雲国の肥の河で、流れて来た箸を手がかりに、川を遡って櫛名田比売（くしなだひめ）に出会う話がある。さらに『日本書紀』崇神天皇一〇年条には、箸で陰部を突かれたという倭迹迹姫命（やまとととびめのみこと）の箸墓の伝承が見える。これらの神話の存在から、箸はすでに古墳時代に伝来しており、八世紀つまり古代国家成立後の段階で、この時期に食事用具として特別に意識されたことが窺われる。

さらに調理という観点からすれば、古墳時代に朝鮮から伝来した熱効率のよい竈も、その展開に大きな役割を果たした。とくに六世紀以降になると、竪穴式住居に竈が設置されるようになった。これには在来系の土師器の甕や甑が伴うことが多く、庶民レベルでも炊飯などの熱効率を飛躍的に高めた。また韓竈と呼ばれる移動式の模型のような竈が出土するほか、竈神の信仰も中国から朝鮮半島を経てもたらされている。これについて『古事記』上巻では、奥津日子神(おきつひこのかみ)と奥津比売命(おきつひめのみこと)を燠(おき)つまり熾火との関連から「諸人の以(も)ち拝(いつ)く竈の神」として崇めているほか、『延喜式』臨時祭に「御竈祭」、同じく造酒司に「四座〈竈神〉」などがみえ、古代国家の下では、祭祀の対象とされていたことがわかる。

こうして大量の渡来人がやってきた古墳時代には、さまざまな食文化が朝鮮から移入され、古代国家の成立に伴い体制的に受容されて浸透していき、今日の日本の食文化の基礎が形作られた。なかでも、もっとも大きな相違は、天皇を中心とした古代国家が、米への異様な執着をみせ、その安定的な生産のために、肉食を禁忌の対象とし、これが社会的に受容されたために、米と魚を中心とした日本独自の米文化が成立した点である。

ちなみにモンスーンアジアの温暖湿潤という気候のなかで、米飯食に相性がよく、それを促進するための発酵食品である漬物が、朝鮮・日本双方で独自の発展を遂げた。ただ朝鮮ではキムチに象徴されるように、新大陸からの唐辛子の移入後、香辛料が広く受容されたのに対し、日本では魚醤系の調味料が発達を遂げることはなかった。これはおそらく漬物の生臭気に対しても忌避の意識が働いたためと思われる。これも古代以来の肉食禁忌と無関係ではあるまい。

いずれにしてもモンスーンアジアの米文化は、朝鮮経由で日本に伝えられたが、その後の歴史展開のなかで、日本では稲作技術の向上に農民自身も格別の努力を注いだ。このため李朝末期つまり明治初期の段階で、日本における苗代の播種量は、朝鮮の半分以下にすぎなかったという［李：一九八九］。日本では古代国家以来の米志向が異様に強く、肉食禁忌という観念上の問題から稲作技術の開発という実践的な課題に至るまで、米作りのためにさまざまな努力が支払われ続けてきた成果といえよう。

＊補注：ここにきて稲作伝来の朝鮮半島単系説に対し、稲作法の民俗学的研究を基に、朝鮮半島からの稲作民来住は第一波であり、それに遅れて中国江南地方からの第二波の稲作民来住があったとする大胆な仮説が提起されたが［河野：二〇二二］、まだ仮説段階で今後、考古学・人類学の成果を踏まえた詳細な検討が必要だろう。ただし仮りにこの説が認められたとしても、古代史における朝鮮半島の重要性が失われることにはなるまい。

第16章　アジアのお茶・日本のお茶

一、はじめに

今日、お茶はほとんど清涼飲料水といった感覚で、ペットボトルで飲むことが常態化している。学生のなかには、お茶を淹れたこともないというケースも珍しくない。まさに日常茶飯事という風景自体が様変わりしてしまった。お湯を沸かして急須を前に、人々が茶碗をすするのではなく、いつでも自由にペットボトルから、あるいはコップに注いで飲むわけだから、お茶の時間を改めて設定することも少なくなった。こうしてお茶は清涼飲料水的な飲み物となってしまった。

しかしお茶には、精神に作用するカフェインと殺菌・抗がん作用のあるカテキンのほか保健成分であるビタミンCが含まれている。このうちカフェインにはナルコチックスとしての覚醒作用と鎮静作用があり、精神をある程度興奮させながら落ち着かせるという効果がある。ナルコチックスとは、向精神薬として人間の心に作用するもので、もっとも極端な事例としては麻薬が挙げられるが、より身近なものに酒がある。酒には精神を麻痺させる作用があるのに対して、お茶には精神を澄明にするとされている。酒もお茶も、ともに精神に影響を及ぼす薬用機能があるが、両者は一見、相反するような作用を呈する。酒は酩酊して自我意識を高揚させるのに対し、お茶は自我意識を覚醒させてリフレッシュさせる効果がある〔藤岡：一九八一〕。

こうしたナルコチックス類は、はじめは薬用として飲まれたが、やがて嗜好品として楽しまれ、祭事や仲間内の集まりで儀礼的に飲用されるようになった。そして酒やお茶に薬品・嗜好品としての性格が弱まると、常用品として社会に広まっていくという特質を有している〔石毛：一九八二〕。まさにペットボトルのお茶は、常用品としての象徴的存在というべきであるが、日本における常用品としてのお茶の歴史は、後に述べるように近世から始まるものと思われる。

そもそもお茶は、ツバキ科チャ節に属する常緑低木で、中国雲南省南部からミャンマー北部あたりが原産とされており、いわゆる照葉樹林文化の一要素と考えられている。そして、お茶はアジア東南部で広く愛飲されているが、とくに日本では茶の湯という芸能に代表されるように、独自な発展を遂げるに至った。本章では、こうした日本におけるお茶の歴史を、アジアという視点を踏まえつつ、茶の湯に代表されるような抹茶の世界だけではなく、常用品化に大きな役割を果たした山茶の問題にも注目しながら検討していきたい。

二、アジアのなかのお茶

まずお茶の名称から見ていこう。お茶に関しては、大きく分けてcha系とte系とがあり、次の表のようになる。

この表うちAのcha系は、広東語で、北西方面のヨーロッパや東方の朝鮮・日本へ主に陸路で広まった。これに対して、Bのte系は、福建語厦門（あもい）方言で、南方へと広がったほか、オランダ貿易という海路でヨーロッパへと伝わったが、ポルトガルだけは広東省マカオを統治し拠点としたことから、広東語のchaが元となったとされている〔橋本：一九八一〕。そして次に見るタイのミエンと中国の茗の音が通じることから、もともと中国南方の少数民族が利用していたものが広東や福建に入って、そこから世界に広がっていったとみてよいだろう。

A cha系	朝鮮・日本（cha：チャ） モンゴル（chai：チャイ） チベット（ja：ジャ） ベンガル（cha：チャー） イラン（cha：チャー） ヒンディ（chaya：チャヤ） トルコ（chay：チャイ） ギリシャ（ts-ai：チャイ） アルバニア（chay：チャイ） アラビア（chay：シャー） ロシア（cahi：チャイ） ポーランド（chai：チャイ） ポルトガル（cha：チャ＝広東マカオ統治）
B te系	マレー（the：テー） スリランカ（they：テーイ） 南インド（tey：テーイ） オランダ（thee：テー） イギリス（tea：ティー） ドイツ（tea：テー） ハンガリー（tea：テア） フランス（the：テ） イタリア（te：テ〉 スペイン（te：テー） デンマーク（te：テ〉 スウェーデン（te：テ） ノルウェー（te：テ） フィンランド（tee：テー）

［橋本：1981］をもとに作成

その痕跡を示すものが、タイやミャンマーの北部に残る食べるお茶である。北部タイ・北ラオス付近には、ミエンと呼ばれる噛むお茶がある。ミエンは一種の嗜好品で、食後や農作業の合間などに用いられるが、お茶の葉を束ねて蒸し、竹籠などに入れて重石をして三〜四ヶ月間発酵させる。こうしてできた漬物の茶葉の間に、落花生・生姜・ニンニク・ブタの脂身などを包んで噛み続ける。これには非（弱）発酵のミエン・ファットと強発酵のミエン・サウンがあり、ともに塩を加えて噛むが、噛んで味を楽しむことから、飲用ではなく食用に近い［佐々木：一九八二］。つまり茶葉をかみ続けるミエンは、基本的には食べるお茶の一種と見なすことができる。

また東北ミャンマー付近のラペソウは、茶葉を熱湯で茹で、冷まして水を切り、竹の筵の上で揉み、水に晒して苦みを抜き、これを竹筒に詰めて密封し土の中に埋めて発酵させる。このお茶とともに、ニンニク・干大豆・タマネギ・干エビ・ピーナッツなどともに食する［守屋：一九八一］。これは誕生・結婚・葬儀などの通過儀礼に重要な役割を果たす儀礼食の一種となっている［佐々木：一九八二］。このほか台湾をはじめ東南アジアなどで広く見られるビンロウ（キンマ）も、先のミエンのような噛むお茶の一種とみなすことができる。ちなみに日本の茶道の主流である抹茶も、柔らかい芽葉を蒸して碾いた粉末（碾茶）を湯に溶いたものであるから、実はお茶を食べていることになる。アジアには、噛むお茶・食べるお茶が広く存在するのである。

ただ植物の葉を煮沸し、その抽出液を飲むということは、茶として飲まれているいわゆるカメリア・シネンシス以外にも、さまざまに行われていた。お茶の飲用について記した最初の文献とされる七六〇年頃の『茶経』には、茶は草冠の時もあり、木偏の時もあるとして、木偏の場合には梌、双方の場合としては[木荼]と書くとしている。さらに茶のことを「檟」とも言うとして原注に「檟は苦茶（くと）」とある。茶にはオオトチあるいはニガナの訓があり、木の葉や草からの抽出液を飲むことが古くから行われていたが、なかでもカメリア・シネンシスの飲用が、この『茶経』の頃に一般化したものと思われる。

つまり茶から茶への展開が、この時期にみられ、茶の文字が一般化し、『茶経』には、この時代の飲茶として、次の四種が記されている。①犓茶（そちゃ）の犓は粗に通じ、茶の木を斫（き）り生のまま煮出す粗い茶をさす。②散茶は煎茶のことで、熬って揉んだ葉茶を煮出して飲む茶で、日本の釜炒りの番茶に近い。③末茶は抹茶の意であるが、蒸して固めた茶もしくは煬（あぶ）った茶葉を粉末にしたもので、柔らかい芽葉を蒸して碾いたいわゆる抹茶とは異なる。④餅茶は固形茶つまり団茶のことで、蒸して舂いて発酵させつつ固めて作り片茶ともいう。このほかに痷（えんちゃ）（淹）茶として、湯を注ぐ茶の淹れ方があるとしている。なお葱・薑・棗・橘・茱萸（川薑）・薄荷を入れ沸騰させて飲むという習俗があるが、これを陸羽は排して、茶だけの飲用とする茶道を提唱しようとしている。まさに食べる茶から飲む茶への過渡期にあったことが窺われる。

お茶の種類には、緑茶に適した寒さに強く低木で葉が小さくて丸い中国種と、紅茶に適する寒さに弱く高木で葉が大きくて鋭いアッサム種の二種類がある。また、その製法については発酵させるものとさせないものがあり、製法によって現在では、次の六種が六大茶類として知られている。茶葉の酸化を防ぐため、製茶には、殺青とよばれる熱処理もしくは水分を飛ばしてしまう萎凋という作業が必要となる。

殺青を行うものに、（a）緑茶：中国茶の主流で最も古く、ほとんどが釜煎りもしくは蒸上げで、日本の緑茶と同じ不発酵茶。（b）黒茶：先の餅茶にあたり、緊圧茶である磚（団）茶の原料となる典型的な後発酵茶で、辺茶とも呼ばれて中国周辺の少数民族が愛飲し、最も古い茶の製法である可能性が高い。（c）黄茶：緑茶と黒茶の中間にあたるもので、黄毛に覆われた芽葉を用い、後発酵させるが、日本ではなじみが薄い。これらのほか萎凋を行う場合には軽度の発酵が伴い、（d）紅茶：完全発酵で、濃厚香気・紅湯紅茶の特徴があり、一七世紀にイギリスが植民地のインド・スリランカで製造に乗り出た。（e）青茶：緑茶と紅茶の中間で、半発酵させウーロン茶として知られる。（f）白茶：白毛の新鮮な芽葉を使用する、などの種類がある〔守屋：一九八一〕。

なお飲み方としては、チベットでは黒茶を煮出してバターと塩を入れ、モンゴルでは黒茶にミルクを入れて飲む。中国では、緑茶が一般的であるが、福建や広東などでは青茶が飲用されている。また仏教儀礼に伴って茶礼が発達し、儀式などの際に、緑茶や黒茶が供されるようになった。しかし朝鮮半島では、茶はあまり発達せず、喫茶文化が受容されたのは王朝レベルと山中の寺院などで、一般には代わりにスンニュン（おこげ湯）や人参茶・トウモロコシ茶などが飲まれている。中国と同様に日本では、基本的に緑茶が中心となって庶民の間にも広まり、中世以来、抹茶などの緑茶を用いて、茶の湯や煎茶道という独自の文化を発達させた点に特徴がある。

三、日本におけるお茶文化の発達

茶そのものの中国から日本への伝来については、次節で扱うこととして、ここでは飲用方法の変遷からみていこう。まず古代においては、唐風喫茶文化が伝来した。これは平安時代初期の入唐僧によってもたらされたもので、『日本後紀』弘仁六(八一五)年四月二二日条に、近江唐崎の梵釈寺で、大僧都の永忠が嵯峨天皇を招いて献茶した旨が見え、「永忠自ら茶を煎じ奉御す」とある。この「煎」については、清末に成った『辞源』に「凡そ汁有りて之を熬り乾かしむるを煎と曰ふ」とあるほか、すでに『倭名類聚抄』巻四に「煎」を「薬汁を煮て稠とならしむ也」と解説していることから〔林：一九七七〕、もともと煎茶とは煮出して淹れる茶であった。さらに『凌雲集』所収の嵯峨天皇の漢詩にも「厭はず香茗を搗く」とみえることからも、日本古代のお茶は先の『茶経』でみた散茶や餅茶(団茶)を煮出した煎茶であったことが窺われる。

また、このほか嵯峨天皇は、『文華秀麗集』の「答澄公奉献詩」および『凌雲集』の「興海公飲茶送帰山」で、最澄や空海との飲茶についても詠っており、そこではそれぞれが最初の伝来者に仮託されている。いずれにしても留学僧によってお茶そのものがもたらされたことに疑いはなく、先の『日本後紀』同年六月三日条には、「畿内并に近江、丹波、播磨等の国に㮇を殖え、毎年之を献ず」とあり、茶の栽培が行われたことが分かる。留学僧によって、唐代に寺院で盛んであった飲茶の風習と茶そのものが、日本にもたらされた。ただ朝廷や寺院の儀式の一部に用いられるに留まったものと思われる。

その後、平安末期から鎌倉初期にかけて、天台宗や真言宗などの顕密八宗の現実に飽き足らない多くの僧侶たちが、宋に渡り禅林に入って修行し、そこで宋風の喫茶文化を学んで帰国した。なかでも南宋の禅宗文化の移入に努めた栄西は、中国から宋風の抹茶法と茶種を将来した。そして肥前や筑前に植えられ、やがて京都栂尾高山寺の明恵に贈られて、ここで本格的な栽培が始まったとされる。はじめは栄西の『喫茶養生記』に記されたように、禅宗寺院で養生の仙薬あるいは延齢の妙薬として用いられたが、やがて顕密大寺院などでも飲用が広がり、さらに新興勢力であった武家の間にも浸透していった。

鎌倉幕府と関係の深い金沢称名寺は、真言律宗西大寺派の別格本山で、北条実時の母の菩提寺として実時の子孫・金沢氏の尊崇を集め、同寺には金沢文庫が設けられた。この文庫には貴重な古典籍のほか金沢一門や代々の住持に関する古文書が『金沢文庫古文書』として伝わるが、ここにはお茶に関する史料が多出し、上級の武士や僧侶たちの間で、盛んに抹茶が飲まれていたことが窺われる［永井編：二〇二〇］。これらのお茶は、その多くが蒸した茶葉を粉末とした磨茶で、茶臼・茶杓・茶筌が関連史料に登場するところから、これが今日の抹茶であることは確実で、前代とは異なる宋式喫茶文化が受容されていた。やがて、これは地方の武士たちの間にも広がり、室町期になると、大寺院の寺領荘園の荘官を務める在地領主たちの間でも楽しまれていたことが指摘されている［橋本：二〇〇二］。

ところで、こうして広まっていった宋式喫茶は、当然ながら遊興の饗宴にも採り入れられ、もう一つのナルコチックスである酒が伴っていた。元亨四（一三二四）年一一月一日に後醍醐天皇たちが催した無礼講が有名であるが、これを記した『花園天皇宸記』同日条には「飲茶の会」と見え、その様子を詳述した『太平記』巻一には、「献杯の次第……山海の珍物を尽し、旨酒泉の如くに湛て、遊戯舞歌ふ」とあることから、茶会であるとともに酒宴の会であり、さまざまな料理が出されていたことが窺われる。この頃のお茶は、闘茶として楽しまれ、本茶である栂尾茶か、それ以外の産地の茶かの本非を賭けて競う遊びで、同じく『太平記』巻三九には婆娑羅大名として知られた佐々木道誉の闘茶の様子が描かれているが、これには酒はもちろん「百味の珍膳」が供されたとしている。

これに対して、禅宗寺院では中国伝来の厳格な茶礼が行われており、一二世紀に北宋で成立した『禅苑清規』巻一には、「茶湯に赴く」の一項があり、詳細な作法が定められている。さらに同巻五には、「堂頭煎点」をはじめさまざまな煎点が登場する。この煎点については、食事そのものとする説と［橋本：二〇一八］、煎点とは茶または湯を煎じて注ぐこととする説とがある［祢津：二〇二〇］。

後者の説については、一七世紀の禅宗用語辞典ともいうべき『禅林象器箋』の記述から煎点を煎茶を点ずるの意としているが、それはあくまでも語義上のことで、実際には同書に「茶湯の外、別に煎点有り」とあるように、実際には茶湯に菓子もしくは軽食がともなっていた点に注目すべきだろう。そして前者の説に関しても、『禅苑清規』におけるいくつかの煎点の解説は、作法の次第を詳しく述べたものであるから、煎点を食事そのものと解することはできない。たしかに『禅林象器箋』煎点の項に「煎熬煎熟の食物」とはあるが、続けて「以て心を点ずる也」と記していることからも、旧説のように煎点は茶湯に伴って食事を供する行為を指すとすべきだろう［永田：一九九六］。

いずれにしても禅林の茶礼に食事が伴っていたことが重要で、これを茶会に導入し定式化することで、茶の湯という芸能が生まれ、そこで懐石料理が発達をみた。先にみたように、無礼講のような茶会や闘茶にも料理が供されたが、茶そのものを楽しむ茶会の原型は禅林の茶礼に求められる。

なお、こうした南北朝期頃の茶会の在り方については、『喫茶往来』に詳しく、会衆が集まると「初め水繊・酒三献、次いで素麵、茶一返。然る後に、山海珍味を以て飯を勧め、林園の美果を以て哺を甘す」とあり、料理とともに茶と酒が並飲されていたことが窺われる。また食後には庭に出て築山や飛泉などの風物を楽しんだほか、眺望の良い「喫茶の亭」は唐物で飾られた旨が記されている。そして茶礼が終わると、「茶具を退け、美肴を調え、酒を勧め、盃を飛ばす」とあり、いわゆる後段（ごだん）として、茶の後にはふんだんに酒肴を楽しんだことが窺われる。

これがいわゆる書院茶で、上級武家の間で流行し、唐物荘厳として、唐物を偏重した高い装飾性にその特色があった。こうした書院茶は殿中の茶とも呼ばれ、これも禅林の茶礼に源流があるが、その発展にはむしろ同朋衆が大きな役割を果たした。また茶を楽しむ風潮は、京都や奈良の町衆の間にも浸透しつつあり、殿中の茶を簡素化させた下々の茶、つまり草庵の茶が広がりをみせるようになった。

こうしたなかで奈良の僧侶・村田珠光が、禅の思想を採り入れ、茶禅一味の境地を目指して、四畳半の茶室を中心とした草庵の茶の湯を開き、新たな茶会の在り方を示した。書院茶の伝統を引きながらも、唐物中心の茶趣に和様趣味を加え、座敷飾りを簡素化させるなど、侘びの思想に基づく茶の湯の基礎を築いた。こうした侘び茶の茶風は、さらに武野紹鴎によって洗練され、千利休に至って完成をみた。とくに利休は、先にみた後段と呼ばれる茶礼の後の酒宴を切り捨て、茶の前に簡略な食事を添え、一汁三菜を基本とする懐石料理を出した。

もともと宋風喫茶においては、濃い抹茶を飲む際に胃を刺激しすぎないように、前もってある程度は腹を満たしておく必要がある。茶を楽しむには、食事が伴うことが必然でもあった。そのため茶会には先の煎点のように食事が必要とされたが、侘び茶では料理を最小限に抑える代わりに選りすぐりのものを供し、これに茶を添えるというスタイルを選択した。それまでの武家儀礼で供された本膳料理は、禅僧がもたらした精進料理の革新的な調理技術を採り入れた儀式料理であり、御成などの儀式では茶でもてなした上で式三献が行われ、七五三の膳が用意された後にも、一五献から一七献にも及ぶ料理が続いた。また料理そのものにも、書院茶と同じように金銀亀是さまざまな装飾が施されていた。

ところが懐石料理では、こうした過度な装飾が取り払われるとともに、料理そのものが厳選され、これを充分に味わった上で茶を服用した。イエズス会の巡察師・ロドリゲスは、一六六〇年代初頭に執筆した『日本教会史』で、次のような興味深い観察を行なっている。茶の湯という宴会では、余分なもの、煩わしいものを棄て去って、宴会の古い習慣を変え、平常の食事の在り方についても大きな影響を与えたという。さらに料理そのものについても、ただ装飾的で見るためだけのものや、冷たいものを棄て去り、代りに暖かくて充分に調理された料理が、適当な時に出され、質の上でも充実した内容のものとなった、と賞賛している。

基本的に茶の湯には、どのような茶会も一生に一度だけのものであるという一期一会の思想がある。一度きりの茶会であるなら、その季節の最適の食材つまり旬の物を用いるとともに、味覚のみならず実質的な料理の美しさとして、器との取り合わせや彩りに工夫を凝らすというもてなしの趣向を重視した。また茶と料理の空間としてのしつらえにも気を配り、茶室の床の間に掛ける書画や花と花生けなどにも演出を施した。こうして懐石料理は、和食の最高峰ともいうべき内実を備えたのである。

その後、利休の茶の湯は、利休七哲と呼ばれた門弟たちに受け継がれたが、彼らは前田利家や古田織部などの武将たちであった。その茶風は侘びというよりも華麗な風流を特色とし、その後も、小堀遠州や片桐石州などの大名茶人を生んだ。やがて利休の没後一〇〇年を経た元禄年間頃には、利休の孫・宗旦の子息たちがいわゆる三千家を興すとともに、宗偏流などの新たな流派も生まれ、侘び茶が流行して新興町人層などに受け容れられ、茶の湯が社会的な浸透をみた。

また中国明代になると、それまでの固形茶の製造が洪武帝によって禁止され、代わりに葉茶を湯に浸して抽出する淹茶法が広まった。こうした明風喫茶文化が、中世後期から近世初期にかけて社会的広がりをみせた。これは一七世紀に来日した隠元による伝来とされることが多いが、五山僧などの文人趣味の盛行のなかに、明風の喫茶文化が持ち込まれ、その延長線上に日本の煎茶趣味が形成されたとする見解もある［布目：一九八九］。そして近世初頭には、茶園で摘み取った茶の若芽を蒸して揉捻した緑茶の一種である煎茶が考案された。この煎茶は、永谷宗円によって考案され、やがて売茶王（ばいさおう）や小川信庵さらには上田秋成などによって煎茶道という形にまで高められた。いずれにしてもお茶を茶の湯あるいは煎茶道という芸能の領域にまで昇華させたのは、アジアのお茶文化圏のうちでも、ひとり日本だけであった。

四、日常茶飯事と山茶

こうして日本においては、茶の飲用に観念的意義と作法が与えられ、一種の芸能として社会の上層に広く受容されていったが、いっぽうで、茶自体の飲用が、日常的なレベルで急速に広まっていった。とくに煎茶のような淹茶は、飲みやすいこともあって高級な玉露から大衆的な番茶・ほうじ茶まで、広く人々の飲用に供された。とくに日常茶飯事を根底で支えたのは番茶であったが、これは茶園での二番摘み・三番摘みから作るものよりも、いわゆる山茶が主流を占めていた〔中村：一九九八〕。そこで最後に、日本における山茶の問題を、歴史的に検討しておきたいと思う。

もともとお茶は、アジア東南部に広がる照葉樹林帯に下生えしていたものが原産で、初めは少数民族によって食べられたり、飲まれたりしていた。これが中国に入って本格的な飲用が始まり、ここをセンターとして世界各地へと広がっていった。茶の古典ともいうべき『茶経』一の源には、「茶は野生が上等。園（はたけ）のものは次等」とあり、もともとは栽培種よりも野生種の方が茶としては美味とされていた。つまり山などに生い茂る茶の木の芽を摘んで、これを飲用に供していた。

日本でももっとも古い茶の史料の一つである九世紀の『経国集』に収められた嵯峨天皇の漢詩に「山中の茗早春の枝、萌芽を採り擷みて茶と為し、金鑪にて炙り燥かす」とある。先に第一節でみたように、『茶経』の散茶もしくは餅茶（団茶）を煎じたものを、古代の日本人は飲んでいたが、その茶が山に生えた茶の木から作られていたことになる。その後、これが焼畑をベースとした山茶園で栽培されることになり、両者をともに山茶と呼んでいる。ここで、もともとの山茶が栽培種であるか自生種であるか問題となる。これも先にみたように、『日本後紀』によれば、弘仁六（一八一五）年に畿内などで茶樹が栽培されており、その茶園の茶を「山中の茗」と詠ったのかもしれないが、これが自生か否かが問われることとなる。

それは日本も気候的には照葉樹林帯の一部を占めることから、カメリア・シネンシスの茶が山茶として自生していた可能性もあり、伝来説と自生説とが対立していたが、近年では植物学的な見地などから、日本での自生説は難しいとされている〔橋本：一九八二〕。ただ東北から九州に至る焼畑地帯には山茶が広く自生している。近世末期の史料ではあるが、桃節山の『西遊日記』巻八の慶応元年一一月四日条に、肥後での見聞として、「山を焼き置候得は、自然に茶の木生し候」とあるように、とくに焼畑後には多くの茶の木が生えるとされている。

こうした山茶の種が日本にいつ伝わったかが問題で、茶種は、史料上では唐から戻った留学僧が伝えたことになっている。ところが、縄文から弥生期にかけての時期に、埼玉県真福寺遺跡（さいたま市岩槻区）や徳島県徳島市浄水池遺跡から茶種が出土したほか、一九七〇年には山口県宇部市の三千数百万年前の沖の山層から茶の葉と種子の化石が発見されたという指摘もある〔山田：一九九八〕。しかし、茶種遺物はいずれも戦前の報告で遺物自体が散逸しており、検証は困難を極める。また宇部市の場合も化石からの同定はかなり難しく、人類登場はるか以前の地形も気候も全く違う時代のことで、これがそのまま日本の山茶に繋がることにはなるまい。

ただお茶が照葉樹林文化の一要素であることから、焼畑とともに日本へ伝来したとすれば、かなり古い時代にまでさかのぼる可能性がある。しかし茶に和訓がないことに留意すべきだろう。もし留学僧が伝えたのであれば、飲用は仏教儀礼における唐風喫茶に限られたとすべきで、後にもみるように、民間に広く残るさまざまな茶の民俗の存在を説明するのは難しくなる。

たとえば茶の伝来については、火で焙った茶を水とともに竹筒に入れて熱して飲む高千穂のカッポ茶が、ミャンマーの竹筒茶が発酵という点では異なるとはいえ、『茶経』でみた初源的な犢茶の場合と同様に、茶葉を直接加熱し、しかも竹筒を利用する点で共通することや［野本：一九八四・中村：二〇一二］、さらには茶葉を桶に入れて圧縮し乳酸発酵させる阿波番茶が、蒸した茶を籠に詰め加重し乳酸発酵させるミャンマーのシャン高原のラペンチャウとよく似ていることなどが問題となろう［守屋：一九八一］。

さらには日本にも、団茶の一種である高知の碁石茶や茶に白飯・沢庵・椎茸け・高野豆腐・煮豆などを入れる島根のボテボテ茶などがある。これも第二節でみたタイ北部や北ラオスのミエンに通ずるもので、民俗レベルでの共通性が認められる。こうした点を考慮すれば、留学僧による将来以前に、照葉樹林文化の一環として製茶や飲み方の民俗を伴いながら茶の木が将来されたと考える方が自然だと思われる［中村：一九九八］。ただし考古遺物・文献史料の裏付けが乏しく、その時期については断定を控えざるを得ない。

もちろん古代に山の茶園に植えたものが次第に繁殖した可能性も充分に考えられるが、いずれにしても史料的には、中世になると「山茶」の語が登場するようになる。ただ古くは中国においても山茶が一般的だったようで、道元は中国寧波の天童寺に学んだが、その時の記録である『宝慶記』に、古くなった「山茶及び風病薬」を飲んではいけないという如浄の教えを記している。これが自生種か栽培種かの判断は難しいが、『金沢文庫古文書』には、いくつか「山茶」の記載が見える。貞和二（一三四六）年以前のものと推定される一〇月一〇日付の寥湛書状（『金沢文庫古文書』一二五六号、以下典拠と文書番号は［永井編：二〇二〇］による）には「珍しからず候と雖も、山茶一簣」とみえ、珍しくはない山茶を送ったとあるから、中世においても山茶が一般的であったことが窺われる。

『金沢文庫古文書』中には、「葉茶」「新茶」「磨茶」の語がしばしば登場するが、このほか同じく貞和二年頃と推定される氏名未詳書状（『金沢文庫古文書』二五九号）にも「ゐ中ちや（田舎茶）はめつらしからぬ御事にて候らん」とあり、ともに珍しくない茶と認識されており、「田舎茶」が山茶であった可能性が浮かび上がる。さらに茶の品質については、嘉暦二（一三二七）年以前と推定される二月九日付の湛睿書状（『金沢文庫古文書』一二二号）に「下品に候と雖も、田舎自り送たひ（給）て候」とあり、田舎から送った茶が下品だと表現されている。どうやら山茶≒田舎茶≒下品という図式が成り立ちそうである。

これに対して、暦応元（一三三八）年一一月九日の為□書状（『金沢文庫古文書』二一三号）には「去り難き茶」（上品な茶）を、称名寺から東禅寺に長老として赴いた湛睿から貰ったが、もう一つ欲しいと懇願している旨が記されている。なお東禅寺長老であった湛睿は、同暦応元年以前と推定される湛睿書状土代（『金沢文庫古文書』二一四号）に「当寺常住の茶」を「下品に候」と記している。これが下総国千田荘にある東禅寺称名寺に貯蔵されていた、おそらくは焼畑をベースとした茶を指すものであったのに対し、称名寺帰住後の湛睿が為□に贈った上品な茶は、称名寺周辺の優良な茶園で栽培されたものであったと考えられる。

称名寺では、近くに茶園を営むとともに、自らの寺領・下総国赤岩郷でも上質な茶を栽培している。これらの茶種については、おそらく中国杭州龍井（ろんじん）あたりから将来されたもので、奈良西大寺あるいは京都仁和寺経由でもたらされた可能性が高いとされている［伊藤他：二〇一九］。そして氏名未詳書状（『金沢文庫古文書』二六〇号）では、前回の茶の実の植え方が悪かったので、改めて「ちゃのみ」を欲しい、と湛睿に願い出ている。称名寺三世の地位にあった湛睿は、地方で生産される茶の品質を向上させるべく努力を続けていたようである［永井：二〇二〇］。上級の武士や僧侶の間では、権力の中枢に近い称名寺周辺や直轄領の赤岩郷などの茶園で栽培されるような中国将来の上質な茶が飲まれていた。しかし地方では、田舎茶と称されるような焼畑をベースとした地方の山茶園で生産された山茶が飲まれていたのである。

ただ山茶といっても、延慶元（一三〇八）年頃かと推定される八月二八日付の執権・金沢貞顕の奉行人を努めた倉栖兼雄の書状（『金沢文庫古文書』二二号）では、「栂尾山茗」が「山中（高山寺の茶園）」から採れなかったので、大切に保存するよう劔阿に伝えており、最高の銘茶として知られる栂尾茶も、山の茶園で栽培されていたことが知られる。従って山茶園で作られるお茶のなかには、栂尾茶をはじめ称名寺茶・赤岩茶から東禅寺の田舎茶に至るまで、さまざまなレベルのものがあったことになろう。

こうした中世の茶園に関しては、本畠としての茶園、山中の山茶園や屋敷内の屋敷茶園のほか、水田を利用した畦畔茶園があり、畦畔茶園が中世後期の茶生産に果たした役割が大きかったとされている［橋本：二〇〇六］。なお中世の山茶園については、元亀二（一五七一）年三月五日の今川氏真朱印状写（『戦国遺文 今川氏編』二四七七号）によれば、今川氏真は、領内藤枝若王子の代官・三浦義次に、屋敷や山茶園を与えている。この山茶園は、茶生産の安定化を図って開発した地であったからこそ、付与財産の対象として給付したのだと考えられる。

ちなみに山茶については、人為的な栽培によらない自生の茶とする定義もあるが［中村：二〇一二］、自己繁殖もしくは一次的な焼畑の生成物のみを山茶と呼ぶことには無理があろう。人間が繁殖に手を貸したセミドメスティケーション的な段階も含めて、栽培に積極的に関与するケースを無視することはできない。つまり焼畑によって二次的な山畠を開き、そこに自生する茶を移植して栽培を行った場合も山茶に含めるべきだろう。

たとえば大和河上荘の事例から、山茶園の開発にあたっては、まず焼畑で当初の数年間は雑穀類の栽培を行った後に、雑穀栽培を中止して茶園を形成していることが指摘されている［伊藤：一九九八］。この茶が自生なのか、栽培なのかは明らかではないが、この地には中世の茶園経営として名高い西大寺流般若寺があり、少なくとも鎌倉期には茶の栽培が盛んに行われていた［寺田：一九九六］。いずれにしても、その主力は山茶園で、焼畑による山間開発後に茶園として整え、そこで栽培された茶を山茶とする定義が、もっともふさわしいものと思われる。

こうした山茶については、『日葡辞書』に「Sancha：山地に産する粗悪な茶」とあるように、一般に低い評価が与えられていた。基本的に山茶園には、焼畑によるものと焼畑後に茶園化されたようなものが多かったとすべきだろう。確かに南北朝期の『異制庭訓往来』には、名山の第一としての栂尾や京都の七つの茶園のほか、大和宝尾（室尾）から武蔵川越に至る五つの名産地を挙げている。茶の生産は広まりつつあったが、まだ限定的であったことが窺われる。しかし、室町期を通じて伝統的な茶園以外でも生産が進み、それらが社会の上層部に愛用されるようになったが、社会の中下層においては、焼畑を利用したような山茶園から供給される粗悪な茶が広く飲用されていたと考える方が自然だろう。

この時期のお茶については、天文八（一五三九）年に採録された盆踊唄（「御状引付裏文書」）に、盆踊唄「ていしゅ〳〵のるすなれは、となりあたりをよひあつめ、人ことといふて大ちやのみて大わらい」とあるように、茶の飲用が社会的にも浸透していたことが窺われる。ちなみに、こうした女性のお茶に対しては、一七世紀後半の成立で別人のものとされる直江兼続四季農戒書（『大日本史料 第一二編―三二』）には、大茶を飲みあちこちの留守宅を尋ね回って人の話をする女房を非難しており、同じく成立時期には問題のある慶安の御触書（『徳川禁令考』二七八九号）でも、「大茶をのみ物まいり遊山すきする女房」は離縁すべきだとあり、規制の対象とされている。いずれにしても日常茶飯事と呼ぶにふさわしい状況が、近世初頭には生まれつつあったことが窺われる。

さらに平和な体制が生まれた近世には、農業は安定的な発展を遂げ、知識的にも体系化が図られ、それが農書として結実をみた。これらには茶の栽培も農業経営の一部として位置づけられており、一七世紀後期の成立とされる『百姓伝記』には、「茶は上下万民の用るものなり。畠の境、或は山畑などの、あしくて作毛の出来かぬる処、屋敷のうちなど、明地の処に植へし」とある。

また同書成立後の元禄一〇（一六九七）年に刊行された『農業全書』では、少なくとも自家用の茶は栽培すべきで、茶の木は一度植えれば数年を経ても枯れることはないとし、茶園には田と畠と山があるが、このうち田（水田そのものではなく畦地）が優れているとしている。

その後、天保一五（一八四四）年に成り、農業の利を説いた『広益国産考』に、日向国では多く茶を作って大坂に出し、伊勢国では同じように「江戸に積廻す事おびただし」と記され、これは宇治などで作る茶とは異なる番茶だとしている。つまり有名茶所以外の地方での茶の大規模な生産が、都会の庶民層における飲茶を支えていたことが知られる。また茶園には畦を立て施肥するとしているが、適地については「山村の畑の随分日あたりよきを見立て」とあることからも、おそらく山茶園における栽培が主流であり、もっとも広く飲まれていたのは、いわゆる山茶に属するものであったと思われる。

これに関しては、先の『西遊日記』の場合と同様に、『高千穂採薬記』弘化二（一八四五）年三月二七日条には、日向高千穂地方での見聞として「（焼畑の）一つ焼跡に数万本茶の生するを見たり。宛（あたか）も人工にて作りたる茶園の如し」と記されている。また現在広く栽培されている茶樹の多くが、こうして生えた山茶と同一品種であることも報告されている［谷口：一九三六］。もともとは中国から伝来し、焼畑をベースとして広く栽培されていた山茶が、近世の飲茶風習に大きな役割を果たしたものと思われる。

とくに九州山地では、近世において焼畑もしくは焼畑後に開かれた茶園で大量の山茶が生産されていた。ちなみに幕末明治にかけて、日本の茶が大量に輸出されていたが、これらの多くが原料を山茶とする釜炒りの緑茶であり、後には山茶を用いて輸出用の紅茶の製造も行われたという〔中村：二〇一二〕。

なお越後と信州の境に位置する秘境・秋山郷にも茶の木が自生しており、ここでも山茶が飲まれている。その飲み方について、文政一一（一八二一）年に秋山郷を訪れた鈴木牧之は『秋山記行』に、その入り口にあたる清水河原村でのこととして、ある家を訪れると、その妻が茶袋を取り出し、「鍋欠の耳の処を持て俄に茶を煎」って「茶筌にて大なる茶碗に茶を立」てたという。これは第二節でみた『茶経』の「散茶」に近く、日本の煎茶のように蒸すのではなく、中国の主流である釜で炒って殺青を行う緑茶と同じで、しかも茶筌で攪拌して飲用する。

これは、いわゆる振り茶と呼ばれる飲茶の方法で、富山のバタバタ茶、出雲のボテボテ茶、沖縄のブクブク茶などが知られ、炒り米や漬物あるいははったい粉などに番茶を注ぎ茶筌で泡立てて飲む。あるいは食べる茶でもあり、第二節でみたように『茶経』が否定しようとした茶に葱・薑・棗・橘・茱萸（川薑）・薄荷などを入れて飲む古い習俗を承けたものといえよう。釜炒りの番茶を茶筌で立てて飲むというお茶の存在は、先の『高千穂採薬記』にも記されるところであった。

さらには『秋山記行』のみならず、いくつかの紀行文にも散見することに加えて、「備後国福山領風俗問状答」（『諸国風俗問状答』）に、山村の老婆の淹れる茶として「茶をふり泡をたてすゝめ候を茶ふるまいとも申し候」とあり、他の『諸国風俗問状答』にも同様の記載が見えることから、近世中期には諸国の風俗として一般的であったことが知られる。こうした山茶を用い釜で炒った上で振り茶とする茶の飲み方が、広く地方の村々で行われていたのである。

こうしてみると、日本の茶はアジアのお茶のうちでも緑茶を基本とするもので、これを用いて茶の湯や煎茶道という独自の茶文化を発達させたという点に特徴がある。また日本近世において、日常茶飯事という言葉が定着したが、そうした飲茶の状況を支えたのは釜炒りを基本とする山茶であったとしても過言ではなく、そこにはまだアジアのお茶の古層が残されていたのである。

ただ近代に入ると、輸出も含めて茶の需要が高まるとともに、流通・生産過程での近代化が進み、平地での茶業が発達して高級茶の大量生産が可能となった。いっぽう焼畑を源とする山茶園を擁していた山々では、効率性の高い植林業などへの転換が起こり、山茶の生産は著しく衰退したことが指摘されている［山本：一九五七］。こうして近代に入って、お茶の供給体制が著しく変化し、古い伝統を有する山茶は姿を消していったのである。

第17章　飢餓・飢饉という現実——中世・近世から近代へ

一、はじめに——日本社会の特質

今日の日本では食糧事情が非常に豊かで、まさしく飽食を通り越したような食文化の状況下にある。大都市では、世界各国のさまざまな食材を入手することが可能だし、デパートやスーパーの食料品売場には惣菜類が溢れ、ハンバーガーショップやレストランなどでは、売れ残りや食べ残し料理が大量に放棄されている。しかし、こうした現象はつい近年のことで、ほぼ半世紀ほど前から勢いよく変化し始めたすぎない。かつて日本社会は貧しく、とくに敗戦直後には飢餓と隣り合わせのような日々も続いた。和食文化について考える際には、その周辺というよりも、むしろ対極ともいうべき飢饉の問題をきちんと認識しておく必要があろう。

また日本社会は、約一世紀半ほど近代を経験したことになるが、つい一五〇年ほど前の近世社会までは、しばしば飢饉という状況に追い込まれ、そのたびに多くの餓死者を出してきたという現実があった。ただし近世社会はけっして未発達な段階にはなく、高い生産力と全国に張りめぐらされた流通網をもち、さまざまな面において技術的にも優れた高度な文明社会を実現していた。それゆえ近代日本が急速な社会展開をとげえたことになるが、にもかかわらず現実には、しばしば飢饉を惹き起こすような社会的要因を、近世社会は内包していた。このことは、その母胎となる中世社会と比較することで、より鮮明になるものと考えられる。

そこで小稿では、中世社会と近世社会の飢餓および飢饉の実状と、その要因の違いをそれぞれ比較したうえで、近代への道筋を飢餓という観点から検討してみたい。日本社会を「食」という観点からみた場合、もっとも注目されるべきは、水田稲作にこだわった農耕社会という点である。しかし米は、もともと亜熱帯のアッサム・雲南地方に自生した植物で、日本はほぼ温帯に位置するとはいえ、亜寒帯の北海道をふくむことから、必ずしも全面的に栽培に適した植物とはいえないが、その執着には非常に根強いものがあった。

それゆえ寒冷な東北地方での稲作は、しばしば冷害に見舞われたが、もし米以外の農産物あるいは牧畜などの生産活動を軽視していなければ、おそらく飢餓もしくは飢饉から自由であった可能性も考えられる。いずれにせよ、こうした社会および国家のこだわりが、逆に障害となって〝飢え〟に直面するような状況を、何度か惹き起こした。また一方で北海道においても稲作を可能とするほどの技術力を生み出したことも事実である。食に対する社会の価値観が、これほどまでに米に収斂したことは、やはり日本社会の歴史と特質を考えるうえで、決定的な意義を有したとすべきだろう。

また社会的なシステムとしては、それぞれ古代社会と近世社会の入口で、強力な中央集権国家体制を形成した点に大きな特徴があり、このことは米が社会的に至上の食物とみなされたという問題と無関係ではない。とくに古代以来、米がもっとも主要な租税として貢納されたのみならず、近世には石高制という経済システムの下で、富の尺度として機能していたのであり、これらはまさしく国家の意思として制度化されたものに他ならない。また古くから海を越えた交流は想像以上に活発ではあったが、近世においては鎖国という形で、四方を海に囲まれた島国として、閉鎖的で強力な幕藩体制国家を築き上げたことが、特殊な食料事情を形成して、生産力的には高水準を保ちながらも、時として部分的に飢餓を創出する要因となったと考えられる。

二、中世の飢餓と飢饉

1、中世社会の食料事情と支配システム

強力な中央集権国家である江戸幕府の基盤となった近世社会は、古代の集権的律令国家が変質した結果の所産である分散的な中世社会を克服する形で成立をみた。この中世社会は地方分権を基本とするもので、古代や近世の中央集権国家とは異質な構造を有していた。たしかに中世においても摂関政や院政に基盤をおいた王朝国家や、のちには鎌倉幕府・室町幕府といった中央の統

治機構が存在し、それなりに機能していたが、前者の場合には国衙や荘園の形で、後者でも守護や地頭さらには守護大名・戦国大名などが地方を分割し、それぞれの地域では武士が村々を支配して社会の基底部を支えていた。

したがって鎌倉幕府や室町幕府は、御家人や守護大名の連合政権的な性格も有しており、裁判などで当事者間の武士の調停役を果たすことに、中央権力としての意義があったといっても過言ではない。つまり幕府が国家として、強力な政策を推し進めていくというよりは、地域間の紛争が訴訟に発展した場合に、調停機関として双方から事情を聞き、事例に照らして裁定を下そうとする傾向のほうが強かった。それゆえ、それぞれの集団は原則として、自ら地域での問題に取り組み、紛争が生じた場合には自力で解決を図らねばならず、それぞれの集団が武力を蓄えておく必要があったのである。

たとえば「鎌倉幕府追加法」四二〇条（『中世法制史料集』第一巻）によれば、正嘉三（一二五九）年の飢饉のさいに、浮浪人たちが食物に困り山野河海に入って、自生の動植物を採って生命を繋いでいた。しかし事情は農民たちも同じであったため、地頭が中心となって、浮浪人を武力で追い払うことが各地で起こった。このため浮浪人の死者が続出し、鎌倉幕府は地頭たちの横暴を止めざるを得なかったのである。しかし厳しい罰則が明記されたわけではなく、幕府は建前を述べただけで、その実効性にははなはだ疑わしいものがある。こうした飢餓状況のなかで、山野河海において食料を自ら確保するためには、まさしく武力が必要であったことを、この法令は間接的に物語っていよう。

もちろん中世社会においても、租税すなわち年貢の収奪が行なわれており、その実態はきわめて過酷であった。中世の在地社会の実情を物語る史料は、帳簿類と異なって通常残されることは少ないが、紙が貴重であったことから反故（ほご）用紙として裏面の再利用が行われ、偶然に残されてリアルな現実を垣間見せる場合がある。いわゆる紙背文書とよばれるもので、千葉県市川市の本土寺に伝わる日蓮の聖教類などの事例が知られる。その一つである鎌倉期年月日未詳の「進士入道申状」（『中山法華経寺史料』「秘書」紙背文書三一号）には、成田市と推定される長田郷の住人である進士入道なる人物が、年貢米を納められなかったために、身内の八郎太を質に取られ、再び未進を繰り返したことから、さらに六〇歳の姥や二人の子どもと下人を召し取られたうえ、鍋などの日用品まで奪われてしまい、最終的には在地領主の姫の奉公人として、何とか生きていけるように願い出た事情が記されている［石井：一九九〇］。

また『沙石集』拾遺六九には、領主であった時には米ばかり食べていて麦などはまずいと思っていたが、所領を失った後は麦でさえも甘露と思うようになった、という話が収められている。これは租税を取りうる立場にいれば米を食べられたが、逆転すれば麦さえ贅沢と感じるような食料事情が存在していたことを意味する。すなわち中世社会においては、内部の階層差が著しく、上層は豊かで米を食していても、下層になるほどしだいに雑穀の比重が増していった。さらには身分の転落をしばしば招くほどの激しい年貢収奪が行なわれており、一般の食料事情はかなり厳しかった、と見なしてよいだろう。

2、中世社会の自然災害

中世の農業生産に関しては、領主側も用水工事の指導や種籾の下行といったいわゆる勧農を行なっており、中世後期には農業の集約化がみられるなど、徐々に生産力も向上したが、自然災害には弱くしばしば凶作に陥っていた。戦国期の近江堅田の事情を記した『本福寺跡書』には、「年によりて風損・水損・干損・小糠虫などの不熟の年」があるのは、仕方がないことだ、という認識があり、農業生産が気候に大きく左右されていたことがうかがわれる。また下野国足利の寺院記録である「鶏足寺世代血脈」によれば、応永三四（一四二七）年には、春から暴風雨が続いたが、五穀は無事実っていた。しかし六月・七月・九月と大洪水が起こり、人馬が流出し山が崩れて五穀は壊滅し、翌年にも同様な洪水が起こって秋には飢饉となったという。

どうにか天候の変化に耐えて実ったとしても、いわゆる天変地異の猛威には手も足も出ず五穀を失い、飢饉という状況へ追い込まれたことになるが、こうした自然災害は前近代において、どのような頻度で起こっていたのだろうか。表1は、日本における凶荒に関して、比較的詳しく史料を博捜した『日本凶荒史考』の目次から、一〇〇年ごとの回数をカウントしたものである［西村他：一九三六］。これによれば、一〇世紀から一七世紀つまり中世には少なく、一九世紀は計算値であるが、古代および近世には、一〇〇年間に六〇〜七〇回は凶荒が起きていることになる。

しかし、この数値は多少やっかいで、さまざまな事情を考慮する必要がある。まず中世が少ないのは、先にも述べたように統一的な中央集権国家が存在しなかったためで、全国的な災害記録の編纂が行なわれなかったことが反映している。

これに対して古代国家は、国司などに被害の提出を求めたことから、多少誇張的な場合もあったであろうが、国家レベルで集計が行なわれたため詳しい記録が残ったが、それも九世紀までで、その後は弱体化が進み記録は減少する。また江戸幕府の場合には、時代が近いことから散逸も少なく、各藩からの情報を集積しているため、かなり実数に近い数値と思われる。したがって中世の問題を除けば、古代および近世においては、一・五年に一度くらいの割合で、災害が起こっていることになる。もちろん、この数字は全国的なもので、一地域の問題に還元することはできない。

表1　日本凶荒回数表

世紀	回　数
8世紀	6 1
9世紀	7 1
1 0世紀	2 3
1 1世紀	1 3
1 2世紀	1 5
1 3世紀	1 6
1 4世紀	1 6
1 5世紀	3 7
1 6世紀	4 4
1 7世紀	5 4
1 8世紀	7 6
1 9世紀	4 9（7 4）

《『日本凶荒史考』より作成》
但し１９世紀の（）内は１００年に換算

そこで直接に中世の史料を用いて、同じ地域でどのくらい凶荒が起きているかを考えてみよう。

中世においては、全国を見渡す災害史料は少ないが、逆に地方に根ざした時代だけあって、一地域の観察記録が長期にわたって書き継がれることがある。甲斐国都留郡小館（現・山梨県河口湖町小立）の妙法寺に伝えられた『妙法寺記』と、同郡勝山村の富士御室浅間神社に所蔵される『勝山記』は、それぞれ同一の原本から書写された二系統の写本で、もとは在地の日蓮宗の僧が二〇〇年以上にわたって書き記したものである。また陸奥国会津地方蜷河荘の塔寺八幡宮（現・会津坂下町）にも、『塔寺八幡宮長帳』が伝わり平安期の年号を有する部分もあるが、少なくとも確実に三〇〇年間以上にわたって書き続けられている。いずれも複数の人間の手になるもので、断絶もあり史料の扱いにむずかしい部分もあるが、長期におよぶ一地域の史料としては珍しい。

双方とも東国の山間部盆地の史料で、災害の記事に詳しいが、必ずしも凶荒のみを強調しているわけではなく、豊作の年に関する記録もふくまれることから、かなり客観的に記されたものと考えられる。なお前者の地は、湧水が少なく水に恵まれなかったうえに、春には南にそびえる富士山の雪解け水による被害も受けざるをえなかった。また後者の場合も、会津盆地の水を最終的に集める水害常襲地帯で、必ずしも地形条件は良好ではなかった。史料の位置づけに、いくつかの問題は残るが、これらの記録内容を丹念に追うことで、中世における災害の頻度を知ることができる。

まず甲斐の『妙法寺記』の災害記事は、計六二年におよぶが、途中中断があるので、ほぼ毎年記載のある文明五（一四七三）年以降についてみれば、ちょうど九〇年後の永禄六（一五六三）年までの間に五三年にわたって凶荒が記録されており、この間ほぼ一・七年ごとになんらかの災害に見舞われていることがわかる。また会津の『塔寺八幡宮長帳』の場合では、災害記事の始まる建保四（一二一六）年から、最後の天正一三（一五八五）年までの三六九年間のうち、凶荒の年が一三〇年あり、二・八年に一年の割合で災害が訪れている〔原田：一九九九a〕。

この両者の地は、旱魃や水害を受けやすい土地で、所により被害の程度も異なったであろうが、基本的に甲斐や会津では、二〜三年に一度は災害が起こっていたことになる。すなわち先に表1でみたような古代および近世における凶荒は、中世においても全国規模で同様の頻度で起きており、自然災害に遭遇する地域が存在していたことになる。いずれにしても前近代においては、しばしば訪れる天変地異によって、農耕のみならず家屋や人命までもが、その猛威に脅かされつづけていたのである。

3、中世の飢餓とその特質

近年の中世史研究では、中世における飢餓の実態や要因の考察も行なわれるようになり、生活史に関する論考もふえはじめているが、まだ緒についたばかりというべきだろう。ここでは二つの学説を紹介しつつ、中世社会における飢餓の特質について考えてみたい。

下総国風早荘平賀郷（現・千葉県松戸市）の本土寺に伝わる過去帳には、中世後期だけで約四〇〇〇人の人名が記載されている。これをデータ処理した報告によれば、飢饉の年にはかなりの人間が死んでいるほか、死亡月に特徴があり、暑い六・七月に多く、収穫期となる九・一〇月に減少するという。こうした死因は食料の欠乏によるものと推定され、中世農村には慢性的な飢餓状況があったとされている〔田村：一九九四〕。

また近年では、戦国時代の戦争には季節性があることが指摘され、農閑期である冬に合戦が行なわれていることも明らかにされている。その理由は、戦国大名が農民を傭兵として集めやすいためで、彼らにしても勝てば戦場での略奪行為が認められることから、食料が乏しい時期に戦闘に加わるメリットは大きかったという〔藤木：一九九五〕。本土寺の事例では、過去帳の登録人の階層性をどう処理するかや、農耕以外の生業や夏の衛生事情などをどのように評価し、そのうえで死因をどう考えるか、といった問題は残る。

しかし、いずれにせよ中世社会に厳しい食料事情があったことに疑いはない。それゆえ戦国時代の合戦においては、傭兵を前提としたために季節性がともなったのである。前項でみたように農業生産上の障壁も多く、中世社会における食料生産が充分でなかったことに加えて、激しい年貢収奪や戦争傭兵の問題もあり、中世村落をとりまく食料事情はきわめて厳しかったといえよう。

なお中世には、しばしば飢饉が起きているが、治承と寛喜の大飢饉がよく知られている。『吉記』治承四（一一八一）年四月五日条に「餓死者道路に満つ」とみえ、寛喜三（一二三一）年六月一七日条に続けて「去春より天下飢饉、此の夏、死骸道に満つ。治承以後、此の如きの飢饉未だ有らず」とある。後者に関して、同年三月一九日の「鎌倉幕府追加法」二〇条（『中世法制史料集』）によれば、執権・北条泰時は、伊豆国・駿河国に出挙米を施して、人々を飢饉から救うべき旨を命じているが、必ずしも救済が行き届いたわけではなく、厳しい状況に置かれた場合の方が多かった。

なお鎌倉期における飢饉の原因については、これを小氷期という寒冷化現象に求める見方もある。たとえばフレア＝ブリッジ氏の気象理論を援用して、日本では一二〜一六世紀に海退現象が起こり、これにともなって小氷期に入ったため、鎌倉期以降に気候の寒冷化が進み、冷害による農業生産力の停滞が飢饉を招いた、ともされている［磯貝：一九九一・九四］。ただフレア＝ブリッジ氏の海水準変動曲線が、そのまま世界的な気候の変化を示すものとは限らない。気象学の立場からは、世界的に寒冷な小氷期を向かえた時期は、むしろ一六世紀から一九世紀にかけてのことだという［三上：一九九二］。フレア＝ブリッジ氏の見解を定説と見なす前提には問題があろう。

また、こうした寒冷化による温度差は、年平均でせいぜい摂氏一度から一・五度程度とされている。もちろん平均一度という温度差は、大冷害をもたらす確率を著しく高めたり低めたりする数値であるが、当然ながら年によっては、かなりの寒暖の差があったと見なさねばならない。温度変化と冷害との関係は単純ではなく、例えば一九九四年の日本における冷害は、〝平成の米騒動〟状態を惹き起こし、米不足が問題となり、かなりの外米移入が行われたが、これは温暖化のなかでの一次的な寒冷現象によるものであった。こうした急激なものではなく、気象変動が漸次的であれば条件は異なる。植物学の立場からは、植物自体も気候の変化に適応するということを考慮する必要があるとされている［辻：一九九三］。

つまり気候の寒冷化という気候変動が、そのまま冷害に繋がるという見方は、極めて一面的な理解と言うべきだろう。実際に飢饉の原因は一様ではなく、先の『妙法寺記』や『塔寺八幡宮長帳』などでも、風水害や旱魃などによる場合のほうが多く、すべてを寒冷化で片づけることはできない。あくまでもフレア＝ブリッジ氏の理論はひとつの見解でしかない点に留意すべきだろう。ただ、たしかに先の寛喜の大飢饉については、寒冷な気候が大きく影響はしているが、暖冬や台風などによる被害も大きかった。いずれにしても気象条件の著しい変化が、そのまま中世の飢餓や飢饉を惹き起こしたことに疑いはない。

つまり中世の農業生産は、必ずしも安定的なものではなく、中世村落における食料事情がけっして充分なものではなかった建治四（一二七八）年二月一三日に、日蓮が信者である松野という武士に宛てた書状（『昭和底本日蓮聖人遺文』二七四号）には、数年続いた飢饉のために「衣食たへ、畜るひをは食いつくし、結句人をくらう者出来して、或は死人或は小児或は病人等の肉を裂取て、魚鹿等に加へて売りしかば人是を買ひくへり……又去年の春より今年の二月中旬まで疫病国に充満す。十家に五家、百家に五十家、皆やみ死し」という状況で、多くの人びとが死んでいった旨が記されている。

ただ飢饉における人肉食については、懐疑が噂となりやがて〝事実〟として独り歩きする可能性も高いので、実際には確かめようもないが、飢饉によって凄惨な食料事情が生まれていたことは事実であろう。さらに書状の後段にあるように、そうした栄養事情のもとでは、これに疫病が拍車をかけ、死者の数を増大させることになる。中世の歌謡を集めた伴信友編『中古雑唱集』の万歳祝詞には、「災難と、けかち（飢渇）と、えきれい（疫癘）と、にが（苦）風」とが入ってこないように、村に結界を引く旨を歌ったものがある。自然災害や飢饉・疫病はもっとも忌み嫌われるところで、こうして歌謡に素直に唱われたことは、これらが中世人にいかに身近な脅威として認識されていたかをみごとに物語っている。

もちろん、こうした凶荒は自然現象によってのみ起こるのではなく、人為的な原因によっても惹き起こされた。文和二（一三五三）年一一月日の「矢野荘百姓申状」（東寺百合文書ノ）には、「自当年自り隙無く召仕わさるの間、豊饒の年たると雖ども、当御方に於いては、作期の違いに依り、損亡に及ぶべく候」とあり、本来なら豊年であったが、今年はあまりにも徴発労働が多かったので、農耕の時期に支障が生じ、作物が獲れなかった、と百姓等が荘園領主に訴えている。これは年貢減免要求のための常套句的なところもあるが、実際に労働力を厳しく徴用されていたからこそ、こういった表現を用いることが可能だったわけで、先にみた年貢の収奪に加えて在地での強制労働が、農業生産にマイナスに作用し、飢餓を誘発するような現実があったと考えるべきだろう。

まさしく自然災害と政治的な支配による生産物と労働力の収奪によって、中世の飢餓が惹き起こされ、はなはだしい場合には飢饉となって、さらに疫病が蔓延するという状況が生じた。こうした中世社会の危機的状況は、先にふれた『妙法寺記』や『塔寺八幡宮長帳』などでみても、実際にしばしば惹き起こされていたことがわかる。これは暴力をともなう支配システムの問題も大きいが、やはり集約農業を実現したとはいえ、農業生産力が未熟な段階にあったことをうかがわせる。河川の改修をともなうような大規模な開発は不可能で、旱魃や水害に強い赤米を駆逐できなかったように、量的にも質的にも、近世に較べて中世の農業生産力は劣っていたと考えざるをえない。すなわち中世社会は、技術的にも気象変化や自然災害に弱い段階にあり、飢餓や飢饉は自然発生的・地域限定的な要素が強かったとしてよいだろう。

ところで中世においても、先にも鎌倉幕府の例でみたように、支配者側の飢餓・飢饉への取り組みが、まったくなかったわけではない。正元元（一二五九）年一〇月日の「湯浅光信訴状案」（高野山文書『鎌倉遺文 第一一巻』八四二一号）によれば、この年は全国的な飢饉だったことから、鎌倉幕府は臨時の課役を止め、山や海における活動を制限しないことを命じ、ところによっては「領家之御倉」を開いて食料を百姓に与えるなどして、憮民策を講じていたことがわかる。しかし、こうした判断は最終的には、それぞれの地域の領主に委ねられるもので、地域の支配者たる領主によって大きな格差があった。

また『看聞御記』応永二八（一四二一）年二月一八日条には、前年の飢饉で諸国から貧民が上洛し、乞食や餓死者が膨れ上がったことから、室町将軍が諸大名に命じて、五条河原に仮小屋を建てて施行（せぎょう）した記事がある。これらは、いずれも局地的な対応にすぎず、中世における飢饉対策はけっして充分なものではなかった。地方分権的な傾向の強い中世では、それぞれの支配単位や地域単位において、あくまでも基本的な年貢や労働力などの収奪を前提としたうえで、飢餓や飢饉への対応策が採られたのである。

三、近世の飢餓と飢饉

1、近世の食料生産と支配システム

全国制覇をなしとげた豊臣秀吉による一連の太閤検地政策のもとで、近世社会の基礎が確立し、これを受けた徳川家康によって強力で中央集権的な幕藩体制国家としての江戸幕府が誕生した。戦国の争乱が終わって、社会的なエネルギーの総体が、田畠の開発や農業技術の革新に向けられるようになった。たとえば関東平野を流れる利根川は、現在は銚子で太平洋に注いでいるが、もとは関宿付近から南下して江戸へと流れる河川であった。これを香取海へと注いでいた旧常陸川と繋げて今日の流路としたのは江戸幕府で、こうした大土木工事と新田開発は表裏一体の関係にあった。この利根川東遷に象徴されるように、近世には耕地の大開発が進行した。とくに寛文〜延宝期頃までの耕地面積の増加には著しいものがあり、その後の元禄期以降における社会の発展に、経済的な基礎を与えたといえよう。

しかも近世社会は、石高制とよばれる経済システムを基礎としたが、いうまでもなく石高の米を基準とするもので、水田はもちろん畠や屋敷やがては山林も米の見積り生産力に換算され、村や藩の経済力も石高で表示されるようになった。おそらく近世初頭には、全国平均で田が畠を上

回っていたものと思われ、一八世紀初頭頃の調査にもとづく「町歩下組帳」によれば、全国の耕地面積は二九六万町歩で、うち田一六四万三千町歩・畠一三一万七千町歩、すなわち水田が畠地の一・八三倍もあり、完全に水田が卓越する米中心の農耕社会が築かれていた。また近世前期には、農業技術の粋を集めた農書も出版されるようになり、農業生産力は質・量ともに中世に較べて著しく発展した。

近世社会では兵農分離によって、武士は城下に集って政治を司り、村は純粋に農民だけで構成されて、農業に専念するようになった。その結果、飛躍的な発達をとげた食料生産に裏づけられて、三都をはじめとする大都市が形成され、商業や産業などさまざまに社会的な分業が細分化していった。やがては綿作などに専業する農家もふえ、納税のために米を買う農民が出現するようになる。こうした状況のもとで、三都や地方の商人が活躍し、全国市場が形成されていったが、一方で地方をとりまく経済の壁は厚かった。すなわち近世社会は、中世の地域的・分権的な社会体制からの脱却に成功はしたが、幕府が全国を一律に支配したわけではなく、村落支配などの面では、藩を単位とする独自な経済支配が認められていたため、一方で地域的な閉鎖性を残していたのである。

たしかに幕府は、大名に落度などがあった場合には改易や転封といった形で、一部の外様大名を除けば、幕命によってサラリーマンの転勤のごとく領地を替えさせることができたが、藩の内政に関しては基本的に独自性を認めていた。つまり支配や経済の単位としての領地は、幕藩制国家の秩序を乱さないかぎり藩のもので、それぞれの藩単位で財政が運営されており、この限りにおいて藩の分権的要素は確保されていた。たとえば、食料が不足したさいに採られる穀留（こくどめ）という措置がある。これは天明三（一七八三）年の飢饉を記した下野国黒羽藩家老・鈴木正長の『農諭』に、「隣村に親類縁者有と雖、他の領分なれば穀物の取やりは少しもならす」とあるように、それぞれの領内でしか穀物の売買を認めない、とするものであった。こうした藩ごとの対応の違いが、実は飢饉時の明暗を分けたといっても過言ではなく、領主や藩によって食料事情はかなり異なり、後に述べるように、近世における飢饉の被害を増大させる一因ともなったのである。

2、近世における飢饉とその要因

こうして近世社会において農業生産力は向上したが、飢餓状況が克服されたわけではなく、絶えず凶荒は繰り返され、寛永・元禄・享保・宝暦・天明・天保期には大飢饉を経験している。とくに東北地方では、しばしば厳しい飢饉状態に追い込まれて、多くの死者を出すなど、悲惨な状況に陥ったが、地域的な被害にとどまった中世に較べると、飢饉の規模が格段に大きいことが注目される。これは先にも指摘したように、近世には大規模に水田が開発されて、気象に敏感な稲作中心の農業構造に依拠したことも大きく、寒冷な東北地方では稲作に支障をきたすことが多かったためとも考えられる。そこで東北地方における飢饉について、先行研究によりながら、その要因を押さえておきたいと思う。

まず先に天明の飢饉にかかわる仙台藩での研究があるので〔中井：一九七二〕、これからみていこう。仙台藩士で租税の実務に明るかった大和田権兵衛が、寛政二（一七九〇）年に記した『管見録』には、天明の飢饉の要因に関して、いくつかの注目すべき言及がある。大和田は、「天明の飢饉も、其実は御領内さほと凶作には相聞申さず。穀を締め候手段を致し、損候様に相見得候」として、仙台藩の場合には郡ごとに穀留を実施したため、余る所と不足する所が出たが、後者では米値段が高騰し、他国への流出もふくめて密穀の売買がさかんに行なわれたという。これには藩の下級役人も一枚加わって暴利を得ていたが、農民たちもあまりの高値に目がくらみ、夏までの食料も残さず売り払ったところ、さらに米価が高騰して自らの食料に不足して餓死したり、あるいは粗食で栄養状態が悪く疫病で命を落としたという話を留めている。

天明の飢饉では、天変地異や気象変化によって農耕が打撃を受け、食料が絶対的に不足したことに間違いはなく、大和田の言によれば、さすがに仙台藩の御蔵にも食料が少なく御救米を出せない状態で、城下の職人や海辺の漁民は高騰する米が買えず、細民から餓死していったという。天明の飢饉では、一説に東北地方での死者が三〇万人にも及んだといい〔菊池：一九九七〕、農業生産の現場で多くの犠牲者を出したことは注目に値しよう。いっぽう天明期の大都市では飽食に浮かれ、食を遊びとして楽しむ文化が花開いていた時期でもあった〔原田：一九八九〕。都会の知識人は、まったく別世界に暮らすがごとくで、「老の長咄」によれば、相州六浦の金沢称名寺の長老は、天明の飢饉にさいして「人びと凶年なりといはるれども、我はさは思はず。近年百姓の身持を見るに、甚の奢なり。……今度は是天の御異見なり。げに有難き事ならずや。若し来年にいたり、豊作にてもあらば、またく奢りの心にもなるべし。せめては五、六年も不作にてありたし」と語ったという。

まさしく都市と農村の激しい落差を物語る好例であるが、こうしてみると近世の飢饉は、自然災害によるというよりは人為的な色彩のほうが濃くなってくる。時代は前後するが、津軽藩では元禄八（一六九五）年に、寛永以来の大飢饉となり、多くの餓死者を出しているので、この要因についてみてみよう［浪川：一九七九］。この飢饉の直接の原因は、気象変化つまり冷害によるもので、その兆候は四、五月頃からあったが、七月になっても藩の役人は、たしかに出来は悪いが大したことはないと認識していた。津軽藩士・添田貞俊の『耳目心通記』によれば、こうした状況判断のもとで藩は、六月末から七月にかけて藩米約一〇万俵を他国へ移出した。これに先立つ元禄五年も凶作であったが、同六年にも藩米と町米を合わせて八〇〜九〇万俵が藩外へ送られていたという。しかし同八年の八月になって冷害は確実となり、収穫の見込みは落ち込み米値段の急騰を招いた。飢饉が決定的となった段階には、すでに藩内の米が大量に放出されており、絶対的に食料が不足するという事態に陥っていたのである。

前年からの津軽藩による大量の米の移出が、飢饉の被害を増大させる要因となったことは明らかであるが、これには構造的な理由があった。それは津軽藩が高利貸商人に膨大な借金を負っていたからで、元禄八年九月一九日の「丁字屋未休書状」によれば、藩は丁字屋に一万五〇〇〇両もの借金があり、これを藩からの廻米で少しずつ返済していた。もともと津軽藩の借金は京都の金主からのものであったが、これを丁字屋が肩代わりし、代わりに廻米を扱う権益を得ていた。したがって津軽藩が米を京都に廻さなければ、丁字屋が潰れてしまうと訴えたのである。そうなると藩は、信用を失って今後の金策がつかなくなるため、飢餓状態にあっても米を大量に移出させねばならなかったのである。

津軽藩も丁字屋も石高制社会の巨大な経済構造に巻き込まれているため、藩は苦しいなかから大量の米の放出を迫られた。さらには他藩でも同様に凶作にあえいでいたことから、閉鎖的な穀留という方策が採られ、藩内ではやりくりがつかず、各地で餓死者を出すような経済状態に追い込まれたのである。すでに中世のように、地域的あるいは自然発生的な飢餓状況ではなく、藩という小国家単位で、広汎におよぶ地域が飢饉に陥り、多くの死者を出すにいたった。もちろん中世においても年貢などの収奪の激しさが、飢饉に拍車をかけており、ともに人為的な要因も大きいが、近世の場合には、それが全国市場という巨大なメカニズムに組み込まれ、地域的にも較べようがないほどの広がりをもっていた点に注目する必要があろう。

近世初期における農業生産力の向上にもかかわらず、こうした近世社会の高利貸資本と藩さらには農民という構造的な階級的・身分的な格差に応じ、いわば中央に厚く地方に薄いように食料が偏在させられていたため、もっとも気候的に稲作の生産に弱い東北地方が、異常気象などでたやすく飢饉状況に陥ったのである。まさしく、こうした小国家をとりまく経済的・政治的事情が、大都市と地方農村との激しい格差を生ぜしめた原因で、先に天明期の事例でみたように、飽食と飢饉とが並行する構造を支えていたのだといえよう。

3、近世における飢饉への対応

近世社会は、その巨大なメカニズムゆえに、津軽藩のような小国家内だけでは対処しきれない問題を抱えていたが、一方で中世とは異なって、組織的な飢饉への対応策を模索する方向性を内包していた。中世の臨時課役の免除や御救いのレベルとは異なり、さまざまな対処法が講ぜられ、とくに近世中期からは幅広い対応がなされるようになる。もちろん近世の飢饉も、災害や天候不順による凶作を契機とするものであったが、その被害の拡大には人災的な側面が強かった。先に表1でみたように、一・五年に一度くらいの割合で凶荒が起こっていたが、秋田藩の村役人・高橋正作が『飢歳懐覚録』の冒頭に記したように、「三十年に小饉、五十年に大飢」とよばれるような間隔で飢饉を体験していた。

こうした社会的危機状況に対して、近世の為政者たちは共通して一つの儒教的な理想像を描いていた。それは『礼記』王制にある「国に九年の蓄無きを不足と曰ひ、六年の蓄無きを急と曰ふ。三年の蓄無きを、国其の国に非ずと曰ふ」という一文にもとづくもので、近世の飢饉関係史料には、この文言がしばしば登場する［菊池：一九九七］。たとえば松平定信は『政語』で、これにふれ収納高の四分の一を毎年蓄えれば、いろいろあっても一〇〇年で九年分の蓄えは可能と考えている。

ちなみに定信の自伝『宇下人言』によれば、定信は天明の飢饉のさいに、白河藩主として自ら質素倹約に励み、干葉や干魚などを江戸で買いあさり領内に送って備荒食を蓄え、これを乗り切ったという。その後、定信は老中となって寛政の改革を主導し、『礼記』の理念に基づき救荒基金として七分積金の制を設けたりしたが、実効を挙げえず、わずか五年で政治の第一線から退いた。

すでに倹約といった消極策では、藩レベルは別としても国家レベルでは通用しなかった。むしろ定信が敵視した田沼政治と同様の発想に立つ重商主義的な政策が、その後の大御所時代に採用され、化政期の繁栄を支えるところとなった。もはや商品経済のシステムが、近世後期の幕藩制社会全体を大きく変容せしめており、その基底をなす農村も、新たな対応を迫られ、その生産構造も根本的なところで変化しつつあった。また豊作であっても、米価が下落することから、村々から収奪した米を現金に換える大名たちの生活は苦しく、換金性の高い商品作物や特産品の植付けを推奨したため、先にも述べたように米を買う農民の比率が徐々にふえていったのである。

つまり商品経済の進展によって、農村自体が食料生産の比重を低下させ、凶作に耐え難い構造ができあがっていたことになる。こうして都市の飽食文化と農村の飢餓状況が、同時に進行するが、飢饉時の食生活はきわめて悲惨で、飢饉になると食料品の値段が高騰し、貧しい者ほど栄養が不足して、疫病が発生しやすくなる。さらには不慣れで粗悪な自生動植物を口にするため、それらの毒素に襲われるなど、随所に食生活にからむ危険が待ち受けていた。そして死者が続出するにいたり、場合によっては村や町で一揆や打毀しが起こる、というのが一般的な飢饉の構図であった。

このような飢饉のサイクルへの対応策の一つとして、享保一八（一七三三）年一二月の「御触書」（『御触書天明集成』二四七三号）は、幕府の医師望月三英・丹羽正伯の連名で、食物の毒にあたった場合の対処療法を列挙し、諸国の村々に周知徹底すべき旨を命じている。この薬法書は、そのまま飢饉後の天明四（一七八四）年にも発布され、この時には印刷したものを領内へ配っている。いずれにしても享保期にいたって幕府権力は、全国の動植物や物産を掌握するなど情報の制御を行ない、本草学の知識についても、村々に広めて疫病に対処しようとしたのである。

また近世中期には、多くの農書が出現して農業技術の普及が行なわれたが、これを飢饉時に適応させようとした試みの一つが、享保期における甘藷の移入であった。幕府に仕えた蘭学者青木昆陽などが、その栽培知識を浸透させたため、享保の飢饉を契機に甘藷の栽培が始まり、主要な救荒食物としての位置を獲得した。こうして飢餓・飢饉といった状況を克服すべき努力が、近世社会を通じて徐々に実を結んでいったのである。

四、おわりに――近代の飢餓と飢饉

中央集権国家とはいえ内部に藩という組織を抱え、これに一定の裁量権を与えていた江戸幕府は、その意味では中世的な地方分権体制を完全に克服しえた存在ではなかった。石高制社会という巨大な経済システムに巻き込まれていたとしても、それなりの独自性と閉鎖性を有していたため、藩ごとで飢饉などの対応策には大きな隔たりがあった。藩政をリードする指導者の問題もあるが、それぞれの藩がおかれていた状況や事情によって異なった。また飢饉の様相も、西国では旱魃、東国では冷害というケースが多い。農業生産のうちでも稲作に固執したため、旱魃であれば水利条件によって救われる場合もあるが、冷害は一律に作物に影響を与えることから、とくに東北地方の各藩での被害は大きかった。

ところが明治維新を画期として、近代に入ると飢餓および飢饉の性格は変質をきたすようになる。表2は、『近代日本総合年表』から明治以降一二〇年間の凶作と飢饉を一覧したものであるが、凶作は一九回で飢饉的な状況は二回にすぎない。前近代の事例を示した先の表1と較べて、著しく減少していることが明白で、餓死状態にはいたっていない。これは近世の幕藩体制が崩壊し、封建的で閉鎖的な政治・経済システムが大きく転換した結果といえよう。

すなわち鎖国体制を解いたことで、海外からの食料輸入も始まり、廃藩置県という地方制度の改革によって、穀留を行なうような小国家的な壁が撤去され、鉄道なども普及したため、国内で

表2　近代凶作・飢饉年表

西暦	和暦	内　容
1868	明1	風水害・病虫害による不作のため、府県に貧民困窮の対策を指示
1869	2	凶作で、新川県に年貢減免蜂起、大垣藩で囲米払下の暴動、名古屋藩でも騒擾
1884	17	松方デフレ政策による不景気と凶作で農民の生活苦深刻化。農民騒擾のピーク
1889	22	天候不順・暴風雨による凶作で物価が騰貴し、各地で農民騒擾
1897	30	前年凶作で、米価騰貴。農民騒擾110件
1902	35	東北地方凶作（青森県・岩手県・宮城県・福島県では平年作の50%前後の収量）
1903	36	前年の凶作で、東北地方飢饉
1905	38	東北地方大凶作（宮城県・岩手県・福島県では平年作の1〜3割台の収量）
1906	39	東北地方大飢饉、宮城県・岩手県・福島県の窮民を就業させ救済をはかる
1913	大2	東北・北海道地方大凶作（青森県7割，北海道9割減収．要救済人口937万人）
1931	昭6	東北・北海道地方冷害。凶作で農村不況、東北の一村、娘457人中50人が身売
1934	9	東北冷害・西日本旱害・関西風水害で米作など大凶作、東北では惨状を極める
1935	10	冷害東北の食糧難深刻化、政府米交付基準改正を要求し、米貸せ運動が起こる
1953	28	'34年以来の凶作（5490万石）
1958	33	農林省、3月末全国各地の雪害・霜害は211億円と発表
1965	40	'26年以来の異常低温のため、閣議で冷害対策本部の設置を指示
1980	55	この年産米975万トン、冷害による作況指数は戦後2番目で、被害額は戦後最悪
1984	59	冷害による米不足で、韓国からコメ15万トン緊急輸入
1988	63	この年産米994万トン、冷害被害額3654億円で史上3番目

（『近代日本総合年表』より作成）

の流通は比較的スムーズなものとなった。また明治国家は老農とよばれる人びとを重用し、品種改良をはじめさまざまな農業技術の普及に努めたこともあって、徐々に食料の偏在は是正に向かった。依然として経済的・階層的な格差はあったが、こうした近世から近代への変化が、凶作や飢饉の極端な減少となって現われたからである。

しかし代わりに近代社会は、新たな飢餓の形態を生み出した。日本社会が稲作を偏重したことを象徴するような事件である米騒動は、近代に入って二度ほど起きている。明治二三（一八九〇）年・同三〇（一八九七）年・大正七（一九一八）年であるが、明治の二回は近世と同じように、天候不順などによる凶作の結果が、翌年の米価に跳ね返って騒動となったものである。ところが二〇世紀に入った大正七年のもっとも著名な米騒動は、凶作によるものではなく、新たな社会システムとなった資本主義の構造的矛盾によるものであった。

第一次世界大戦による輸出の激増で、インフレ現象が起こり労働者の賃金は実質的に低下した。いっぽう国家の殖産興業政策のもとで農業人口は減少し、代わりに労働者人口が増加していたこともあって、米の生産が追いつかず、輸入関税に手を着けないまま商社による外米購入に頼ったため米価は上昇を続けた。このため米商人や地主によって、米の投機的な買占めや売り惜しみが起こり、加えてこの年の七月にシベリア出兵の方針が固まったため、米の買占めに拍車がかかって米価が急騰をみたのである。こうした近代資本主義が惹き起こすインフレによって、米に固執しながらも購買力の弱い民衆が立ち上がったのが、大正七年の米騒動であった。

これは明らかに、中世や近世のパターンと異なって、気候変化や天変地異が原因ではなく、人為的もしくは社会的な要因のほうが大きく作用して、一種の飢餓状態が形成されたことになる。つまり近代社会は、凶作とはまったく無関係に、資本主義システムが招く物価高騰によっても飢餓が生じる、という事態をもたらした。農業生産の問題とは別レベルで、社会的な飢餓が惹き起こされるという構造が、近代にできあがったことになる。しかし実は近世の石高制社会においても、その萌芽はすでにみられた。

先にみたように、近世の仙台藩領や津軽藩領における飢饉の被害は、たしかに気候変化による凶作を契機としたものであるが、人為的もしくは社会的な要因も大きく作用していた。その意味で、農業生産のレベルそのものとは別次元で飢餓が生まれるようになった。これが近代以降のことであることに疑いはないが、政治的・経済的な社会システムが飢饉をもたらすような構造は、すでに近世に成立しており、全国的な経済構造の展開と地域閉鎖的な政治体制とが、しばしば多くの農民たちを苦しめてきたと考えてよいだろう。

付章　和食文化研究のこれまでと今後

一、はじめに

二〇一三（平成二五）年一二月、日本の和食がユネスコ無形文化遺産に登録されたのを機に、和食ブームに火がついて、国内外からも和食が注目を集めるようになった。ややもすると和食という言葉だけからは、日本料理そのものが評価されたような印象を受けるかも知れないが、登録申請にあたっては、次の四つの特色が強調されている。①多様で新鮮な食材とその持ち味の尊重、②栄養バランスに優れた健康的な食生活、③自然の美しさや季節の移ろいの表現、④正月などの年中行事との密接な関わり。まさに食べるための料理そのものではなく、日本という自然環境・歴史的文化伝統のもとで形成された料理の文化的側面が認められて、めでたく世界文化遺産としての価値が評価されたのである。

いうまでもなく、食とは文化であり、それゆえ食文化・和食文化という概念が成立するのであるが、食が文化だという認識の社会的浸透は、つい近年のことであり、日本が高度経済成長を遂げた一九七〇年代に入って、やっと一部で食文化あるいは食事文化という言葉が使われ始めたにすぎない。もちろん食そのものに関する研究は、民俗学・調理学・食品学・栄養学あるいは風俗史というジャンルから行われていたが、食そのものをトータルに文化として研究しようとするには至らなかった。風俗史は、広義には歴史学ということになろうが、いわゆる歴史学の本流からは異端視されていた。

私自身、もともと日本の中世村落史を専攻していたが、一九七九（昭和五四）年の『芸能史研究』七〇号に『豆腐百珍』に関する論文「天明期料理文化の性格」を公表すると、先輩たちから、何をやっているんだという非難を浴びたし、『史学雑誌』恒例の「回顧と展望」欄は、歴史学の論文とは見なしてくれなかった。我が国における食文化研究の創始者ともいうべき石毛直道も、一九八〇（昭和五五）年に公刊した「なぜ食の文化なのか」（石毛直道編『食の文化シンポジウム'80 人間・たべもの・文化』平凡社）において、「歴史学者のたまごが女子大に行って食物史の講義を一時するが、有能な人材であるとよびもどされて歴史学の本流の研究にもどる」と書いたことに象徴されるように、当時、食は歴史学本道の研究対象とはみなされていなかったのである。

いっぽうで、この一九八〇年頃から、歴史学界では、フランスのアナール学派の影響を受けて、社会史研究が注目を浴び始めた。社会史ということになれば、当然ながら食も研究対象に含まれてくることになるが、かつての雰囲気が一変したわけではなく、私は「あなたも社会史ですか」

と何度か冷やかされた。むしろ私の日本食文化史研究を後押ししてくれたのは、この頃から盛んになりつつあった多角的な食文化研究の進展であった。

この時期の食文化研究の展開には著しいものがあり、それまで、どちらかといえば個別的に行われていた和食文化研究にも大きな影響を与えて、トータルな視点の導入を促し、本格的な取り組みの大きな契機となった。冒頭に述べたように、和食の四つの文化的特色を有するものを和食文化と考えるべきであるから、和食文化研究の課題は、あくまでも日本料理そのものだけではなく、歴史や文化との関わりのなかで、日本の食を総合的に検討していくところにある。

その意味では、食文化研究の著しい展開がみられた一九七〇～一九八〇年の頃から、和食文化研究が本格化したことになる。そこで小稿では、この時期に和食文化研究の画期を求め、それ以前と以後の研究に在り方について、それぞれの歩みをみていくこととしたい。

二、和食文化研究の前段階

もともと日本の食に関する研究においては、さまざまな分野から個別的なアプローチがなされてきた。なかでも古くから行われてきたのは、食の歴史的研究であった。ただ、これは先にも述べたように、歴史学の本流ではなく、まさに食物史と呼ぶにふさわしく食べ物そのものにテーマを限定したもので、趣味的な傾向が強かった。

最初の日本料理史は、一六五二（慶安五）年に刊行された『庖丁書録』（『百家説林　続編上』所収、吉川弘文館、一九〇五年）で、著者は徳川将軍家に仕えた儒者・林羅山であった。ただし、その執筆動機は、宮廷の料理人・高橋氏からの依頼に応じたもので、内容も簡略に流れる。『論語』の「君子は道を謀りて食を謀らず」といったような儒教の禁欲主義的な風潮もあってか、基本的に食自体の研究は乏しかった。

その後、近代も大正期に入って、一九二三（大正一二）年に「文化叢書」の一冊として刊行された宇都宮黒龍の『食物史』（国史講習会＝現・雄山閣）がまとまった日本食物史となるが、この叢書には、舞踊や囲碁・将棋・民謡など趣味的なテーマが並ぶ。しかも著者の宇都宮黒龍は、宇都宮市在住の郷土史家・田代善吉のことで、『栃木県史』（下野史談会、一九三三〜一九四一年）などの著作もあるが、食を扱った本書にだけペンネームを用いていることが注目される。また一九三二（昭和七）年に出版された飲食物に関する史料集も『趣味の飲食物史料』（公立社書店）と趣味を銘打っているところに、食に関する研究の置かれた位置が象徴されている。ちなみに史料研究でいえば、すでに一九〇一（明治三四）年に幸田露伴は高水準の「古今料理書解題」（『露伴全集　第四〇巻』所収、岩波書店、一九七九年）を書いているが、これは「書余のこと」として自らの業績と認めず、生前の全集には収められることもなかった。

その後、まとまった食物史の通史としては、一九三四（昭和九）年に桜井秀・足立勇の『日本食物史』、翌年に笹川臨風・足立勇の『近世日本食物史』（ともに雄山閣）が出版されており、食物そのものや献立に詳しい。また一九三四年には、陸軍糧秣本廠編『日本兵食史　上・下』（糧友会）が、さらに一九三九（昭和一四）年には小沢滋『日本兵食史論　上・中・下』（峯文社）が、軍隊の食糧需給がいかにあるべきかという観点からの議論を展開している。

やがて戦後になって女子大学の家政系学部創設に伴い、一九四七（昭和二二）年に「家政学部設置基準」が定められ、選択科目として「食生活文化史」がおかれるようになると、教科書となる書籍が要望されるようになる。すでに一九四八（昭和二三）年には、国文学者で民俗学にも詳しい後藤興善が『社会科のための食物文化誌』（火星社）を著しているが、大学の講義用テキストとしては、森末義彰・菊地勇次郎『食物史——日本人の食生活の発展』（第一出版）が一九五三（昭和二八）年に出版された。同書は、古記録や古文書を駆使した歴史学からのアプローチで、一九六五（昭和四〇）年には改稿版が刊行されて内容の充実が図られている。

また、こうした流れのなかで一九六〇（昭和三五）年の樋口清之『日本食物史』（柴田書店）、一九六四（昭和三九）年の渡辺実『日本食生活史』（吉川弘文館）なども相次いで出版されたが、これらは短期大学・女子大学などの家政学部急増に呼応する歴史学の側からの成果であった。ただ、これらは、いわば時代的な要請に応えたもので、歴史学の内在的な課題の展開と見なすには難しい点があり、明確な問題意識を欠いた概説といった観がある。なお一九六五（昭和四〇）年の下田吉人『日本人の食生活史』（光生館）は、栄養学・食物学の立場から食生活史を綴ったテキストで独自の位置を占めている。

こうしたなかで、民衆レベルの食生活を論じようとしたものに、一九五八（昭和二三）年の『たべものの歴史』（雄山閣）があり、和歌森太郎・林屋辰三郎・西山松之助・松島栄一といった、それぞれ古代・中世・近世・近代を専門とする歴史家が執筆しているが、あくまでも出版社の要望によるテーマに応えたものであった。もともと歴史学の場合は、文献史料を基礎とするが、食に関する記録は残りにくいので、自ずと研究者の関心が低い。むしろ同じく過去を扱うにしても、民俗学や考古学のほうが、より生活にテーマが密着しているだけに、正面から食生活の解明に取り組むという研究姿勢が強い。

すでに民俗学の立場からは、一九三一（昭和六）年に柳田國男が『明治大正史 世相編』（朝日新聞社）を著して、日本近代における急激な食の変容をみごとに描き出している。また柳田が一九四〇（昭和一五）年に発表した『食物と心臓』（創元社）も、食制のほか食に関する心意現象まで扱って日本の食生活の特質に迫ろうとしている。なお戦時下における郷土食を通じた食糧確保という観点から一九四四（昭和一九）年に刊行された中央食糧協力会編『本邦郷土食の研究』（東洋書館）は、地域ごとに食物そのものについて実態を明らかにした点で、民俗学的にも貴重な資料となっている。

また一九五六（昭和三一）年の瀬川清子『食生活の歴史』（大日本雄弁会講談社）は、民俗学の立場から、食生活の実態をトータルに把握しようとした意欲作である。このほか戦前から各地の村々を歩き回っていた宮本常一の戦中から戦後にかけての食に関する論稿が、一九七七（昭和五二）年に『食生活雑考』（宮本常一著作集二四、未来社）としてまとめられている。なお食事のみならず食具にも注目した一九七三（昭和四八）年刊の宮本聲太郎『めし・みそ・はし・わん』（民俗民芸双書七六、岩崎美術社）も貴重な民俗学の成果といえよう。概して民俗学からの日本の食生活に関する研究は、高級な料理ではなく、文字史料に残りにくい庶民レベルにおける伝統的食生活の実態を明らかにしてきたという特徴がある。

もう一方の考古学は、遺物・遺構から過去の人々の生活を復元していく研究法を基本とするため、やはり庶民レベルの食生活についても関心が高かった。戦後の成果に、一九四七（昭和二二）年の直良信夫『古代日本人の食生活』（大八洲出版）があり、遺構の発掘成果をもとに縄文時代の食生活を概観している。その後、一九五五（昭和三〇）年には後藤守一の『食物の歴史』（河出新書）が、考古学の立場から文献も駆使して食物史を綴ったが、とくに古代までの叙述には食器や調理具などの遺物が用いられているところに特色がある。

もちろん歴史学・民俗学・考古学などの歴史的な立場以外からも、日本の食についての考察は、古くから行われてきた。とくに国文学関係では、戦前から近世の江戸随筆を読みこなして江戸の文化や風俗について研究していた三田村鳶魚が、都市を中心とした食生活に関する論稿を発表し続けており、『三田村鳶魚全集　第一〇巻』（中央公論社、一九七五）に「江戸の食生活」としてまとめられている。

さらに料理に携わる側からのもっとも古い例としては、一二三七（嘉禎三）〜一二四九（宝治三）

年頃の成立とされる道元の『典座教訓』と『赴粥飯法』がある。両書は「永平清規」と呼ばれる禅僧の生活規律の一部であるが、前者は精進料理を作る側の心得、後者は食べる側の心得を論じており、日本最初にして唯一の食の哲学書的な存在で、食の根源に迫っている（第8章参照）。

その後、明治維新後に西洋料理が移入され、宮中の正式料理に採用されて、日本料理の地位が相対的に低下した段階で、一八九八（明治三一）年に『日本料理法大全』（博文館）が、四条流の流れをくみ宮内庁大膳職料理師範の地位にあった石井治兵衛によって公刊された。実際の著者は、治兵衛の息子で石井家最後の当主となった石井泰次郎とされ、日本料理の流れや庖丁流派・料理人・料理技術など、さまざまな角度から日本料理を論じた大著となっているが、基本的には日本料理の擁護と権威づけを目的としたものであった。

また料理を楽しむ立場からは、食通として知られた政治家・木下謙次郎が一九二五（大正一四）年に『美味求真』（啓成社、続は一九三七・続々は一九四〇で、ともに中央公論社）を上梓しており、史料を引用した上で料理史への考究も行っている。同様に、探検家で浄土真宗本願寺派法主の大谷光瑞も一九三一（昭和六）年の『食』（大乗社東京支部）で、中国料理・西洋料理とともに日本料理について概括的に論じている。さらに小説家の本山荻舟も、一九五八（昭和三三）年に『飲食事典』（平凡社）を刊行することで、食品や調理のみならず日本料理全体を体系的に見渡している。

このほか日本人の主食である米については、すでに一九一三（大正二）年に岡崎桂一郎『日本米食史』（丸山舎書籍部）が刊行されており、米飯や餅・粥などに関する史料を歴史的に概観した大著となっている。これは医学史的な見地から、明治以来の脚気論争を承けたもので、大半が食米と脚気の関係に割かれている。

なお日本の食を研究するための史料集としては、官撰の史料百科全書ともいうべき『古事類苑』（神宮司庁編、戦後に吉川弘文館が復刻版を刊行）のうちに、一九一三（大正二）年刊の飲食部があり、食に関する基本史料を概観することができる。さらに中世の料理書などを江戸時代に集めた『群書類従』第一九輯・『続群書類従』第一九輯下（続群書類従完成会）が、すでに戦前から活字化されているほか、近世の料理本や献立集などを集めた長谷川鋳太郎編『料理大鑑』（全一九巻、料理珍書刊行会）が一九一五（大正四）年に刊行されており、長谷川青峰（鋳太郎）監修『日本料理大鑑』（料理古典研究会）が一九五八（昭和三三）年から全一三巻で企画されたが九巻までで途絶している。

また柳田國男が収集したものを一九七四（昭和四九）年に國學院大学日本文化研究所が編集・刊行した『分類食物習俗語彙』（角川書店）や、渋沢敬三がまとめた『日本魚名集覧』第一部（アチックミューゼアム、一九四二）・第二部（生活社、一九四四）・第三部（日本常民文化研究所、一九四三）によって、食物の民俗語彙が広く提供されるに至った。こうした食に関する史料集の編纂という地道な作業が、食文化の実証的な研究には不可欠であるにもかかわらず、その体系的な取り組みは、全般的に遅れがちであったことは否めまい。

三、食文化研究の展開と研究環境の整備

以上みてきたように、食そのものへの研究アプローチは、さまざまな分野から個別的に行われていたが、人間の存在や生活を支える食を、まさに文化としてトータルに捉えようとする姿勢ははなはだ弱かった。これに正面から取り組んだのは、文化人類学を専攻して世界各地を歩き回っていた石毛直道で、一九六九（昭和四四）年にエッセイ風に考察を加えた『食生活を探検する』（文藝春秋）を出版した。そして一九七二（昭和四七）年には、植物学に詳しい中尾佐助が『料理の起源』（ＮＨＫブックス）を刊行して、世界史的な視野から料理を論じており、まさに和食文化を相対化させうるような食文化研究の環境が、一九七〇年代初めに整えられつつあった。

やがて石毛は、一九七三（昭和四八）年に編著『世界の食事文化』（ドメス出版）を公刊して、本格的に食文化研究に取り組み、その後、世界各地で食文化の調査研究を実施し、勤務先の国立民族学博物館で、一九八〇（昭和五五）年から共同研究「東アジアの食事文化」を立ち上げ、研究会が終了した一九八五（昭和六〇）年に、『論集　東アジアの食事文化』（平凡社）を世に問うたのである。こうして食文化が徐々に社会的にも認知され、一九八〇年には、味の素株式会社の主催で、石毛を中心に学際的・国際的な食の文化シンポジウムが「人間・たべもの・文化」というテーマで開かれ（前掲）、翌年・翌々年とテーマを変えて続けられ、その成果も刊行されている（『東アジアの食の文化』一九八一、『地球時代の食の文化』一九八二、ともに平凡社）。

その後、学際的という観点を継承した研究会が、一九八二（昭和五七）年から同じく味の素株式会社（一九八九年に味の素食の文化センターが設立され以後は同センター）の主催で「食の文化フォーラム」という形で恒常的に続けられている。このフォーラムは、はじめは石毛が中心となって、さまざまな専門分野の研究者が集い、一つのテーマを多角的に論じあうところに最大の特色があった。文化人類学をはじめ言語学・考古学・歴史学・調理学・生理学等々の専門家が、食に関わるあらゆるテーマを対象に、自由闊達に議論しあう形での食文化研究が本格化したのである。

その後、中心メンバーに変化はあったが、何よりも初めて食を総合的に議論・研究の対象とした点に最大の功績がある。第一回は一九八二（昭和五七）年のことで、現在まで三五年以上続けられており、和食文化に関するテーマも設けられている。この組織は、フォーラムメンバーの会員制の閉じられた場ではあるが、その成果は毎年、必ず報告書が刊行されているほか（ドメス出版）、近年では講演会も行うなどの形でオープンにされている。

この食の文化フォーラムからの食文化研究の発信は、どちらかといえば高度な知識人あるいは専門家向け的な要素が強かったが、大衆的に広く影響を及ぼしたのは、一九八〇（昭和五五）～一九八三（昭和五八）年に出版された『週刊朝日百科　世界の食べもの』（朝日新聞社）全一四〇冊であった。中尾佐助・辻静雄・石毛直道の監修で、世界各国を網羅し、大判の写真や図表をふんだんに用いて、視覚的にも分かりやすく世界の食文化を考察・紹介したものであった。このシリーズが、食文化という問題の社会的浸透に果たした役割は、非常に大きかったと評価できよう。

さらに一九八〇年代に入ると、テレビなどでも料理法のみならず食べ歩きなどの番組が増えて、いわゆるグルメブームが到来し、国民の食に対する関心が非常な高まりをみせ始めるようになった。しかも東南アジアや南アメリカなどのエスニック料理も人気を集め出したことから、よりいっそう和食文化そのものを意識したという側面もあったかも知れない。いずれにしても、こうした状況のなかで、一九七〇年代以降に、和食文化研究の本格的な展開がみられるに至った。

たとえば栄養学者で長いこと料理書の研究に携わっていた川上行蔵が料理書原典研究会を設立したのは、一九七四(昭和四九)年のことで、ここには食に興味あるさまざまな研究者や料理人が集まり、定期的に日本の料理書を原典で読み講義するという活動が続けられた。その一つの成果として、一九七八(昭和五三)年に『料理文献解題』(柴田書店)が刊行され、和食を原典から考えてみようという気運の高まりを促した。

なお同書は、同書店が企画した「シリーズ食文化の発見日本編」の一冊で、このほかにも前年に加藤秀俊『明治・大正・昭和食生活世相史』と白石大二『飲食事辞典』、同年に宮本常一他『食生活の構造』、翌年に村井康彦編『京料理の歴史』が並び、多角的な観点からの和食文化研究が開始されたことを印象づけるシリーズであった。

また料理原典研究会の延長線上に、一九八〇(昭和五五)年に平田萬里遠が中心となって食生活史懇話会が結成され、小規模ながら隔月で一〇〇回まで続けられた。さらに川上・平田によって研究雑誌『飲食史林』(飲食史林刊行会)が、一九七九(昭和五四)年から一九八七(昭和六二)年までの間に七冊刊行され、主に国文学・歴史学を中心とした論考が掲載されており、日本の食文化研究のベースを固めた。

ちなみに川上行蔵の仕事は、料理書研究の原点となったが、その膨大な成果は、一九九二（平成四）〜九五（平成七）年に『つれづれ日本食物史』（第一巻〜第三巻、東京美術）として刊行されたほか、集大成として小出昌洋編『完本　日本料理事物起源』（全二冊、岩波書店）が二〇〇六（平成一八）年に出版されている。

さらに和食文化研究の基礎となる史料集としては、松下幸子が中心となって、一九七五（昭和五〇）年から一九九一（平成三）年まで『千葉大学教育学部研究紀要』（二四〜三九）に、「古典料理の研究」（一〜一六）と題して、近世料理書の写本の解題と翻刻を続けた。これらは刊行された料理本とは異なって、専門の料理人の家に相伝された写本類を対象としているので、史料性は極めて高い。さらに途中から松下に協力してきた山下光雄も、「日本古典料理の研究」あるいは「中世料理書の研究」などと題して、中世料理書についても同様の成果を、梅花短期大学・別府大学短期大学部・香蘭女子短期大学などの紀要に公表している。

また吉井始子は、松下の仕事とは対照的に、近世に出版された料理本の複製本の刊行に携わり、続けてその翻刻・解題に着手し、一九七八（昭和五三）年から一九八一（昭和五六）年にかけて『翻刻江戸時代料理本集成』（全一〇巻、臨川書店）を公刊した。これらの作業によって近世の代表的な料理本が、国文学や歴史学を専攻する以外の研究者でも、簡単に活字で読めるようになり、和食文化の研究に必要な史料が広く提供されたことになる。さらに吉井は、一九八〇（昭和五五）年には『食物本草本大成』（全一二巻、臨川書店）を影印で刊行しており、調理のみならず栄養思想までもが、研究の視野に入りやすくなった。

そして、こうした風潮を承け、「聞き書」を冠した都道府県別の『日本の食生活全集』（農山漁村文化協会）が一九八四（昭和五九）年から刊行され、丁寧な聞き取り調査を続けて一九九三（平成五）年に全五〇巻が完結した。これは日本全国の膨大な食事記録であり、巻別に精粗はあるが、郷土料理を始めとする民間レベルの食生活全体を見渡しうる貴重な食のデータとなっている。さらに一九九六（平成八）年から一九九九（平成一一）年にかけて、それまでの日本の食文化研究の成果を収録した『全集日本の食文化』（全一一巻、雄山閣出版）も出版されている。こうして一九八〇年代前後に、食文化に関する資史料の刊行が進み、和食文化の研究環境が急激に整えられるところとなったのである。

四、和食文化研究の本格化

もともと食や料理そのものに関するエッセイは、読書界に人気が根強く、かなり膨大な数に達していたが、正面切った食文化の論稿となると数は少なかった。しかし、こうした食文化研究の展開を承けて、和食そのものを世界の食文化のなかで相対化しようとする意識が高まった。そして多角的な視野からの和食文化研究が本格化し、広がりと深まりをみせて、数多くの研究書や論稿が公刊されるようになった。そして分野も多岐にわたるが、ここでは紙数も限られていることから、これらの研究を網羅することは不可能である。そこで個別の論稿を省き、刊行された主な研究書を中心にみていくが、割愛せざるを得ないものが多いことを予めお断りしておきたい。

まず和食文化と不可分の関係にある米に関しては、稲作史研究会のシンポジウム記録である柳田國男・盛永俊太郎他編『稲の日本史　上・下』（筑摩叢書）が一九六九（昭和四四）年に刊行されており、農学的な観点を軸に民俗学的な問題も視野に入れて総合的な議論が展開されている。そして翌一九七〇（昭和四五）年には、篠田統『米の文化史』（社会思想社）が出て、日本における米文化の問題が正面から論じられるようになった。なお篠田には、二冊の中国食物史の通史もあるが、同年刊行の『すしの本』（柴田書店）は、米文化のなかのスシをトータルに位置付けたものとして貴重な成果である。

その後、農学や文化人類学・歴史学からの米文化の研究が進み、石毛直道他『魚醤とナレズシの研究——モンスーン・アジアの食事文化』（岩波書店、一九九〇）、渡部忠世『稲の大地——「稲の道」からみる日本の文化』（小学館、一九九三）、原田信男『歴史のなかの米と肉——食物と天皇・差別』（平凡社選書、一九九三）、同じく『コメを選んだ日本の歴史』（文春新書、二〇〇六）、さらに佐藤洋一郎『稲の日本史』（角川選書、二〇〇二）などが出て、日本の米文化をアジアのなかで相対化するという視点が獲得された。また日本人になじみの深いお茶についても、守屋毅編『茶の

文化　第一部・第二部』（淡交社、一九八一）によって、同様に総合的な視野から相対化が図られた。なお酒に関しても、石毛直道編『論集　酒と飲酒の文化』（平凡社、一九九八）があり、研究の広がりをみせている。

また文献史学からの食生活史研究の進展も、和食文化研究の基礎を整えていった。主に正倉院文書などを用いて古代の食生活を明らかにした一九六九（昭和四四）年刊の関根真隆『奈良朝食生活の研究』（吉川弘文館）が貴重な成果であった。その後、中世については、茶人の多田侑史を中心に有馬頼底・川上行蔵・熊倉功夫などの座談会形式の共同研究「懐石の流れ」が計九回にわたり雑誌『淡交』（一九七八年七月号〜七九年四月号）に発表され、精進料理・本膳料理・懐石料理をテーマとして、文献に基づいた料理研究の端緒となった。なお一九九七（平成九）年には、歴史学・考古学の立場から国立歴史民俗博物館の「共同研究　中世食文化の基礎的研究」（『国立歴史民俗博物館研究報告』第七一集）が公刊され、これにはさまざまな専門からの論稿が並んでいる。

こうした流れのなかで、一九七六（昭和五一）年に特集として組まれた雑誌『別冊太陽　料理』（平凡社）が刊行されたほか、雑誌『歴史公論』（雄山閣出版）の一九八一（昭和五六）年一二月号が「日本人と食生活」を、さらに一九八三（昭和五八）年四月号が「江戸時代の食生活」を特集して、それぞれ有益な論稿を収めており、広く人々に和食文化研究の成果の一端が示されるに至った。そして近世に関しては、料理書研究の流れを承けて原田信男『江戸の料理史――料理本と料理文化』（中公新書、一九八九）が、料理本と料理屋の歴史的な概観を行っている。また近代についても、大塚力『「食」の近代史』(教育社歴史新書、一九七九)が刊行されて、和食文化の歴史に関する研究が実りをみせてきた。

さらに歴史学や文学以外からの研究も進んで、生活学の側からは日本生活学会編『食の生活と文化』(ドメス出版、一九七九)が刊行されたほか、食品業界に身をおいた安達巌『日本食物文化の起源』(自由国民社、一九八一)が食品・食物の伝来を扱っており、農学者の青葉高『野菜——在来品種の系譜』(法政大学出版局、一九八一)も、日本における作物の系譜を明らかにしている。また民俗学からは、神崎宣武が『日本人は何を食べてきたか——食の民俗学』(大月書店、一九八七)のほか、『図説　日本のうつわ——食事の文化を探る』(河出書房新社、一九九八)を出して食器にも眼を配っている。なお道具学の山口昌伴も大著『台所空間学——その原型と未来』(建築知識、一九八七)を刊行し、台所という調理場の研究も進んだ。こうして実にさまざまな分野からの和食文化研究が進んだのは、二〇世紀も終わりに近づいた頃のことであった。

五、和食文化研究の今後と課題

二一世紀に入ると、より総合的に和食文化を捉えようとする研究が進展し、新たな通史も数多く登場するようになる。熊倉功夫『日本料理文化史——懐石を中心に』(人文書院、二〇〇二)は、献立の詳細な分析を踏まえた成果であり、熊倉はその後、二〇〇七(平成一九)年には『日本料理の歴史』(吉川弘文館)を刊行している。なお原田信男『和食と日本文化——日本料理の社会史』(小学館、二〇〇五)は、社会史という角度から料理を論じたものである。また家政学の立場からは、江原絢子・石川尚子・東四柳祥子『日本食物史』(吉川弘文館、二〇〇九)や江原・東四柳『近代料理書の世界』(ドメス出版、二〇〇八)があり、奥村彪生は、料理人としての視線から『日本料理とは何か——和食文化の源流と展開』(農山漁村文化協会、二〇一六)を綴った。ほか、『日本めん食文化の一三〇〇年』(農山漁村文化協会、二〇〇九)を著して、日本の麺食についても考察を加えている。ちなみに日本の洋食を考えるには、前坊洋『明治西洋料理起源』(岩波書店、二〇〇〇)が参考となろう。

さらに食文化研究に先鞭をつけた石毛直道の『日本の食文化史——旧石器時代から現代まで』(岩波書店、二〇一五)は、二〇〇一(平成一三)年にイギリスで刊行された英語版と、それを改稿した二〇一二(平成二四)年のフランスでのフランス語版を元に新たに書き下ろしたもので、和食文化史を巨視的に考察している。またライデン大学のカタジーナ＝チフィエルトカは、二〇〇六(平成一八)年にイギリスから『Modern Japanese Cuisine : food, power and national identity』(Reaktion Books Ltd, London)を出版している。こうして今日、和食は世界的な注目を集めており、和食文化研究においても国際的な広がりをみせつつある。なお共食に関する通史としては、二〇二〇年に原田信男『「共食」の社会史』(藤原書店)が刊行されている。

このほかにも、さまざまな角度から和食文化研究の成果が生まれているが、紙幅の関係から前記以外の文献については割愛し、最後に現在の和食文化研究を取り巻く状況についてみておきたい。確かに、ここ十数年の和食文化研究の進歩には著しいものがあり、研究者も増えつつあるが、まだまだ人文学界に確固たる市民権を得ているとは言いがたい状況にある。それは和食文化研究者の育成と研究環境の整備が未熟な段階におかれているからである。

食に関する教育・研究を担う大学は極めて少ないのが現状で、一九九七(平成九)年、くらしき作陽大学に、食文化学部が開設されたが、現在の学科構成は、栄養学科と現代食文化学科で栄養とフードビジネスが中心となっている。また二〇〇五(平成一七)年に宮城大学に食産業学部が設置され、二〇〇九(平成二一)年には大学院に食産業学研究科も設けられたが、名称の如く食産業に重点がおかれている。なお龍谷大学にも、二〇一五(平成二七)年開設の農学部に食品栄養学科・食料農業システム学科がおかれたが、理系的色彩が濃い。

さらに二〇一八(平成三〇)年からは、立命館大学に食マネジメント学部が開学するが、ここでは食を総合的に捉えるための分野として、フードマネジメント・フードテクノロジーとともにフードカルチャーを挙げており、食文化を重視している点が注目される。こうしたなかで二〇一九年には、京都府立大学文学部に和食文化学科が新設されるとともに、これに先立って和食文化研究センターが併置されている。これによって食文化研究者の育成が本格化し、和食文化の研究に拍車がかかることになろう。

むしろ民間的な組織に和食文化研究に対する積極的な姿勢がみられる。二〇一三(平成二五)

年の和食のユネスコ無形文化遺産登録を機に、翌年四月に一般社団法人和食文化国民会議が設立された。同会議の下には、全国「和食」連絡会議がおかれて、全国の和食関係者との情報交換・連携を目指すほか、「和食」調査・研究部会、「和食」普及・啓発部会、「和食」技・知恵部会が、それぞれ調査・研究活動や食育活動のほか、料理人などの実践を通じた技術の伝承や郷土食の発掘・発信を行っている。また同会議監修で「和食文化ブックレット」全一〇巻（思文閣出版、二〇一五〜一八）を刊行するなど、さまざまな分野を広く巻き込んで、和食文化の普及活動に尽力しており、より多くの人々が和食に関心を抱くことで、和食文化研究の裾野が広がるだろう。そして二〇一八年に、「和食文化学会」が発足し、我が国最初の食文化に関する学会が組織されたことで、本格的な研究の深化が期待されよう。

そこで最後に和食関係者が総力を挙げて取り組むべき和食文化研究の課題について触れておきたい。まず何よりも、「食」は人間の生存と活動のための不可欠最大の問題である。さらに自らの身体を維持し活動させるための「食」には、一種の「快楽」が伴うことになり、これらのことが複雑で多様な食文化を発展させる要因となっている。ここに食文化研究の複雑さが起因しており、食料の確保・保存・生産・流通・食産業や健康・栄養・料理法・調味料・食器・調理具、さらには共食・祭祀・年中行事・儀式・作法・タブー、また嗜好・味覚・嗅覚・視覚のほか、地域性・集団性や食の空間などなど、実にさまざまな問題が複雑に関連している。

それゆえ食文化の研究にあたっては、さまざまな専門分野からの総合的なアプローチが必要となる。また和食文化研究といっても、和食そのものを相対化できなければ、客観的な研究とはならない。アジア規模・世界規模の視点で、和食全体をみきわめていく必要があろう。すなわち学際的・国際的な観点が、和食文化研究に求められることになる。狭い専門分野に閉じこもらず、さまざまな立場からの活発な議論が必要とされよう。

また和食とは何か、という根本的な問題を常に意識しておくことも重要である。何よりも、食が文化である以上、それを産み出した日本という空間の特質とともに、時間という流れに沿った変化の問題も無視できないだろう。時代によって和食の概念は異なり、それが歴史的に積み重なって、また新しい和食が生まれることになり、食文化自体が歴史的な変遷をたどっている点に注意しなければならない。

いずれにしても、かつてとは異なる状況のなかで、今後、和食文化の研究が進展していくものと思われる。また近年では、料理人や食の生産者・流通関係者・食品産業関連者などの間でも、和食そのものに関する知識欲が高まっていることから、それぞれの立場での研鑽と実践が、今後の和食文化の興隆に大きく寄与するものと思われる。基本的に食文化とは伝統智であるから、先人たちが築き上げてきた和食の特色と意義をより具体的に明らかにし、その神髄を継承・発展させていく必要がある。あくまでも和食を文化としてトータルに捉え、それを客観的に分析しつつ、幅広い観点からみつめ直していくことで、日本のみならず世界的にも、今後の食文化がより豊かなものとなっていくであろう。

※本章では、全体の流れのなかで理解しやすくするために、西暦表記を先行させるとともに、参考文献についても巻末ではなく本文中に示すこととした。

あとがき

「はじめに」にも記したように、本書は、これまで書き溜めた論考を、いくつかのテーマに沿って編集し、訂正・加筆を施したものである。研究は自発的に独りで行うものではあるが、決して孤独な作業ではない。同じような研究テーマを抱いた仲間たちと、研究蓄積や調査の過程で得た知識などをもとに、さまざまな雑談や研究会での議論を通して、自己のテーマを絞り込み、さまざまな助言を得ながら、それぞれが独創的な仕事を完成させていくことになる。

かくいう私も、そうした形で研究を続けてきた。二〇年に及ぶ明治大学の木村礎先生の下での関東平野東部の村落景観史・村落生活史の共同研究会、同じく二〇年かかった小生主宰の多摩地方における村落史の共同研究会が、私の中世村落史研究の基礎となった。ここで村落という食の生産現場の研究を重ねたことが、その後の食文化史研究にどれだけ役だったかについては筆舌しがたい。とくに村落史で学んだ現地調査と文献操作は、食文化史研究に不可欠のトレーニングであり、これを教えたくれたのが、長年一緒に汗を流してくれた研究仲間だった。

そうしたなかで、前著『「共食」の社会史』（藤原書店、二〇二〇）の「あとがき」にも記したように、私の食文化研究の大きなテーマとしては、草ともいうべき料理史、行としての共食、真にあたる米と肉の三つの問題があったが、これらについては、いちおうの決着をつけたつもりでいる。しかし、これまで総括としてまとめ上げた研究書には、盛り込めなかった論考もいくつか存在する。それらは、この三つのテーマと無関係だったわけではないが、うまく一冊の本のなかに取り込めなかったのである。それぞれ書籍としての構成上、やむを得なかった。そこで、これまでの論考のうち、重要と思いつつも著書に収める機会を逸したものを、このような形でまとめてみた。

これらのほとんどは、次のような研究会での成果であった。まず食生活史研究の門を敲いてからは、平田萬里遠先生が主宰された食生活史懇話会から始まり、国立民族学博物館の石毛直道先生の共同研究「東アジアの食文化」、国立歴史民俗博物館の塚本学先生の共同研究「生命観——とくにヒトと動物の区別認識についての研究」、国際日本文化研究センターの白幡洋三郎先生の「旅と日本『発見』」をはじめとするいつくかの共同研究、総合地球環境学研究所の佐藤洋一郎先生の共同研究「農業が環境を破壊するとき——ユーラシア農耕史と環境」などで、さまざまな分担テーマを引き受けてきた。

そして何よりも私の食生活史研究における蓄積・研鑽の最大の場となったが、味の素食の文化研究センター主催の食の文化フォーラムであった。私は北海道在住中の一九七七年の第六回目の「外来の食の文化」で報告を命じられ、以後、会の定年規則にあたる二〇一四年まで会員となった。この間、企画委員・企画委員長として、各回のテーマや報告者の選定にも関与し、自らも何度か報告を買って出た。ここでは実に多くの専門を異にする研究者と出会えて、自由闊達な議論を繰り返すことができた。このほかにも雑誌や出版企画あるいは講演会などで与えられたテーマに応えて成稿したものから本書が出来上がっている。

しかし先にも述べたように、いかに要請に応じた論考であっても、基本的には私の研究テーマと守備範囲に属するもので、自らの研究史の重要な一部をなしていることに変わりはない。こうした原稿の整理を進めていたところに、青土社の菱沼達也さんから、食生活史関係で一冊纏めないか、という誠に有り難いお申し出を頂戴した。前著の執筆中のことであったが、その合間を縫って、未刊リストから収録に値すべきものを選び出し、本書の構想を練ってきた。ただ一区切りがついて、実際の原稿整理にかかってみると、論述に至らなさを感じた部分も少なくなく、若干の重複もあったことから、章によっては全面的な書き直しを繰り返した。折からのコロナ禍で、外出の機会は少なく時間はあったが、思うように作業は捗らなかった。いずれにしても想像以上の労力を費やしたが、その過程で、適切なアドバイスと面倒な文献整理などにご尽力を戴いた菱沼さんに、衷心から感謝の意を表したい。

原田信男

二〇二一年七月七日　杉風庵にて

参考文献

＊ただし付章については、研究史という性格上、参考文献を文中にのみ示した。

赤井達郎　二〇〇五『菓子の文化誌』河原書店

朝倉敏夫　一九四四『日本の焼肉 韓国の刺身』農山漁村文化協会

朝倉治彦・稲村徹元編　一九六五『明治世相編年辞典』東京堂出版

安里進・土肥直美　二〇一一『沖縄人はどこから来たか』改訂版、ボーダー新書

石井進　一九九〇『中世を読み解く 古文書入門』東京大学出版会

石川元助　一九六三『毒矢の文化』紀伊國屋選書（復刻一九九四）

石黒ひさ子　二〇一三「中国における『墨書土器』および『墨書陶磁器』」（『古代学研究所紀要』一八号、明治大学日本古代学研究所）

石毛直道　一九八〇「なぜ食の文化なのか」（同編『人間・たべもの・文化』平凡社）

石毛直道　一九八一「文明の飲みものとしての茶とコーヒー」（守屋毅編『茶の文化――その総合的研究』第二部、淡交社）

石毛直道・ケネス＝ラドル　一九九〇『魚醬とナレズシの研究』岩波書店

石田英一郎　一九九四『新版 河童駒引考』岩波文庫

石附喜三男　一九八六『アイヌ文化の源流』北方考古学叢書、みやま書房

磯貝富士男　一九九一「バリア海退と日本中世社会」（『研究紀要』東京学芸大学附属高等学校、二八一号）

磯貝富士男　一九九四「日本中世史研究と気候変動論」（『日本史研究』三八八号、日本史研究会）

伊藤淳子他　二〇一九「雌しべ形質からみた中世東国茶産地におけるチャの起源について」（『入間市博物館紀要』三一号、入間市博物館）

伊藤寿和　一九九八「中世後期における東大寺領大和国河上荘の焼畑経営と茶の栽培」（『日本女子大学紀要 文学部』四八号、日本女子大学）

伊東久之　二〇〇二「川の民の世界」（原田他編『さまざまな生業　いくつもの日本Ⅳ』岩波書店）

井上鋭夫　一九八一『山の民・川の民』平凡社選書

揖斐高　一九八七「大田南畝」（『足立区立郷土博物館紀要』三号、足立区立郷土博物館）
伊福部宗夫　一九六九『沙流アイヌの熊祭』みやま書房
任章赫　一九九〇「韓民族の肉食考」（『比較民俗研究』二号、筑波大学比較民俗研究会）
岩井宏実　一九八一『神饌』同朋舎出版
上江洲均　一九八七『南島の民俗文化』ひるぎ社
上田純一　二〇一八「修験道と和食――「薬食同源」思想に関連して」（『和食文化研究』創刊準備号）
宇野円空　一九四四『マライシアにおける稲米儀礼』復刻版、一九六六、財団法人東洋文庫
永ノ尾信悟　二〇一八「古代インドの儀礼文献における肉食行為」（野林厚志編『肉食行為の研究』平凡社）
海老澤朋也　一九五八『新編若葉の梢』同刊行会
江馬務　一九六八「喫茶と茶店、茶屋、料理屋のはなし」『茶道雑誌』三二巻九号、河原書店（『江馬務著作集　第五巻』、中央公論社、一九七六）
大石圭一　一九八九『昆布の道』第一書房
大越勝秋　一九七四『宮座』大明堂
大林太良　一九九一『北方の民族と文化』山川出版社
小川聖子・小菅麻衣良　二〇一五「萱津神社の香物神事について」（『杉野服飾大学・杉野服飾大学短期大学部紀要』一四号、杉野服飾大学）
荻原秀三郎　一九八七『稲作を伝えた民族』雄山閣出版
春田直紀　一九九四「中世後期の荘郷秩序と漁村」（『年報中世史研究』一九号、中世史研究会）
勝俣鎮夫　一九八二『一揆』岩波新書
嘉手納宗徳　一九八七『琉球史の再考察』沖縄あき書房
加藤九祚　一九八六『北東アジア民族学史の研究』恒文社
萱野茂　一九七八『アイヌの民具』すずさわ書店
河岡武春　一九八七『海の民』平凡社選書
川田耕　二〇二〇「瓜と洪水――日本における七夕伝説の分析」（『人間文化研究』四五号、京都先端科学大学）
菊池勇夫　一九九七『近世の飢饉』吉川弘文館
菊池勇夫　一九九七「三年の蓄えなきは国にあらず――幕藩制社会の危機管理論」（『歴史』八九輯、東北史学会）
菊池俊彦　一九九五『北東アジア古代文化の研究』北海道大学図書刊行会
木村正太郎他編　一九八八『聞き書 山形の食事』日本の食生活全集、農山漁村文化協会

金達寿　一九八五『日本古代史と朝鮮』講談社学術文庫
熊倉功夫　一九七七『茶の湯』教育社歴史新書
皇室の20世紀編集部　二〇一一『図説　天皇家のしきたり案内』小学館
幸田露伴　一九〇一「古今料理世解題」『図書世界』(『露伴全集』第四〇巻、岩波書店、一九五八)
河野広道　一九六一「北洋——原住民族の消長」(河野広道著作集Ⅱ『続北方文化論』、北海道出版企画センター、一九七三)
河野通明　二〇一二「日本列島への稲作伝来の2段階・2系統説の提起」(『非文字資料研究』二二号、神奈川大学日本常民文化研究所)
五来重　一九七五『木葉衣・鈴懸衣・踏雲録事』平凡社東洋文庫
近藤いね子他編　一九八六『プログレッシブ和英中辞典』小学館
佐伯有清　一九六七『牛と古代人の生活』至文堂
阪本寧男　一九八九『モチの文化誌』中公新書
佐々木高明　一九八一「茶と照葉樹林文化」(守屋毅編『茶の文化——その総合的研究』第二部、淡交社)
佐藤洋一郎　一九九六『DNAが語る稲作文明』NHKブックス
佐原真　一九八三「食器における共用器・銘々器・属人器」(奈良国立文化財研究所創立三〇周年記念論文集刊行会編『文化財論叢』同朋舎出版
佐原眞　一九八七「煮るか蒸すか」(『飲食史林』七号)
佐原真　一九九一「古代の食⑦——最古の献立・箸の起源——」(『vesta』七号、味の素食の文化センター)
沢田四郎作　一九八九「菱型の餅」(大島建彦編『餅』岩崎美術社)
篠田統　一九七四『中国食物史』柴田書店
篠田統　一九七七「餅と雑煮」(『増訂　米の文化史』社会思想社)
篠田統　一九七八『中国食物史の研究』八坂書房
篠原壽雄　一九八八「仏教と中国の食文化」(中山時子編『中国食文化事典』角川書店)
島袋正敏　一九八八『沖縄の豚と山羊』ひるぎ社
周達生　一九八九『中国の食文化』創元社
尚弘子　一九八八a『南の島の栄養学』沖縄出版
尚弘子他編　一九八八b『聞き書 沖縄の食事』日本の食生活全集、農山漁村文化協会
白幡洋三郎　二〇一二『庭を読み解く』淡交社
白幡洋三郎　二〇一五『花見と桜〈日本的なるもの〉再考』八坂書房、初出二〇〇〇

白幡洋三郎編　二〇一四　『「作庭記」と日本の庭園』、思文閣出版
白水智　一九九四「中世海村の百姓と領主」（『列島の文化史』九号、日本エディタースクール出版部）
杉村英治　一九八〇「さざなみ」（『飲食史林』二号）
杉村英治　一九八五『亀田鵬斎』三樹書房
鈴木晋一　一九九四「嘉定と菓子」（『和菓子』創刊号、虎屋文庫）
鈴木晋一　一九九八「『類従雑要抄』の食物」（川本重雄他編『類聚雑要抄指図巻』中央公論美術出版）
鈴木英夫　一九九二「「殺牛儀礼」と渡来人」（坪井清足他編『新版［古代の日本］2　アジアからみた古代日本』角川書店）
瀬田勝哉　一九九四「飢饉と京菓子——失われた創薬伝説」『洛中洛外の群像——失われた中世京都へ』平凡社
高橋凡仙　一九七七a「〝飢渇もの〟解題」（同編『近世社会経済史料集成　第四巻　飢渇もの　上巻』大東文化大学東洋研究所）
高橋凡仙　一九七七b「〝飢渇もの〟解題」（同編『近世社会経済史料集成　第五巻　飢渇もの　下巻』大東文化大学東洋研究所）
高宮広土　二〇〇五『島の先史学』ボーダーインク
竹内理三　一九八七「関東御免津軽船二十艘（上）」（『鎌倉遺文月報』『鎌倉遺文第三三巻』付録、東京堂出版）
竹内誠　二〇〇〇『江戸の盛り場・考』教育出版
竹本康博　一九八九「宮座と食物」（福田アジオ編『近畿地方村落の民俗的特質に関する調査研究』科学研究費報告書）
立平進　一九九四「ノーリャーと餅なし正月」（『フォークロア』六号、本阿弥書店）
田中初夫　一九七五『践祚大嘗祭　研究編』木耳社
田辺昭三　一九七五『須恵』陶磁大系第四巻、平凡社
谷川健一　一九九三「魚を買う海辺の民」（『日本通史月報』『日本通史第一巻』付録、岩波書店）
谷口熊之助　一九三六「ヤマチャ調査報告」（加藤徳三郎編『茶業組合創立五十周年記念論文集』第一輯、茶業組合中央会議所）
田村憲美　一九九四『日本中世村落形成史的研究』校倉書房
朝鮮総督府　一九三七『朝鮮の郷土祭祀　部落祭』（国書刊行会、復刻版、一九七二）
知里真志保　一九五三『分類アイヌ語辞典　第一巻　植物編』（『知里真志保著作集』別巻一、平凡社、一九七六）
辻誠一郎　一九九三「火山噴火が生態系に及ぼす影

響」（新井房雄編『火山灰考古学』古今書院）

辻誠一郎　二〇〇五「縄文時代における果実酒酒造の可能性」（『酒史研究』二二号、酒史学会）

坪井洋文　一九八二『稲を選んだ日本人』未来社

寺田孝重　一九九六「奈良県における茶業発達過程の研究」（『茶の湯文化学会会報』一一号、茶の湯文化学会）

戸川安章　一九九三『出羽修験の修行と生活』佼成出版社

戸川安章　二〇〇〇「修験者の食べたもの」『別冊 太陽』一一一号特集：山の宗教、平凡社

利根川食生活史研究会　一九八二『利根川中流畑作地帯における農村の食生活——埼玉県大里郡妻沼町俵瀬の場合』利根川食生活調査報告第１集、私家版、国立国会図書館などに架蔵

利根川食生活史研究会　一九八三『利根川上流山間地帯における農村の食生活——群馬県利根郡水上町藤原の場合』利根川食生活調査報告第２集、私家版、国立国会図書館などに架蔵

利根川食生活史研究会　一九八四『利根川中流水田地帯における農村の食生活——千葉県印旛郡印西町大森地区の場合』利根川食生活調査報告第３集、私家版、国立国会図書館などに架蔵

利根川食生活史研究会　一九八五『利根川下流河口地帯における漁村の食生活——茨城県鹿島郡波崎町波崎地区の場合』利根川食生活調査報告第４集、私家版、国立国会図書館などに架蔵

中井信彦　一九七一『転換期幕藩制の研究』塙書房

永井晋編　二〇二〇『金沢文庫古文書喫茶関係編年資料集』勉誠出版

永井晋　二〇二〇「『金沢文庫古文書』が示す鎌倉・房総の茶」（永井晋編『中世日本の茶と文化』勉誠出版）

永田尚樹　一九九六「清規に見る室町時代の茶礼について」（『禅文化研究所紀要』二二号、禅文化研究所）

永松敦　一九九三『狩猟民俗と修験道』白水社

中村璋八　一九八〇「陰陽雑書本文とその校訂」（『駒澤大学外国語部研究紀要』九号、駒澤大学）

中村真一郎　一九七一『頼山陽とその時代』新潮社

中村真一郎　一九八九『蛎崎波響の生涯』新潮社

中村真一郎　二〇〇〇『木村蒹葭堂（けんかどう）のサロン』新潮社

中村羊一郎　二〇一二「柳田國男が見た山茶」（クライナー・ヨーゼフ編『日本民族の源流を探る』三弥井書店）

名取武光　一九四五『噴火湾アイヌの捕鯨』北方文化出版社（名取武光著作集Ⅱ『アイヌと考古学（二）』所収、北海道出版企画センター、一九七四）

浪川健治　一九七九「津軽藩政の展開と飢饉――とくに元禄八年飢饉をめぐって」（『歴史』第五二輯、東北史学会）
西村秀三　二〇〇二「沖縄そばの大衆化と伝統化――沖縄近現代の食生活研究から」『沖縄民俗研究』第二一号
西村真琴・吉川一郎　一九三六『日本凶荒史考』丸善（有明書房覆刻、一九八三）
西本豊弘　一九九一「弥生時代のブタについて」（『国立歴史民俗博物館研究報告』36集、国立歴史民俗博物館）
日本大辞典刊行会編　一九七一～七六『日本国語大辞典』小学館
根井浄　一九七六「修験者の医療について」（『印度学仏教学研究』二四巻二号、日本印度学仏教学会
祢津宗伸　二〇二〇「東アジア仏教文化と中世信濃の喫茶」（永井晋編『中世日本の茶と文化』勉誠出版）
野本寛一　一九八四『焼畑民俗文化論』雄山閣出版
野本寛一　二〇二〇『採集民俗論』昭和堂
萩中美枝他　一九九二『聞き書　アイヌの食事』日本の食生活全集、農山漁村文化協会
萩原龍夫　一九六三『中世祭祀組織の研究』吉川弘文館
橋本実　一九八一「茶樹の起源」（守屋毅編『茶の文化――その総合的研究』第一部、淡交社）
橋本素子　二〇〇二「室町時代農村における宋式喫茶文化の受容について」（『年報中世史研究』二七号）
橋本素子　二〇〇六「中世茶園について」（『年報中世史研究』三一号）
橋本素子　二〇一八『中世の喫茶文化』吉川弘文館
埴原和郎　一九九五『日本人の成り立ち』人文書院
埴原和郎　一九九六「再考・奥州藤原氏四代の遺体」（『日本研究』一三号、国際日本文化研究センター）
浜田義一郎　一九七九「『料理通』の書画」（『飲食史林』創刊号）
林左馬衛　一九八八「煎味問答」（石毛直道編『東アジアの食事文化』平凡社）
林善茂　一九六九『アイヌの農耕文化』慶友社
原田信男　一九七八「南北朝・室町期における『惣』的結合の成立」（『地方史研究』一五二号、地方史研究協議会）
原田信男　一九八〇「天明期料理文化の性格」（『芸能史研究』七〇号、芸能史研究会）
原田信男　一九八三a「田と畑――近世初頭における水田志向について」（『歴史公論』九五号、雄山閣出版）

原田信男　一九八三ｂ「在地小領主層の動向と近世村落の成立」（『歴史学研究』五一四号、歴史学研究会）
原田信男　一九八四「中世における食生活の周辺」（『史学雑誌』九三編三号、史学会）
原田信男　一九八七「食事の体系と共食・饗宴」（吉田孝他編『日本の社会史　第八巻』岩波書店）
原田信男　一九八九『江戸の料理史』中公新書
原田信男　一九九〇「三郷地域の耕地と集落について」（『葦のみち　三郷市史研究』二号、三郷市役所）
原田信男　一九九三『歴史のなかの米と肉』平凡社選書
原田信男　一九九五「血の効用と料理」（『ＯＰＴＩＣＯ』一六号、中部テレコミュニケーション株式会社）
原田信男　一九九九ａ『中世村落の景観と生活――関東平野東部を中心に』思文閣出版
原田信男　一九九九ｂ「調理の起源と発達」（杉田浩一編『調理とたべもの』講座 食の文化第三巻、味の素食の文化センター）
原田信男　二〇〇一『江戸の食生活』岩波書店
原田信男　二〇〇七「殺生罪業観の展開と狩猟・漁撈」（中村生雄他編『狩猟と供犠の文化誌』森話社）
原田信男　二〇〇八『中世の村のかたちと暮らし』角川選書
原田信男　二〇一二『なぜ生命は捧げられるか――日本の動物供犠』御茶の水書房。
原田信男　二〇一三『日本の食はどう変わってきたか――神の食事から魚肉ソーセージまで』角川書店
原田信男　二〇一八「日本における動物供犠と肉食の穢れ」（野林厚志編『肉食行為の研究』平凡社）
比留間尚　一九七七「境内神仏と縁日開帳」（『歴史公論』三巻九号、雄山閣出版）
黄慧性・石毛直道　一九八八『韓国の食』平凡社
藤井美紗子　一九七九「儀式膳の色どりにたいする中国古代思想の影響」（『風俗』一八巻一号、風俗史学会）
藤岡喜愛　一九八一「飲み物とナルコチックス」（守屋毅編『茶の文化――その総合的研究』第一部、淡交社）
藤木久志　一九九五『雑兵たちの戦場――中世の傭兵と奴隷狩り』朝日新聞社
古島敏雄編　一九五二『山村の構造』お茶の水書房
北海道立北方民族博物館　一九九三ａ『北海道立北方民族博物館総合案内』北海道立北方民族博物館
北海道立北方民族博物館　一九九三ｂ『北海道立北方民族博物館展示解説』北海道立北方民族博物館

増田昭子　二〇〇一『雑穀の社会史』吉川弘文館
松井章　二〇一〇「渡来した習俗・技術」（松藤和人他編『よくわかる考古学』ミネルヴァ書房）
松本美鈴　二〇一二「火が創り出す味」（朝倉敏夫編『火と食』味の素食の文化フォーラム三〇、ドメス出版）
三上武彦　一九九一「小氷期――気候の数百年変動」（『科学』六一巻一〇号、岩波書店）
水田紀久　一九八一「『豆腐百珍』の著者曽谷学川」（『飲食史林』三号）
宮本袈裟雄　一九七七「『願掛重宝記』をめぐって」（『歴史公論』三巻九号、雄山閣出版）
宮本常一　一九六四『海に生きる人びと』双書・日本民衆史3、未来社
村井章介　二〇〇三「列島内外の交流史」（原田他編『人とモノと道といくつもの日本Ⅲ』岩波書店）
村岡實　一九八四『日本人と西洋食』春秋社
森銑三　一九七一「典籍作者便覧」（『森銑三著作集』第一〇巻所収、中央公論社、初出：一九三四）
森末義彰・菊地勇次郎　一九六五『改稿 食物史』第一出版
守屋毅　一九八一『お茶のきた道』NHKブックス
門田誠一　二〇一一「東アジアにおける殺牛祭祀の系譜――新羅と日本古代の事例の位置づけ」（『仏教大学 歴史学部論集』創刊号、仏教大学）
安田次郎　一九八二「大和国東山内一揆」（『遥かなる中世』第五号所収、東京大学文学部国史学研究室中世史研究会）
安室知　二〇〇五『水田漁撈の研究――稲作と漁撈の複合的生業論』慶友社
柳田國男　一九二一「海女部史のエチュード」（『柳田國男全集1』ちくま文庫、一九八九）
柳田國男　一九四〇「餅なおらい」（『食物と心臓』講談社学術文庫、一九七七）
山極寿一　二〇一二「ヒトはいつから火を使いはじめたのか」（朝倉敏夫編『火と食』ドメス出版）
山田新市　一九九八『日本喫茶世界の成立――探茶論の方法』ラ・テール出版局
山本正三　一九五七「九州山地における山茶の利用形態」（『地理学評論』三〇巻四号、日本地理学会）
八幡一郎　一九五六「アイヌ文化における日本的要素」（八幡一郎著作集　第三巻『弥生文化研究』所収、雄山閣、初出：一九七九）
布目潮渢　一九八九『緑芽十片』岩波書店
尹鐘甲　二〇〇八「新羅仏教の死生観と生命倫理」（『印度学仏教学研究』五六巻二号、印度学仏教学会）
尹瑞石　二〇〇五『韓国食生活文化の歴史』佐々木道

雄訳、明石書店
吉崎昌一　一九九三「考古学的に見た北海道の農耕問題」（『地域・情報・文化』札幌大学女子短期大学部創立二十五周年記念論文集、響文社）
吉田集而　一九八五「東アジアの酒のスターターの分類とその発展」（石毛直道編『論集 東アジアの食事文化』平凡社）
吉田集而　一九九三「大豆発酵食品の起源」（佐々木高明他編『日本文化の起源』講談社）
吉野裕子『陰陽五行と日本の民俗』人文書院、一九八三
頼惟勤　一九六二～六五「宝暦明和以降浪華混沌詩社交遊考証初編」「宝暦明和以降浪華混沌詩社交遊考証続編（上）」「宝暦明和以降浪華混沌詩社交遊考証続編（中）」「宝暦明和以降浪華混沌詩社交遊考証続編（下）」（『お茶の水女子大学人文科学紀要』一五・一六・一七・一八号、お茶の水女子大学）
ランガム・リチャード　二〇一〇『火の賜物――ヒトは料理で進化した』依田卓巳訳、NTT出版
李春寧　一九八九『李朝農業技術史』飯沼二郎訳、未来社
李盛雨　一九九九『韓国料理文化史』平凡社
渡邉仁　一九九三「北方猟漁民の『送り』型信仰儀礼とその地域性」（『地域・情報・文化』札幌大学女子短期大学部創立二十五周年記念論文集、響文社）
渡辺誠　一九八四「用途・縄文の酒」（『縄文時代の酒造具 有孔鍔付土器展』第二回特別展、山梨県立考古博物館）
渡部裕　一九九二「アイヌの海獣狩猟」（『北海道立北方民族博物館研究紀要』一号、北海道立北方民族博物館）

典拠文献

『アイヌ人とその文化――明治中期のアイヌの村から』世界の民族誌、北構保男訳、六興出版、一九八五
『アイヌの伝承と民俗』安田一郎訳、青土社、一九九五
『あいぬ風俗略志』（『アイヌ史資料　第四巻　言語・風俗編』北海道版企画センター、一八九二：復刻版、一九八〇）
『秋山記行・夜職草』宮栄二校注、平凡社東洋文庫、一九七一
『イエズス会日本年報上』イエズス会編、村上直次郎訳、雄松堂書店、一九六九
『夷諺俗言』高倉新一郎校注（『日本庶民生活史料集成　第四巻』三一書房、一九六九）
『医心方』巻二六・二七（『医心方 養生編 安政版原文』出版科学総合研究所、一九七八）
『異制庭訓往来』（『群書類従 第九輯』続群書類従刊行会、一九二八）
『一話一言』四巻四二話（日本随筆大成編輯部編『日本随筆大成　別巻二』、吉川弘文館、一九七六）
『宇下人言』（松平定光校訂『宇下人言・修行録』岩波文庫、一九四二）
『宇治拾遺物語』渡邊綱也他校注、日本古典文学大系、岩波書店、一九六〇
『鶉衣上・下』堀切実校注、岩波文庫、二〇一一
『宇津保物語』河野多麻校注、日本古典文学大系、岩波書店
『蝦夷国人情風俗之沙汰』高倉新一郎校注（『日本庶民生活史料集成　第四巻』三一書房、一九六九）
『蝦夷生計図説』高倉新一郎校注（『日本庶民生活史料集成　第四巻』三一書房、一九六九）
「越中放生津住人則房申状」竹内理三編『鎌倉遺文第三三巻』東京堂出版、一九八七
『江戸買物独案内』花崎一男編、渡辺書店、一九七二
『江戸高名会亭尽』味の素食の文化センター所蔵（原田信男編『江戸の料理と食生活』小学館、二〇〇四）
『江戸風俗惣まくり』（抄）（豊島区史編纂委員会編『豊島区史 資料編三』東京都豊島区、一九七九）
『江戸名所図会』（朝倉治彦編『日本名所風俗図会三　江戸の巻Ⅰ』角川書店、一九七九）
『江戸名所花暦』（朝倉治彦編『日本名所風俗図会三

江戸の巻Ⅰ』角川書店、一九七九）
『延喜式』（黒板勝美編『交替式・弘仁式・延喜式前篇』国史大系、吉川弘文館、一九八一）
『笈日記』（阿部喜三郎他校注『芭門俳諧集 一』集英社、古典俳文学大系、一九七二）
「老の長咄」（岸上操編『近古文芸温知叢書　第二編』博文館、一八九一）
『大草殿より相伝聞書』（『群書類従第一九輯』続群書類従完成会、一九九二）
『享保以後大阪出版書籍目録』大阪図書出版業組合編、同組合、一九三六
『大酒大喰会絵巻』江戸東京博物館所蔵（原田信男編『江戸の料理と食生活』小学館、二〇〇四）
『大隅国風土記』逸文（秋本吉郎校注『風土記』日本古典文学大系、岩波書店、一九五八）
『小田原衆所領役帳』佐脇栄智校注、戦国遺文後北条氏編別巻、東京堂出版、一九九八
「知念間切各村内法」『沖縄県史第4巻資料編4雑纂1』琉球政府、一九六五
『沖縄物産誌』増田昭子編、平凡社東洋文庫、二〇一五
「御触書」高柳真三他編『御触書天明集成』岩波書店、一九三六
『御触書寛保集成』高柳真三他編、岩波書店、一九三四
『おもろさうし』外間守善外校注、日本思想大系、岩波書店、一九七二
「御状引付裏文書」（笠松宏至他編『中世社会政治思想下』日本思想大系、岩波書店、一九八一）
「御国中絵図」徳島城博物館蔵、根津寿夫氏の御教示による。
『陰陽雑書』［中村：一九八〇］による
『河海抄』二、伝兼良筆本　天理図書館善本叢書　八木書店　一九八五
『料理歌仙の組糸』（吉井始子編『翻刻江戸時代料理本集成第三巻』臨川書店、一九七九）
『古今新製菓子大全』長谷川良隅著（鈴木晋一他編『近世菓子製法書集成1』、平凡社東洋文庫、二〇〇三）
『甲子夜話1』、中村幸彦他校注、平凡社東洋文庫、一九七七
「鎌倉幕府法追加」（佐藤進一他編『中世法制史料集』第一巻、岩波普店、一九五七）
『日用助食竈の賑ひ』刊行不明、京都大学農学部図書室ほか蔵
『神代余波』（抄）（豊島区史編纂委員会編『豊島区史資料編三』東京都豊島区、一九七九）
『管見録』（『仙台叢書別集第二巻』のうち仙台藩租税要略巻五雑編に所収、仙台叢書刊行会、一九二六）

『甘藷百珍』⇒『豆腐百珍』以下を参照

『看聞御記』上、太田藤四郎編、続群書類従完成会、一九三〇

『飢歳懐覚録』今村義孝校注『日本庶民生活史料集成　第七巻』三一書房、一九七〇

『魏志倭人伝』石原道博編訳『新訂 魏志倭人伝・後漢書倭伝・宋書倭国伝・隋書倭国伝』岩波文庫、一九八五

『貴賤上下考』三升屋二三治著（三田村鳶魚編『未刊随筆百種　第一巻』、中央公論社、一九七七）

『吉記一』、増補史料大成、臨川書店、一九六五

『喫茶往来』林屋辰三郎他校注『日本の茶書1』平凡社東洋文庫、一九七一

『教行信証』金子大栄校訂、岩波文庫、一九五七

『近代日本総合年表』第三版、CD－ROM版『岩波電子日本総合年表』岩波書店、一九九三

『クルウゼンシュテルン日本紀行』上巻、羽仁五郎訳、異国叢書、雄松堂書店、一九四一（復刻版、一九六六）

『景山公香物百珍』徳川斉昭著、東京国立博物館蔵

「鶏足寺世代血脈」『栃木県史 史料編 中世四』栃木県、一九七九

『鯨肉調味方』（吉井始子編『翻刻江戸時代料理本集成　第八巻』臨川書店、一九八〇）

『毛吹草』竹内若校訂、岩波文庫、一九四三

『源氏物語』一～五山岸徳平校注、日本古典文学大系、岩波書店、一九五八

『高飲陽閣』⇒『続水鳥記』

『広益国産考』土屋喬雄校注、岩波文庫、一九四六

『江家次第』尾崎積與校訂　明治図書出版

『黄帝内経素問』人民衛生出版社、北京、一九六三

『古今和歌集』小沢正夫校注、日本古典文学全集、小学館、一九七一

『古事記』青木和夫他校注、日本思想大系、岩波書店、一九八二

『木葉衣』五来重編『木葉衣・鈴懸衣・踏雲録事』平凡社東洋文庫、一九七五

『今昔物語集　四』山田孝雄他校注、日本古典文学大系、岩波書店、一九六二

『献立筌』（吉井始子編『翻刻江戸時代料理本集成　第四巻』臨川書店、一九七九年）

「献立注文」葛原家文書一七四号『和歌山県史 中世史料一』和歌山県、一九七五）

『ゴンチャロフ日本渡航記』高野明・島田陽編、新異国叢書、雄松堂出版、一九六九

『蒟蒻百珍』⇒『豆腐百珍』以下を参照

『西宮記』土田直鎮他校注、神道大系朝儀祭祀編二、

神道大系編纂会、一九九三
『西遊日記』桃裕行校注（『日本庶民生活史料集成 第二〇巻』三一書房、一九七二）
『山海経』（本田済他訳『抱朴子・列仙伝・神仙伝・山海経』中国古典文学大系、平凡社、一九六九年）
『三宝絵』出雲路修校注、平凡社東洋文庫、一九九〇
増補『山林経済』早稲田大学図書館デジタル
『辞源』商務印書館、上海、一九三三
『四条流包丁書』（『群書類従 第一九輯』続群書類従完成会、一九九二
『事々録』（抄）（豊島区史編纂委員会編『豊島区史資料編三』東京都豊島区、一九七九）
『十方庵遊歴雑記』第一編～第五編、江戸双書刊行会編『江戸叢書　第三巻～第七巻』、名著刊行会、覆刊一九八〇
『実用料理法』日用百科全集、博文館、一八八五
『耳目心通記』小館東三校注（『日本庶民生活史料集成　第七巻』三一書房、一九七〇）
『沙石集』渡辺綱也校訂、日本古典文学大系、岩波書店、一九六六
『拾芥抄』（河鰭実英監修『拾芥抄・禁秘抄』新訂増補故実叢書、明治図書出版、一九五二年、初出：一九二八）
『十誦律』上田天瑞訳『國訳一切経』律部六、大東出版社、一九三四
『貞観儀式』渡邊直彦校注、『神道大系　朝議祭祀編一　儀式・内裏式』神道大系編纂会、一九八〇
『勝山記』勝山村史編纂委員会編、勝山村史別冊、一九九二
『小シーボルト蝦夷見聞記』原田信男、J・クライナー、H・スパンシチ共訳、平凡社東洋文庫、一九九六
「浄肉文」赤松俊秀等編集『親鸞聖人真蹟集成』第九巻（専修寺蔵）法蔵館、一九七四
『小右記』増補史料大成刊行会編　臨川書店
『性霊集』渡辺照宏他校注『三教指帰・性霊集』日本古典文学大系、岩波書店、一九六五
『続日本紀』一・二、青木和夫他校注、」新日本古典文学大系、岩波書店、一九八九・九〇
『諸国風俗問状答』（平山敏治郎校注、『日本庶民生活史料集成　第九巻』三一書房、一九六七）
「芝蘭堂新元会図」早稲田大学図書館蔵（原田信男編『江戸の料理と食生活』小学館、二〇〇四）
『使琉球雑録』島尻勝太郎校注（『日本庶民生活史料集成　第二七巻』三一書房、一九八一）
『新猿楽記』川口久雄校注、平凡社東洋文庫、一九八三
『神道名目類聚抄』佐伯有義校訂、第一書房、

一九八六
『新編武蔵風土記稿』芦田伊人校訂、全一二巻、大日本地誌大系、雄山閣出版、一九七〇・七一
『水鳥記』江戸叢書刊行会編『江戸叢書』第七巻、名著刊行会、一九八〇
『諏訪大明神絵詞』信濃史料刊行会編（『新編信濃史料叢書 第三巻』信濃史料刊行会、一九七一）
『政語』奈良本辰也編『近世政道論』日本思想大系、岩波書店、一九七六
『斉民要術』田中静一他編訳、雄山閣出版、一九九七
『世事見聞録』原田伴彦校注、『日本庶民生活史料集成 第八巻』三一書房、一九六九
『戦国遺文 今川氏編　第四巻』久保田昌希他編、東京堂出版、二〇一四
『禅苑清規』（『曹洞宗全書 清規』曹洞宗全書刊行会、一九三一）
『禅林象器箋』村田無道校注、誠信書房、一九六三
『続飛鳥川』（森銑三他監修『新燕石十種 第一巻』中央公論社　一九八〇）
『続江戸砂子温故名勝志』（『拾遺続江戸砂子』）巻一、早稲田大学図書館デジタル
『続水鳥記』（『高陽闘飲』）（『江戸叢書』第七巻、名著刊行会、一九八〇）
『諸国名産大根料理秘伝抄』⇒『豆腐百珍』以下を参照
『諸国名産大根料理秘伝抄』（吉井始子編『翻刻江戸時代料理本集成　第五巻』臨川書店、一九八〇）
『大嘗会神饌秘記』（『後鳥羽院宸記』）（大野健雄校注『神道大系　朝議祭祀編5践祚大嘗祭』神道大系編纂会、一九八五
『大日本国法華経験記』（井上光貞他校注『往生伝 法華験記』日本思想大系、岩波書店、一九七四）
『大日本租税志』大蔵省編、朝陽会、一九二七
『鯛百珍料理秘密箱』⇒『豆腐百珍』以下を参照
『大般涅槃経』加藤観澄訳『國訳一切経』経書部一二・一三所収、大東出版社、一九三〇
『大般涅槃経疏』加藤観澄訳『國訳一切経』経書部一三所収、大東出版社、一九三〇
『太平記』一・三、後藤丹治他校注、日本古典文学大系、岩波書店、一九六〇・〇二
『高千穂採薬記』（野口逸三郎校注、『日本庶民生活史料集成 第二〇巻』三一書房、一九七二）
『狂歌烟草百首』橘薫著（楠瀬恂編『随筆文学選集　第1』書斎社、一九二七）
『歎異抄』金子大栄校訂、岩波文庫、一九三一
「地誌御調書上」（抄）国立国会図書館蔵旧幕引継書（豊島区史編纂委員会編『豊島区史 資料編三』東京都豊島区、一九七九）
『千島列島黎明記』馬場脩・大久保義昭訳、講談社学

術文庫、一九八〇
『茶経』（布目潮渢他編訳『中国の茶書』平凡社東洋文庫、一九七六）
『中古雑唱集』（浅野建二編『中世歌謡集』朝日新聞社、一九六九）
『厨事類記』（『群書類従 第一九輯』続群書類従完成会、一九三二）
『中右記』五、東京大学史料編纂所編、大日本古記録、岩波書店、一九九三
「丁字屋未休書状」弘前市立図書館蔵『津軽藩江戸日記』所収、（ただし［浪川：一九七九］による）。
『長生療養方』（『続群書類従 第三一輯上』続群書類従完成会、一九七五
「町歩下組帳」（大蔵省編『大日本租税志』朝陽会、一九二七）
『塵塚談』（朝倉治彦他監修『燕石十種 第一巻』、中央公論社、一九七九）
『庭訓往来』石川松太郎校注、平凡社東洋文庫、一九七三
『典籍作者便覧』（森銑三他編『近世著述目録集成』勉誠社、一九七八）
『典座教訓・赴粥飯法』中村璋八他訳、講談社学術文庫、一九九一
『天仁大嘗会記（江記）』神道大系『朝議祭祀編 五 践祚大嘗祭』、神道大系編集会
『天明飢饉之落首』（「百人一笑和歌」参照）
『天明記聞』（抄）（豊島区史編纂委員会編『豊島区史資料編三』東京都豊島区、一九七九）
『踏雲録事』五来重編『木葉衣・鈴懸衣・踏雲録事』平凡社東洋文庫、一九七五
『道聴塗説』三田村鳶魚編、『鼠璞十種』中巻、中央公論社、一九七八
『塔寺八幡宮長帳』心清水八幡神社蔵本、会津坂下町史編纂委員会編『会津坂下町史 II 文化編』会津坂下町、一九七六
『東都歳事記』朝倉治彦編『日本名所風俗図会三 江戸の巻 I』角川書店、一九七九
『豆腐百韻』写本、天理大学綿屋文庫蔵
『豆腐百珍』『豆腐百珍続編』『豆腐百珍余録』（原田信男校注『料理百珍集』八坂書房、生活の古典叢書、一九八〇）
『東遊記』（高倉新一郎校注『日本民生活史料集成 第四巻』三一書房、一九六九）
『兎園小説』日本随筆大成、第二期第一巻、吉川弘文館、一九九四
『言継卿記』三、史料纂集、続群書類従完成会、一九一四
『徳川禁令考』石井良助編、創文社、一九五九

『利根川図志』柳田國男校訂、岩波文庫、一九八三
『万家至宝都鄙安逸伝』（吉井始子編『翻刻江戸時代料理本集成第七巻』臨川書店、一九八〇）
『中山法華経寺史料』中尾尭編、吉川弘文館、一九六八
『七十一番職人歌合』岩崎佳枝他校注、新日本古典文学大系、岩波書店、一九九三
『寧楽遺文』上巻、竹内理三編、東京堂出版、一九六二
『南向茶語 付追考』（抄）（豊島区史編纂委員会編『豊島区史 資料編三』東京都豊島区、一九七九）
『南島志』原田信男校注『蝦夷志 南島志』平凡社東洋文庫、二〇一四
『日欧文化比較』岡田章雄訳『日本王国記 日欧文化比較』所収、岩波書店、一九六五年
『昭和定本日蓮聖人遺文』第二巻、立正大学宗学研究所編、身延山久遠寺、一九五三
『日本』第六巻、中井晶夫他訳、雄松堂書店、一九七七
『日本奥地紀行』高梨健吉訳、平凡社東洋文庫、一九七三
『日本教会史　上巻』土井忠生他訳、大航海時代叢書、岩波書店、一九六七
『日本後紀』黒板勝美編、国史大系、吉川弘文館、一九七七
『日本書紀　上・下』坂本太郎他校注、日本古典文学大系、岩波書店、一九六七・六五
『日本霊異記』遠藤嘉基他校注、日本古典文学大系、岩波書店、一九六七
『寝ぬ夜のすさび』抄（豊島区史編纂委員会編『豊島区史 資料編三』東京都豊島区、一九七九）
『年中行事絵巻』小松茂美編、日本の絵巻、中央公論社、一九八七
『農業全書』土屋喬雄校訂、岩波文庫、一九三六
『農諭』（森嘉兵衛校注『日本庶民生活史料集成　第七巻』のうち横川良介著「飢饉考」巻三に所収、三一書房、一九七〇）
『櫨楓』（新編若葉の梢刊行会編『江戸西北郊郷土誌資料』、新編若葉の梢刊行会、一九五八）
『八幡社制』（『続群書類従 三輯下』続群書類従完成会、一九五七）
『バード 日本紀行』楠家重敏他訳、新異国叢書第Ⅲ輯、雄松堂出版、二〇〇二
『花園天皇宸記』二、増補史料大成刊行会編、増補史料大成、一九六五
『海鰻百珍』⇒『豆腐百珍』以下を参照
『播磨国風土記』（秋本吉郎校注『風土記』日本古典文学大系、岩波書店、一九五八）

『常陸国風土記』（秋本吉郎校注『風土記』日本古典文学大系、岩波書店、一九五八）
『百姓伝記』上・下、古島敏雄校注、岩波文庫、一九七七
「百人一笑和歌」（高橋凡仙編『近世社会経済史料集成 第四巻 飢渇もの上』のうち『天明飢饉之落書』に所収、大東文化大学東洋研究所、一九七七）
『天保飢饉百人一首』（高橋凡仙編『近世社会経済史料集成 第五巻 飢渇もの 下』大東文化大学東洋研究所、一九七七）
「一百四十五箇条問答」大橋俊雄著『法然全集』第三巻、春秋社、一九八九。
『百錬抄』黒板勝美編、国史大系、吉川弘文館、一九七九
「備後国福山領風俗問状答」⇒『諸国風俗問状答』
『武家調味故実』（『群書類従 第一九輯』続群書類従完成会、一九九二
『武江年表』金子光晴校訂『増訂武江年表』二、平凡社、一九六八
『赴粥飯法』中村璋八他編、講談社学術文庫、一九九一
『筆のすさび』日本随筆大成、第一期第一巻、吉川弘文館、一九七三？
『ブロッサム号来琉記』大熊良一訳、第一書房、一九七九
『文華秀麗集』（小島憲之校注『懐風藻 文華秀麗集 本朝文粋』日本古典文学大系、岩波書店、一九六四）
『文化秘筆』（三田村鳶魚編『未刊随筆百種』第四巻、中央公論社、一九七七）
『豊後国風土記』（秋本吉郎校注『風土記』日本古典文学大系、岩波書店、一九五八）
『宝慶記』大谷哲夫訳注『道元「宝慶記」』講談社学術文庫、二〇一七
『庖丁聞書』（『群書類従 第一九輯』続群書類従刊行会、一九九二）
『抱朴子』（本田斉他訳注『抱朴子 列仙伝 神仙伝 山海郷』、中国の古典シリーズ、平凡社、一九七三）
『簠簋（ほき）内伝』（『続群書類従 第三一輯上』続群書類従完成会、一九七五）
『本福寺跡書』（笠原一男校注『蓮如 一向一揆』日本思想大系、岩波書店、一九七二）
『本草綱目』下冊、香港：商務印書館版、一九三〇
『梵網経』加藤観澄訳『國訳一切経』律部一二、大東出版社、一九三〇
『枕草子』渡辺実校注、新日本古典文学大系、岩波書店、一九九一
『万宝料理献立集』（吉井始子編『翻刻江戸料理本集成 第五巻』臨川書店、一九八〇）

『万宝料理秘密箱　前掲』⇒『豆腐百珍』以下を参照

『万葉集　下巻』佐々木信綱編、岩波文庫、一九五五

『視聴草』国立公文書館編、特別第二第三巻、汲古書院、一九八八

『作意妖恐懼感心』天明三年刊、加賀文庫、東京都立中央図書館蔵

『都林泉名勝図会（上）』白幡洋三郎編、講談社学術文庫、一九九九

『宮主秘事口伝』（安江和宣『神道祭祀論考』神道史研究叢書、神道史学会、一九七六）

『名語記』田山方南校閲・北野克写、勉誠社、一九八三

『妙法寺記』（都留市史編纂委員会編『都留市史 資料編 古代・中世 近世Ⅰ』都留市、一九九二）

『太平恩沢飯百珍伝』刊年不明（幕末期）、大阪女子大学附属図書館小澤記念文庫蔵

『三好筑前守義長朝臣亭江御成之記』（『群書類従 第二二輯』続群書類従完成会、一九五九）

『武蔵田園簿』北島正元校訂、近藤出版社、日本史料選書、一九七七

『名飯部類』（吉井始子編『翻刻 江戸時代料理本集成 第七巻』臨川書店、一九八〇）

『太平恩沢飯百珍伝』天保四年刊、味の素食の文化センターほか蔵

『餅百珍』三村清三郎校閲、慶應義塾図書館蔵、一九二九

『食味宝典野菜百珍』林春隆著、大阪時事新報社、一九三〇（再刊：中公文庫、一九八四）

『康富記』二、増補史料大成、臨川書店、一九七五

「矢野荘百姓申状」東寺百合文書ノ（東京帝国大学史料編纂所編『大日本史料 第六編之一八』東京大学出版会、一九二一）

『山城国風土記』逸文（秋本吉郎校注『風土記』日本古典文学大系、岩波書店、一九五八）

「湯浅光信訴状案」竹内理三編『鎌倉遺文 第一一巻』東京大学出版、一九七六

『唯信抄』細川行信著『真宗教学史の研究　第一巻 歎異抄・唯信抄』法藏館、一九八一

『唯信鈔文意』親鸞聖人全集刊行会編『定本親鸞聖人全集』第三巻、法藏館、一九六九

『新著料理柚珍秘密箱』⇒『豆腐百珍』以下を参照

『養生訓』杉靖三郎編、徳間書店、一九六八

『養生要集』

『養老律令』（井上光貞他校注『律令』日本思想大系、岩波書店、一九七六）

『礼記　上』竹内照夫校注、新釈漢文大系、明治書院、一九七一

『凌雲集』日本文学大系、国民図書株式会社、

一九二七
『梁塵秘抄』（小林芳規他校注『梁塵秘抄 閑吟集 狂言歌謡』新日本古典文学大系、岩波書店、一九九三）
『料理山海郷』（吉井始子編『翻刻江戸時代料理本集成 第四巻』臨川書店、一九七九）
『料理珍味集』（吉井始子編『翻刻江戸時代料理本集成 第四巻』臨川書店、一九七九）
『大こん一しき料理秘密箱』（吉井始子編、翻刻江戸料理本集成 第五巻』臨川書店、一九八〇）
『各地特殊料理百珍』山沢俊夫著、大日本女学会、一九〇八、国立国会図書館デジタル
『料理物語』（吉井始子編『翻刻江戸時代料理本集成 第一巻』臨川書店、一九七八）
『類聚雑要抄』（『群書類従 第二六輯』塙保己一編、続群書類従完成会、一九八三）
『類聚三代格』（黒板勝美他編集『類聚三代格後編 弘仁格抄』国史大系、吉川弘文館、一九七二）
『類聚名物考』（四）、山岡俊明編、歴史図書社、一九七四
『老子道経』阿部吉雄他校注、新釈漢文大系、明治書院、一九六六
『論語』金谷治校注、岩波文庫、一九五七
『若葉抄』（抄）（豊島区史編纂委員会編『豊島区史資料編三』東京都豊島区、一九七九）
『倭名類聚抄』京都大学文学部国語学国文学研究室編『諸本集成倭名類聚抄 本文編』臨川書店、一九六八

初出一覧

Ⅰ　和食文化の歴史的特質

第1章　『万葉集』の食と和食の原型：原題「万葉集にみる食」『現代思想』四七巻一一号、青土社、二〇一九年

第2章　生食の伝統——膾から刺身へ：原題「私たちはどのように生食してきたか」一色賢司監修『生食のおいしさとリスク』、エヌ・ティー・エス、二〇一三年

第3章　日本における稲作と魚——海・里・山：原題同じ。佐藤洋一郎編『米と魚』食の文化フォーラム二六、ドメス出版、二〇〇九年

第4章　宮中のおせちと菱葩——統治の象徴：原題同じで（上）・（下）二回。『vesta』九三・九四号、味の素食の文化センター、二〇一四年

第5章　菓子と日本の米文化：原題「『菓子と米』試論」『和菓子』一一号、虎屋文庫、二〇〇四年

Ⅱ　食と信仰

第6章　祭祀と饗宴の庭：原題同じ。白幡洋三郎編『『作庭記』と日本の庭園』（国際日本文化研究センター共同研究）、思文閣出版、二〇一四年

第7章　村々の神饌：原題同じ。『オコナイ——湖国・祭りのかたち』、INAX出版、二〇〇八年

第8章　肉食をめぐる思想——道元と親鸞：原題「日本——道元と親鸞」南直人編『宗教と食』食の文化フォーラム三二、ドメス出版、二〇一四年

第9章　陰陽道・修験道と食：原題同じ。『現代思想』四九巻五号、青土社、二〇二一年

Ⅲ　江戸における食文化の展開

第10章　料理と百人一首：原題同じ。白幡洋三郎編『百人一首万華鏡』（国際日本文化研究センター共同研究）、思文閣出版、二〇〇五年
第11章　文人社会と料理文化：原題同じ。福田アジオ編『結社の世界史1　結衆・結社の日本史』、山川出版社、二〇〇六年
第12章　江戸の小さな旅と食――雑司ヶ谷鬼子母神を中心に：原題同じ。白幡洋三郎編『旅と日本発見――移動と交通の文化形成力』（国際日本文化研究センター共同研究）日文研叢書四三、国際日本文化研究センター、二〇〇九年

Ⅳ　和食文化の周辺

第13章　アイヌ民族の肉食文化――「肉」の確保と保存・調理を中心に：原題同じ。豊川裕之編『講座　食の文化第六巻　食の思想と行動』、味の素食の文化センター、一九九九年
第14章　琉球弧の食文化：新稿。ただし「北と南の食生活史」『食生活研究』一八巻六号、食生活研究会、一九九八年の沖縄部分をベースとし、これに国際日本文化研究センターにおける共同研究での報告「一九世紀における欧米の琉球認識」、二〇〇一年などをもとに成稿
第15章　米文化における朝鮮半島と日本：原題「古代日本の食文化と古代韓国」『新羅の食文化（ハングル表記）』第一二回新羅学国際学術大会、新羅文化遺産研究所（ハングル表記）、二〇一八年
第16章　アジアのお茶・日本のお茶：講演「日本のお茶・アジアのお茶」国士舘大学主催公開講座（多摩センター）、二〇〇三年、および講演「お茶と日本の食文化」同志社大学人文科学研究所研究会（オンライン）、二〇二一年をもとに成稿
第17章　飢餓・飢饉という現実――中世・近世から近代へ：原題「日本の飢餓――中世・近世から近代へ」丸井英二編『飢餓』食の文化フォーラム一七、ドメス出版、一九九九年
付　章　和食文化研究のこれまでと今後：原題同じ。『和食文化研究』創刊準備号、和食文化学会、二〇一八年

著者　原田信男（はらだ・のぶを）

1949 年栃木県宇都宮市生まれ。専攻は日本生活文化史。国士舘大学 21 世紀アジア学部教授を経て、現在、国士舘大学名誉教授・京都府立大学客員教授・和食文化学会会長。ウィーン大学客員教授、国際日本文化研究センター客員教授、放送大学客員教授、を歴任。89 年『江戸の料理史』でサントリー学芸賞受賞、95 年『歴史のなかの米と肉』で小泉八雲賞受賞。著書に『江戸の食生活』（岩波現代文庫）、『日本の食はどう変わってきたか』（角川選書）、『神と肉』（平凡社新書）、『「共食」の社会史』（藤原書店）など多数。

食の歴史学
和食文化の展開と特質

2021 年 12 月 20 日　第 1 刷印刷
2021 年 12 月 30 日　第 1 刷発行

著者――原田信男
発行人――清水一人
発行所――青土社

〒 101-0051　東京都千代田区神田神保町 1-29　市瀬ビル
［電話］03-3291-9831（編集）　03-3294-7829（営業）
［振替］00190-7-192955

印刷・製本――ディグ
装幀――水戸部功

©2021, Nobuo HARADA
Printed in Japan
ISBN978-4-7917-7438-8　C0020

索引

か行

さ行

た行

な行

は行

ま行

や行

ら行

わ行